Luce nel Cammino: Strategie per Superare Ansia e Depressione

Un Viaggio di Guarigione Personale attraverso Accettazione, Crescita e Benessere Autentico

Monica Silvestri

1. **Riconoscimento e accettazione**: Imparare a riconoscere i segni dell'ansia e della depressione e accettarli come primo passo verso il miglioramento.

2. **Comprensione delle cause**: Esplorare le possibili cause o trigger dell'ansia e della depressione nella propria vita.

3. **Impostare obiettivi realistici**: Imparare a impostare obiettivi piccoli e gestibili per evitare la sensazione di sopraffazione.

4. **Tecniche di respirazione e rilassamento**: Introdurre tecniche di respirazione profonda, meditazione o yoga per alleviare lo stress e l'ansia.

5. **Attività fisica regolare**: Discutere i benefici dell'esercizio fisico sulla salute mentale e suggerire modi per incorporarlo nella routine quotidiana.

6. **Alimentazione equilibrata**: Esaminare il legame tra dieta e salute mentale, sottolineando l'importanza di una nutrizione bilanciata.

7. **Migliorare il sonno**: Condividere strategie per migliorare la qualità del sonno, essenziale per combattere l'ansia e la depressione.

8. **Costruire relazioni positive**: Incoraggiare lo sviluppo di relazioni di supporto e come queste possono aiutare nel processo di guarigione.

9. **Limitare l'uso di sostanze**: Discutere l'impatto di alcol, droghe e caffeina sull'ansia e la depressione e offrire consigli per ridurne il consumo.

10. **Trovare un hobby o una passione**: Mostrare come dedicarsi a un'attività piacevole può ridurre lo stress e migliorare l'umore.

11. **Tecniche di gestione del pensiero negativo**: Insegnare metodi per riconoscere e sfidare i pensieri negativi o distorti.

12. **Pratica della gratitudine**: Introdurre l'abitudine di riflettere su ciò per cui si è grati e come può migliorare la prospettiva di vita.

13. **Imparare a dire di no**: Incoraggiare l'impostazione di limiti sani per ridurre lo stress e prevenire il sovraccarico.

14. **Terapia e supporto professionale**: Discutere l'importanza di cercare aiuto professionale quando necessario e le diverse opzioni disponibili.

15. **Tecniche di mindfulness**: Esplorare come la mindfulness può aiutare a vivere nel presente e ridurre l'ansia.

16. **Gestione del tempo e delle priorità**: Offrire strategie per una gestione efficace del tempo che possa alleviare lo stress.

17. **Volontariato e aiuto agli altri**: Mostrare come dare una mano agli altri può migliorare il proprio benessere emotivo.

18. **Mantenere un diario**: Incoraggiare la scrittura di un diario come strumento per esprimere emozioni e riflettere sul proprio percorso.

19. **Evitare il confronto con gli altri**: Discutere l'importanza di concentrarsi sul proprio percorso senza confrontarsi con gli altri.

20. **Celebrazione dei progressi**: Riconoscere e celebrare ogni passo avanti, per quanto piccolo, nel percorso verso il benessere.

1. Riconoscimento e accettazione: Imparare a riconoscere i segni dell'ansia e della depressione e accettarli come primo passo verso il miglioramento.

Il riconoscimento e l'accettazione dei segni dell'ansia e della depressione sono fondamentali nel percorso di guarigione e miglioramento del benessere mentale. Questo capitolo del libro potrebbe essere strutturato in modo da guidare il lettore attraverso i seguenti aspetti:

Comprendere i Segni e i Sintomi

Il primo passo è educare il lettore a riconoscere i segni e i sintomi dell'ansia e della depressione. L'ansia può manifestarsi con sintomi come preoccupazione costante, tensione muscolare, disturbi del sonno, irritabilità, difficoltà di concentrazione e sensazione di nervosismo. La depressione, d'altra parte, può presentarsi con sentimenti persistenti di tristezza, perdita di interesse o piacere nelle attività normalmente godute, cambiamenti nell'appetito o nel peso, disturbi del sonno, stanchezza, sentimenti di inutilità o colpa eccessiva, difficoltà di concentrazione, e pensieri di morte o suicidio.

L'Importanza dell'Accettazione

Dopo aver imparato a riconoscere i sintomi, il passo successivo è l'accettazione. Accettare non significa arrendersi o dichiararsi vinti; al contrario, significa riconoscere che ciò che si sta vivendo è un problema legittimo e che ha un impatto significativo sulla propria vita. L'accettazione è il fondamento su cui costruire un piano di azione. Spesso, le persone provano a negare o a minimizzare i loro sentimenti, il che può ritardare il processo di guarigione. L'accettazione aiuta a superare la negazione e ad affrontare il problema in modo più costruttivo.

Come Promuovere Riconoscimento e Accettazione

1. **Educazione**: Informarsi attraverso libri, articoli o parlando con professionisti della salute mentale. La conoscenza dei disturbi aiuta a riconoscerli in se stessi.

2. **Auto-osservazione**: Tenere un diario dei propri sentimenti, pensieri e comportamenti può aiutare a identificare i modelli legati all'ansia e alla depressione.

3. **Comunicazione**: Condividere i propri pensieri e sentimenti con persone di fiducia può facilitare il processo di accettazione e offrire supporto.

4. **Mindfulness e meditazione**: Pratiche come la mindfulness insegnano a osservare i propri pensieri e sentimenti senza giudizio, promuovendo l'accettazione.

Superare gli Ostacoli all'Accettazione

Molti trovano difficile accettare la propria condizione di salute mentale a causa dello stigma, della paura del giudizio, o della difficoltà a riconoscere che necessitano di aiuto. Superare questi ostacoli può richiedere tempo e pazienza, ma è un passo cruciale verso il recupero. Strategie come l'istruzione, l'auto-compassione, e il supporto di una comunità possono essere di grande aiuto.

Conclusione

Riconoscere e accettare l'ansia e la depressione come realtà nella propria vita è il primo passo verso il miglioramento. Questo processo apre la porta a strategie di coping più efficaci e alla ricerca di aiuto professionale, quando necessario. Attraverso l'accettazione, i lettori possono iniziare a sentirsi meno soli e più capaci di affrontare i loro problemi di salute mentale con determinazione e speranza.

Proseguendo con il dettaglio del punto "Riconoscimento e accettazione", approfondiremo ulteriormente come questi aspetti possono essere implementati e vissuti nella vita quotidiana.

Strategie di Auto-aiuto per il Riconoscimento

Il processo di riconoscimento può essere affinato attraverso varie strategie di auto-aiuto, che permettono di sviluppare una maggiore consapevolezza dei propri stati mentali.

Creazione di un Diario Emotivo

Mantenere un diario emotivo può essere un potente strumento per il riconoscimento dei propri stati interiori. Scrivere quotidianamente o quando si sente il bisogno, annotando pensieri, emozioni, e situazioni scatenanti, aiuta a identificare modelli e trigger dell'ansia e della depressione. Questa pratica può rivelare insight preziosi su ciò che aggrava o allevia i sintomi.

Impostazione di Momenti di Riflessione

Dedicare del tempo ogni giorno per riflettere sulle proprie emozioni e sensazioni può migliorare la capacità di riconoscimento. Questi momenti possono essere brevi pause di 5-10 minuti in cui si pratica la mindfulness, osservando i propri pensieri e sentimenti senza giudizio.

Uso di App e Strumenti Digitali

Numerose app sono disponibili per aiutare nel monitoraggio dell'umore e dei sintomi dell'ansia e della depressione. Questi strumenti possono offrire una panoramica oggettiva del proprio stato emotivo nel tempo e possono facilitare la discussione di questi temi con un terapeuta o un medico.

Approcci per Promuovere l'Accettazione

Una volta riconosciuti i segni dell'ansia e della depressione, il passo successivo è imparare ad accettarli. Questo non è un processo immediato ma richiede tempo, pazienza e pratica.

Sviluppo dell'Auto-compassione

L'auto-compassione è fondamentale nel processo di accettazione. Essa comporta trattare se stessi con la stessa gentilezza, cura e comprensione che si offrirebbe a un buon amico. Quando si sperimentano pensieri e sentimenti difficili, è importante ricordare che nessuno è perfetto e che tutti affrontano sfide nella vita.

Riconoscimento Senza Identificazione

Imparare a riconoscere i sintomi dell'ansia e della depressione senza identificarsi completamente con essi è un aspetto cruciale dell'accettazione. Questo significa vedere questi stati come esperienze transitorie piuttosto che definizioni fisse del proprio essere. Tecniche di distanziamento psicologico, come parlare di sé in terza persona o visualizzare i propri pensieri e sentimenti come oggetti che passano, possono aiutare in questo processo.

Dialogo Interno Positivo

Modificare il proprio dialogo interno può avere un impatto significativo sull'accettazione. Invece di criticarsi per i propri sentimenti o per non essere in grado di "superarli", è utile adottare un linguaggio interno più gentile e supportivo. Ad esempio, sostituire pensieri come "Non dovrei sentirmi così" con "È normale provare queste emozioni data la mia situazione".

Coinvolgimento di Supporto Esterno

Mentre il riconoscimento e l'accettazione iniziano a livello individuale, il supporto esterno gioca un ruolo cruciale nel rafforzare e validare questo processo.

Condivisione con Persone di Fiducia

Condividere i propri pensieri e sentimenti con amici, familiari o membri di gruppi di supporto può offrire conforto e conferma. Sapere che non si è soli nei propri sentimenti può essere incredibilmente liberatorio e promuovere un maggiore senso di accettazione.

Ricerca di Aiuto Professionale

Per molti, parlare con un professionista della salute mentale può essere un passo fondamentale verso l'accettazione. Un terapeuta può offrire una prospettiva esterna obiettiva, validare le esperienze del paziente, e introdurre strategie di coping che possono facilitare il processo di accettazione.

Riepilogo

Il riconoscimento e l'accettazione dei segni dell'ansia e della depressione sono passi fondamentali verso la guarigione e il miglioramento del benessere mentale. Attraverso strategie di auto-aiuto, sviluppo dell'auto-compassione, e coinvolgimento di supporto esterno, è possibile imparare a vivere con una maggiore accettazione di sé e a intraprendere azioni positive verso il recupero. Questo capitolo del libro potrebbe concludersi con esercizi pratici o riflessioni guidate per aiutare i lettori a mettere in pratica questi concetti nella loro vita quotidiana, senza però concludere definitivamente il discorso, riconoscendo che il viaggio verso l'accettazione è un processo continuo.

Proseguendo ulteriormente nel dettaglio del processo di riconoscimento e accettazione, esploreremo come approfondire la comprensione e l'applicazione di questi concetti attraverso l'introspezione, la pratica costante e l'adattamento a situazioni di vita reali.

Introspezione Guidata

L'introspezione è un potente strumento per il riconoscimento delle proprie emozioni e pensieri. Tuttavia, senza una guida, può essere facile perdersi in riflessioni controproducenti. Per questo motivo, proporre esercizi di introspezione guidata può essere particolarmente utile.

Meditazioni Guidate

Le meditazioni guidate specificamente progettate per favorire l'accettazione di sé possono aiutare gli individui a esplorare i loro stati interiori in un ambiente sicuro e controllato. Queste pratiche possono includere visualizzazioni che aiutano a separare il sé dai propri pensieri e sentimenti, promuovendo una visione più oggettiva e compassionevole della propria esperienza.

Riflessione su Domande Specifiche

Incoraggiare il lettore a riflettere su domande specifiche può approfondire la comprensione di sé e facilitare il processo di accettazione. Queste domande possono includere: "Quali emozioni o pensieri trovo più difficile accettare?", "Come cambia il mio approccio a me stesso quando accetto i miei sentimenti senza giudizio?", o "Quali situazioni scatenano una risposta più critica verso me stesso e come posso affrontarle con maggiore gentilezza?"

Pratica Costante

L'accettazione non è un traguardo da raggiungere una volta per tutte, ma piuttosto una pratica costante che richiede dedizione e pazienza. Ecco alcuni modi per incorporare la pratica dell'accettazione nella vita quotidiana.

Stabilire Routine Quotidiane

Incorporare piccoli atti di auto-compassione e accettazione nelle routine quotidiane può rafforzare questi concetti nel tempo. Ciò potrebbe includere momenti di mindfulness al mattino, riflessioni serali sulle proprie esperienze emotive o pause programmate durante il giorno per esercitare la respirazione consapevole.

Impostazione di Promemoria

L'uso di promemoria, sia fisici (note adesive, poster) sia digitali (allarmi, app), può aiutare a mantenere viva la consapevolezza dell'importanza dell'accettazione. Questi promemoria possono fungere da segnali per ritornare al momento presente e praticare l'accettazione attiva dei propri stati mentali.

Adattamento a Situazioni di Vita Reali

La vera prova dell'efficacia del riconoscimento e dell'accettazione si verifica nel contesto delle sfide quotidiane della vita. Ecco come applicare questi concetti a situazioni reali.

Affrontare i Conflitti Interni

Quando emergono conflitti interni o decisioni difficili, applicare il principio dell'accettazione può aiutare a navigare queste situazioni con maggiore chiarezza. Ciò comporta l'accettazione dei propri sentimenti ambivalenti come parte del processo decisionale, piuttosto che cercare di sopprimerli.

Gestione delle Critiche Esterne

L'accettazione di sé può essere particolarmente sfidante di fronte alle critiche esterne. In questi momenti, è essenziale ricordare l'importanza di separare il proprio valore intrinseco dalle opinioni altrui e utilizzare le critiche come opportunità per l'auto-riflessione costruttiva, piuttosto che come un'indiscriminata fonte di auto-giudizio.

Esercizi Pratici

Concludere questa sezione del capitolo con esercizi pratici può fornire ai lettori strumenti concreti per applicare i concetti di riconoscimento e accettazione. Esempi di esercizi potrebbero includere:

- **Scrittura Riflessiva**: Incoraggiare la scrittura di lettere a se stessi durante momenti di difficoltà, esprimendo comprensione e supporto come farebbero con un amico caro.

- **Meditazioni di Auto-compassione**: Guidare i lettori attraverso meditazioni che enfatizzano l'amore e la compassione per se stessi, aiutandoli a coltivare un atteggiamento di accettazione.

- **Role-Playing**: Proporre esercizi di role-playing (anche solo immaginativi) in cui i lettori si pongono in situazioni stressanti e praticano risposte di accettazione e auto-compassione.

Attraverso questi approfondimenti e tecniche, il capitolo mira a dotare i lettori di una comprensione profonda e di strumenti pratici per abbracciare il processo di riconoscimento e accettazione, riconoscendo che si tratta di un percorso continuo verso il benessere mentale.

Proseguendo con l'approfondimento del tema del riconoscimento e dell'accettazione, esploreremo come integrare questi concetti nelle sfide specifiche che la vita può presentare, fornendo strategie dettagliate per affrontare momenti di particolare difficoltà.

Affrontare Momenti di Grande Stress

I periodi di intenso stress possono mettere a dura prova la capacità di riconoscimento e accettazione. In questi momenti, è cruciale avere strategie per ritornare a uno stato di equilibrio interiore.

Tecniche di Grounding

Le tecniche di grounding sono pratiche utili per riconnettersi con il momento presente quando si è sopraffatti da emozioni intense. Queste possono includere esercizi sensoriali, come concentrarsi sui cinque sensi (ad esempio, elencare cinque cose che si possono vedere, quattro che si possono toccare, tre che si possono sentire, due che si possono odorare, e una che si può gustare), o tecniche di respirazione profonda che aiutano a calmare il sistema nervoso.

Frammentazione dei Problemi

Quando si è di fronte a un problema sembra insormontabile, la frammentazione può aiutare a gestirlo in modo più efficace. Questo processo implica la suddivisione di un problema complesso in parti più piccole e gestibili, permettendo di concentrarsi su un aspetto alla volta e facilitando un senso di realizzazione e progresso.

Navigare i Cambiamenti della Vita

I grandi cambiamenti, sia positivi che negativi, possono scatenare ansia e sentimenti di incertezza. L'accettazione gioca un ruolo chiave nel gestire questi periodi di transizione.

Adattabilità

Cultivare l'adattabilità significa sviluppare la capacità di accettare i cambiamenti senza resistenza eccessiva. Questo può includere l'esplorazione di nuove opportunità che i cambiamenti possono presentare o l'adozione di un mindset che vede il cambiamento come una parte naturale della vita e un'occasione per crescere.

Ricerca di Supporto

I cambiamenti significativi spesso richiedono un livello di supporto esterno. Non esitare a cercare aiuto da amici, famiglia o professionisti può fornire la forza e la prospettiva necessarie per navigare i cambiamenti con maggior sicurezza.

Sviluppare Resilienza Emotiva

La resilienza emotiva è la capacità di riprendersi rapidamente dalle difficoltà; è una componente chiave nel processo di riconoscimento e accettazione, in quanto permette di affrontare le sfide senza essere sopraffatti.

Rafforzare la Propria Autostima

Lavorare sull'autostima può aumentare la resilienza emotiva, rendendo più facile accettare e affrontare le sfide. Questo può includere pratiche di auto-affermazione, impostare e raggiungere piccoli obiettivi per rafforzare il senso di auto-efficacia, e dedicare tempo a attività che rafforzano il senso di identità e valore personale.

Coltivare Relazioni Positive

Le relazioni di supporto sono fondamentali per la resilienza emotiva. Essere circondati da persone che offrono supporto, comprensione e incoraggiamento può fornire un solido fondamento su cui appoggiarsi nei momenti difficili.

Esercizi di Visualizzazione

La visualizzazione è un potente strumento per rafforzare il riconoscimento e l'accettazione. Questi esercizi possono aiutare a immaginare scenari in cui si affrontano le sfide con calma e accettazione, preparando mentalmente a gestire situazioni simili nella realtà.

Visualizzare la Propria Reazione Ideale

Incoraggiare il lettore a visualizzare se stesso mentre affronta una situazione stressante con serenità e accettazione. Questo esercizio può aiutare a creare un modello mentale di come reagire in modo più costruttivo alle sfide future.

Creare un "Luogo Sicuro" Mentale

Guidare i lettori nella creazione di un "luogo sicuro" nella loro mente, un rifugio interiore dove possono ritirarsi quando si sentono sopraffatti o hanno bisogno di pace. Questa pratica di visualizzazione incoraggia a immaginare un luogo che evoca sentimenti di sicurezza, calma e comfort. Potrebbe essere un luogo reale ricordato con affetto o uno spazio completamente inventato. L'importante è che il luogo mentale sia dettagliato, coinvolgendo tutti e cinque i sensi per renderlo il più vivido e reale possibile. Ad esempio, se il luogo sicuro è una spiaggia, si possono immaginare il suono delle onde, il calore del sole sulla pelle, il colore e il movimento del mare, l'odore dell'aria salmastra e il gusto del sale sulle labbra.

Applicare l'Accettazione nelle Relazioni Interpersonali

Le relazioni con gli altri possono spesso essere fonte di stress e ansia, ma rappresentano anche un'opportunità significativa per praticare l'accettazione.

Accettazione e Ascolto Attivo

Praticare l'ascolto attivo nelle conversazioni, cercando di comprendere veramente il punto di vista dell'altro senza giudizio immediato, può migliorare le relazioni e aiutare a praticare l'accettazione. Questo non solo aumenta la comprensione reciproca ma incoraggia anche un clima di apertura e fiducia.

Gestire i Conflitti con Compassione

Nei momenti di disaccordo o conflitto, l'approccio dell'accettazione può essere particolarmente utile. Questo significa accettare che le altre persone possono avere opinioni, sentimenti e reazioni diverse, e che queste differenze non diminuiscono il loro valore o il nostro. Approcciare i conflitti con un intento di comprensione reciproca e rispetto per le differenze può trasformare i momenti di tensione in opportunità di crescita personale e miglioramento della relazione.

Riconoscimento e Accettazione nel Contesto del Lavoro

Il contesto lavorativo può spesso essere una fonte significativa di stress, ansia e sentimenti di inadeguatezza. Applicare i principi di riconoscimento e accettazione in questo ambiente può contribuire a una maggiore soddisfazione e benessere.

Affrontare la Pressione e lo Stress

Riconoscere i propri limiti e accettarli è fondamentale per gestire lo stress lavorativo. Questo può includere l'imparare a dire di no a compiti aggiuntivi quando si è già oberati o l'adottare tecniche di gestione del tempo per rendere il carico di lavoro più gestibile. Inoltre, praticare tecniche di rilassamento o mindfulness durante la giornata lavorativa può aiutare a mantenere la calma e la concentrazione.

Costruire Relazioni Positive sul Lavoro

Lavorare attivamente per costruire e mantenere relazioni positive con colleghi e superiori può migliorare significativamente l'ambiente lavorativo. Ciò include praticare l'empatia, offrire supporto ai colleghi quando possibile e comunicare apertamente e onestamente. Queste pratiche non solo aiutano a creare un ambiente di lavoro più piacevole ma possono anche rendere più facile affrontare le sfide lavorative con un atteggiamento di accettazione.

Esercizi di Accettazione per la Crescita Personale

Incorporare esercizi specifici nel capitolo può aiutare i lettori a praticare l'accettazione in modo più concreto, facilitando la crescita personale.

Riflessione su Esperienze Passate

Invitare i lettori a riflettere su un'esperienza passata in cui hanno lottato con l'accettazione, esaminando come la situazione è stata gestita e cosa avrebbero potuto fare diversamente. Questo esercizio può aiutare a identificare aree di crescita personale e modi in cui l'accettazione potrebbe essere applicata più efficacemente in situazioni future.

Praticare la Gratitudine Quotidiana

Tenere un diario della gratitudine, annotando tre cose per cui si è grati ogni giorno, può aiutare a coltivare un atteggiamento di accettazione. Concentrandosi sugli aspetti positivi della vita, si può sviluppare una prospettiva più bilanciata che facilita l'accettazione dei momenti difficili con maggiore serenità.

Attraverso queste pratiche dettagliate e approcci adattati a vari contesti della vita, i lettori possono imparare a integrare il riconoscimento e l'accettazione come parte fondamentale del loro percorso verso il benessere e la realizzazione personale. Questo processo di apprendimento e applicazione continua rappresenta un viaggio di trasformazione che non ha una vera e propria conclusione, ma evolve costantemente in risposta alle sfide e alle esperienze della vita.

Approfondendo ulteriormente il tema dell'accettazione, possiamo esplorare come l'applicazione di questo concetto si estenda oltre l'individuo, influenzando la società e il mondo circostante. Integrare l'accettazione nella vita quotidiana non solo promuove il benessere personale ma può anche avere un impatto positivo sulle comunità e sui contesti più ampi.

Accettazione e Contributo Sociale

La pratica dell'accettazione può portare a un maggiore senso di empatia e comprensione nei confronti degli altri, incoraggiando azioni che sostengono il benessere collettivo.

Promuovere la Tolleranza e la Diversità

L'accettazione di sé e degli altri può contribuire a creare ambienti più inclusivi e tolleranti. Riflettere su come i pregiudizi personali e i giudizi possano influenzare negativamente le relazioni con gli altri e cercare attivamente di superare questi ostacoli può migliorare la coesione sociale e celebrare la diversità.

Volontariato e Impatto Comunitario

Impegnarsi in attività di volontariato o iniziative comunitarie è un modo pratico per estendere la pratica dell'accettazione al di là dell'ambito personale. Queste attività non solo offrono supporto a chi ne ha bisogno ma possono anche ampliare la propria prospettiva, promuovendo una maggiore comprensione e accettazione delle diverse realtà e sfide che le persone affrontano.

Accettazione nel Contesto Ambientale

L'accettazione può giocare un ruolo significativo anche nella nostra relazione con l'ambiente, promuovendo comportamenti sostenibili e una maggiore consapevolezza delle questioni ecologiche.

Sostenibilità e Consumo Consapevole

Riconoscere e accettare la responsabilità individuale nei confronti dell'impatto ambientale può motivare scelte più sostenibili e un consumo consapevole. Questo può includere la riduzione degli sprechi, il supporto a prodotti e pratiche eco-compatibili, e l'impegno in azioni quotidiane che contribuiscono alla salute del pianeta.

Connettività con la Natura

L'accettazione può anche essere arricchita dallo sviluppo di una connessione profonda con la natura. Trascorrere tempo all'aperto, praticare l'osservazione consapevole degli ambienti naturali, e coltivare la gratitudine per la bellezza e la diversità del mondo naturale possono rafforzare il senso di appartenenza e responsabilità nei confronti dell'ambiente.

Sviluppare una Filosofia di Vita Basata sull'Accettazione

Adottare l'accettazione come filosofia di vita può guidare decisioni e azioni in modo che riflettano valori di compassione, tolleranza e responsabilità. Questo approccio filosofico non solo arricchisce la vita individuale ma può anche influenzare positivamente le comunità e la società nel loro insieme.

Riflessione e Crescita Continua

Considerare l'accettazione come un percorso di crescita continua incoraggia l'apertura al cambiamento, la flessibilità di pensiero, e la capacità di affrontare le sfide con resilienza. Questo implica un impegno costante alla riflessione personale, all'apprendimento da nuove esperienze, e all'adattamento delle proprie pratiche di accettazione in risposta alla evoluzione delle circostanze della vita.

Insegnare l'Accettazione alle Generazioni Future

Trasmettere i valori dell'accettazione alle generazioni future può contribuire a costruire una società più comprensiva e unita. Educare i bambini e i giovani all'empatia, alla tolleranza, e all'importanza del sostegno reciproco prepara il terreno per comunità future più coese e armoniose.

Attraverso queste varie dimensioni, l'accettazione emerge non solo come una pratica personale ma come un principio guida che può trasformare le relazioni interpersonali, i contesti comunitari, e l'interazione con il mondo naturale. Questa visione olistica dell'accettazione sottolinea il suo potenziale di impatto positivo su scala individuale e collettiva, invitando a considerare come le pratiche quotidiane di accettazione possano contribuire a un mondo più compassionevole e sostenibile.

Approfondendo ulteriormente il concetto di accettazione come filosofia di vita e il suo impatto trasformativo su scala individuale e collettiva, possiamo esplorare come integrare ancora più profondamente questa pratica nel tessuto delle nostre vite quotidiane, promuovendo un cambiamento positivo e duraturo.

L'Accettazione come Pratica Spirituale

Per molti, l'accettazione può assumere una dimensione spirituale, fungendo da ponte verso una comprensione più profonda della propria vita e del proprio posto nel mondo.

Connettersi con il Proprio Sé Interiore

L'accettazione invita a una connessione più profonda con il proprio sé interiore, esplorando le proprie convinzioni, valori e il senso di scopo. Attraverso pratiche come la meditazione, la preghiera o la riflessione, l'individuo può coltivare una pace interiore che nasce dall'accettazione di sé e della propria esperienza di vita.

Riconoscere l'Interconnessione di Tutte le Cose

L'accettazione può anche portare alla realizzazione dell'interconnessione tra tutti gli esseri e l'ambiente. Questa consapevolezza può ispirare un senso di responsabilità verso gli altri e il mondo, motivando azioni che riflettono un impegno per il benessere collettivo.

L'Accettazione e la Leadership

L'adozione dell'accettazione nei ruoli di leadership può avere un impatto significativo sulle organizzazioni, le comunità e la società nel suo insieme.

Creare Culture Organizzative Inclusive

Leader che praticano l'accettazione possono contribuire a creare culture organizzative che valorizzano la diversità, promuovono l'inclusione e incoraggiano l'espressione autentica. Questo ambiente non solo migliora il benessere dei dipendenti ma può anche aumentare l'innovazione e la creatività.

Guidare con Empatia

I leader che abbracciano l'accettazione tendono ad approcciare la leadership con empatia, ascoltando attivamente e rispondendo alle esigenze dei loro team con comprensione e compassione. Questo stile di leadership può costruire fiducia, migliorare la collaborazione e stimolare un senso di appartenenza tra i membri del team.

L'Accettazione nella Risoluzione dei Conflitti

L'accettazione svolge un ruolo cruciale anche nella risoluzione dei conflitti, sia a livello interpersonale che nelle sfide globali più ampie.

Ascolto Empatico e Dialogo Aperto

L'accettazione incoraggia l'ascolto empatico e il dialogo aperto, strumenti fondamentali nella mediazione e nella risoluzione dei conflitti. Riconoscere e accettare i punti di vista altrui senza pregiudizi può aprire la strada a soluzioni condivise che rispettano le esigenze di tutte le parti coinvolte.

Promuovere la Pace e la Riconciliazione

Attraverso la pratica dell'accettazione, individui e comunità possono lavorare insieme per superare divisioni storiche, promuovere la pace e facilitare processi di riconciliazione. L'accettazione degli errori del passato e l'impegno per un futuro condiviso possono guidare la trasformazione dei conflitti in opportunità di crescita e unità.

L'Accettazione come Impegno per il Cambiamento Sociale

Infine, l'accettazione può servire come fondamento per il cambiamento sociale, stimolando azioni che affrontano le ingiustizie e promuovono l'equità.

Sfidare le Strutture Esistenti

L'accettazione non implica passività o conformità alle ingiustizie; piuttosto, può motivare l'individuo a sfidare le strutture esistenti in modi che promuovono il cambiamento positivo. Riconoscere e accettare la realtà delle ingiustizie è il primo passo per impegnarsi attivamente nella loro trasformazione.

Costruire Movimenti Inclusivi

Lavorare per costruire movimenti sociali che incarnino i principi di accettazione e inclusività può amplificare gli sforzi per il cambiamento sociale. Questi movimenti possono unire le persone attraverso la comprensione reciproca, la compassione e un impegno condiviso per un mondo più giusto e sostenibile.

Attraverso queste diverse applicazioni, l'accettazione emerge come una forza potente per il benessere personale, la crescita spirituale, il miglioramento delle relazioni interpersonali, la leadership efficace, la risoluzione dei conflitti e il cambiamento sociale. Adottare l'accettazione come una pratica quotidiana e come una filosofia di vita può non solo trasformare la vita dell'individuo ma anche ispirare un impatto positivo sul mondo circostante, riflettendo l'interconnessione profonda tra il sé personale e il contesto sociale e ambientale più ampio.

Continuando a esplorare l'accettazione come forza trasformativa, approfondiamo ulteriormente come questo principio possa essere radicato nelle pratiche educative e nella crescita personale, influenzando la società a livelli ancora più profondi.

L'Accettazione nell'Educazione

Integrare l'accettazione nell'educazione può preparare le basi per una società più consapevole, resiliente e compassionevole, iniziando dal modo in cui insegniamo e apprendiamo.

Educazione Emotiva nelle Scuole

Incorporare programmi di educazione emotiva che insegnano ai bambini a riconoscere, accettare e gestire le proprie emozioni e quelle degli altri può avere un impatto significativo sul loro sviluppo emotivo e sociale. Questi programmi possono aiutare a ridurre il bullismo, promuovere l'empatia e migliorare la salute mentale generale degli studenti.

Formazione degli Insegnanti sull'Accettazione

Formare gli insegnanti sui principi dell'accettazione e dell'educazione emotiva li abilita a creare ambienti di apprendimento più inclusivi e supportivi. Gli insegnanti che praticano l'accettazione possono diventare modelli positivi per i loro studenti, insegnando attraverso l'esempio l'importanza della comprensione e della tolleranza.

Crescita Personale e Accettazione

L'accettazione è anche una componente chiave nella crescita personale e nel superamento degli ostacoli interni che possono limitare il nostro potenziale.

Superare la Paura del Giudizio

La paura del giudizio può essere un ostacolo significativo al raggiungimento dei nostri obiettivi e al vivere una vita autentica. Praticare l'accettazione di sé e degli altri aiuta a ridurre questa paura, incoraggiando una maggiore libertà di espressione e la volontà di prendere rischi per il proprio sviluppo personale.

Accettazione e Autenticità

Vivere una vita autentica richiede l'accettazione di sé, comprese le nostre imperfezioni e vulnerabilità. L'accettazione promuove l'autenticità permettendoci di essere veri con noi stessi e con gli altri, contribuendo a costruire relazioni più profonde e significative.

L'Accettazione nella Sanità Mentale

Nel campo della salute mentale, l'accettazione è una componente fondamentale di diversi approcci terapeutici, sottolineando il suo ruolo nella guarigione e nel benessere.

Terapie Basate sull'Accettazione

Approcci terapeutici come la Terapia Cognitivo-Comportamentale basata sull'Accettazione (ACT) incoraggiano i pazienti a accettare i propri pensieri e sentimenti senza lottare contro di essi. Questo può aiutare a ridurre il dolore psicologico e a promuovere un maggior benessere.

Accettazione e Recupero

Nel percorso di recupero da dipendenze o disturbi mentali, l'accettazione di sé e della propria situazione attuale è spesso il primo passo verso il cambiamento. Riconoscere che il percorso di guarigione richiede tempo e pazienza può aiutare a mantenere una prospettiva positiva e resiliente.

L'Accettazione come Pratica Globale

Infine, considerare l'accettazione non solo a livello personale o comunitario, ma come una pratica globale, può aprire la strada a una cooperazione internazionale più efficace e compassionevole.

Accettazione e Cooperazione Internazionale

Nel contesto della politica globale e della cooperazione internazionale, l'accettazione delle diverse culture, tradizioni e punti di vista può favorire dialoghi più costruttivi e soluzioni condivise ai problemi globali, come il cambiamento climatico, la povertà e i conflitti internazionali.

Promuovere la Pace e l'Unità Globale

Attraverso la pratica dell'accettazione, è possibile lavorare verso una maggiore pace e unità globale, riconoscendo la nostra comune umanità e la responsabilità condivisa nel prendersi cura l'uno dell'altro e del nostro pianeta.

Attraverso questi diversi ambiti – dall'educazione alla salute mentale, dalla crescita personale alla politica internazionale – l'accettazione si rivela come un principio trasformativo che può guidare non solo il benessere individuale ma anche promuovere un impatto positivo su scala globale. Incoraggiando l'accettazione in tutte le sfere della vita, possiamo aspirare a costruire un mondo più compassionevole, resiliente e unito.

Proseguendo con l'analisi dell'accettazione come principio trasformativo a livello globale, esploriamo come la sua integrazione in ambiti specifici possa promuovere soluzioni innovative e sostenibili ai problemi contemporanei, influenzando positivamente il benessere collettivo e la sostenibilità ambientale.

Accettazione e Innovazione Sociale

L'accettazione può stimolare l'innovazione sociale, incoraggiando approcci nuovi e creativi alla risoluzione dei problemi sociali.

Sviluppo di Comunità Resilienti

L'adozione dell'accettazione nelle strategie di sviluppo comunitario può aiutare a costruire comunità più resilienti e adattabili. Ciò include l'accettazione della diversità culturale e delle differenze individuali come risorse, piuttosto che come ostacoli, promuovendo un senso di appartenenza e partecipazione attiva nella vita comunitaria.

Innovazione nell'Economia Sociale

L'accettazione spinge a riconsiderare i modelli economici tradizionali verso pratiche più inclusive e sostenibili. Le imprese sociali che adottano principi di accettazione nella loro missione possono affrontare problemi sociali ed economici con soluzioni che valorizzano la dignità umana e il benessere ambientale, promuovendo al contempo la crescita economica.

Accettazione e Sostenibilità Ambientale

L'integrazione dell'accettazione nella consapevolezza e nelle pratiche ambientali può favorire un approccio più armonioso e sostenibile nel rapporto con il nostro pianeta.

Accettazione della Responsabilità Ambientale

Riconoscere e accettare la nostra responsabilità individuale e collettiva nella crisi ambientale è il primo passo verso il cambiamento. Questo può motivare pratiche quotidiane più sostenibili, come la riduzione dei rifiuti, il consumo consapevole e il supporto a energie rinnovabili, contribuendo alla protezione e alla conservazione delle risorse naturali.

Promozione della Biodiversità

L'accettazione dell'importanza della biodiversità può ispirare azioni volte a proteggere e ripristinare gli ecosistemi. Ciò include la conservazione degli habitat naturali, il sostegno alla fauna selvatica e la partecipazione a iniziative di riforestazione, riconoscendo il valore intrinseco di tutte le forme di vita e il loro ruolo cruciale negli equilibri ecologici.

Accettazione e Tecnologia

Nell'era digitale, l'accettazione può guidare lo sviluppo e l'uso etico delle tecnologie, assicurando che contribuiscano al benessere umano e alla sostenibilità.

Tecnologie per l'Inclusione

L'impiego di tecnologie accessibili e inclusive può ridurre le barriere all'informazione e alla partecipazione, promuovendo l'uguaglianza di opportunità. L'accettazione delle diverse esigenze e capacità degli utenti guida lo sviluppo di soluzioni tecnologiche che rispettano e valorizzano la diversità umana.

Intelligenza Artificiale e Etica

L'accettazione della necessità di principi etici nell'IA può influenzare lo sviluppo di tecnologie che rispettano la dignità umana e promuovono il bene comune. Ciò comprende l'implementazione di algoritmi equi, la protezione della privacy e la promozione di un uso responsabile dell'IA che tenga conto delle implicazioni sociali e ambientali.

L'Accettazione come Via verso la Pace Globale

Infine, la pratica dell'accettazione può essere una potente leva per la promozione della pace globale, affrontando le radici dei conflitti e promuovendo la comprensione e la cooperazione internazionale.

Dialogo Interculturale

L'accettazione delle diverse culture e tradizioni come parte integrante della ricchezza umana può promuovere il dialogo interculturale e la comprensione reciproca. Questi scambi possono aiutare a superare pregiudizi e stereotipi, costruendo ponti di rispetto e amicizia tra i popoli.

Risoluzione dei Conflitti

Incorporare l'accettazione nei processi di risoluzione dei conflitti può aprire nuove vie per la pace, riconoscendo le legittime preoccupazioni e necessità di tutte le parti coinvolte. Attraverso l'ascolto empatico e la negoziazione basata sull'accettazione, è possibile trovare soluzioni durature che rispettino i diritti e promuovano la giustizia per tutti.

Attraverso queste applicazioni, diventa evidente come l'accettazione non sia solo una pratica personale ma un principio guida che può informare e trasformare le nostre interazioni a tutti i livelli, dalla vita quotidiana alle sfide globali. Promuovere l'accettazione in tutte le sfere della società può aiutarci a navigare le complessità del mondo contemporaneo con maggiore compassione, resilienza e speranza per un futuro più giusto e sostenibile.

Nel proseguire l'esplorazione dell'accettazione come forza motrice per il cambiamento positivo, approfondiamo come può essere implementata in modo più efficace attraverso la formazione di una coscienza collettiva orientata all'accettazione, e come questo influenzi il progresso sociale e culturale.

Costruzione di una Coscienza Collettiva Orientata all'Accettazione

La creazione di una coscienza collettiva attorno ai valori dell'accettazione richiede un impegno condiviso a promuovere l'empatia, la comprensione e il rispetto reciproco come fondamenti della società. Questo processo può essere avviato e mantenuto attraverso diverse vie.

Campagne di Sensibilizzazione Pubblica

Le campagne di sensibilizzazione possono giocare un ruolo cruciale nel promuovere l'accettazione, educando il pubblico sui benefici della diversità, dell'inclusione e della tolleranza. Utilizzando i media, le piattaforme sociali e gli eventi pubblici, queste campagne possono diffondere storie ed esperienze che evidenziano l'importanza e il valore dell'accettazione nei rapporti umani.

Programmi Educativi Innovativi

Integrare l'educazione all'accettazione nei curricula scolastici può preparare le giovani generazioni a diventare ambasciatori di tolleranza e comprensione. Questi programmi possono includere workshop, giochi di ruolo e progetti collaborativi che insegnano agli studenti il valore del rispetto delle differenze e la bellezza dell'empatia nei confronti degli altri.

Accettazione e Progresso Culturale

L'accettazione ha il potenziale di guidare un profondo progresso culturale, sfidando e trasformando le norme sociali obsolete o escludenti e promuovendo un ambiente più aperto e inclusivo.

Riconsiderazione delle Norme Sociali

Attraverso il dialogo aperto e la riflessione collettiva, le comunità possono riconsiderare e modificare le norme sociali che non riflettono più i valori di inclusione e rispetto. Questo processo di trasformazione culturale può portare a un maggiore riconoscimento dei diritti di minoranze e gruppi marginalizzati, promuovendo una società più equa e giusta.

Arte e Cultura come Veicoli di Accettazione

L'arte e la cultura possono essere potenti veicoli di promozione dell'accettazione, offrendo spazi sicuri per esplorare e celebrare la diversità umana. Film, letteratura, musica e arte visiva che esplorano temi di inclusione e comprensione reciproca possono ispirare il pubblico a riflettere sulle proprie convinzioni e comportamenti, promuovendo un cambiamento positivo.

Accettazione e Innovazione Sociale

L'accettazione stimola l'innovazione sociale incoraggiando soluzioni creative ai problemi sociali, economici e ambientali.

Soluzioni Creative ai Problemi Sociali

Approcci basati sull'accettazione ai problemi sociali possono portare a soluzioni innovative che tengono conto delle diverse esigenze e prospettive. Questo può includere iniziative di economia circolare che promuovono la sostenibilità, programmi di inclusione lavorativa per persone con disabilità, o piattaforme digitali che facilitano l'accesso ai servizi per comunità remote o svantaggiate.

Promozione dell'Imprenditorialità Sociale

L'incoraggiamento dell'imprenditorialità sociale attraverso l'accettazione può guidare lo sviluppo di imprese che non solo cercano il profitto, ma anche il miglioramento sociale e ambientale. Questi imprenditori sociali utilizzano i principi dell'accettazione per affrontare le sfide globali, creando modelli di business che beneficiano la società nel suo insieme.

Verso un Futuro Definito dall'Accettazione

Immaginare un futuro definito dall'accettazione significa concepire una società in cui ogni individuo si sente valorizzato e incluso, indipendentemente dalle differenze. In questo futuro, l'accettazione è la norma, non l'eccezione, influenzando positivamente ogni aspetto della vita umana, dalla politica all'economia, dall'educazione alla tecnologia.

Un Mondo Più Connesso e Compassionevole

L'accettazione porta a un mondo in cui le persone sono più connesse tra loro e più compassionevoli nei confronti delle esperienze altrui. In questo mondo, le barriere tra noi si dissolvono, rivelando una comune umanità che celebra la diversità come una forza, non come una divisione.

Un Impegno Collettivo per il Benessere Globale

L'accettazione come valore condiviso incoraggia un impegno collettivo verso il benessere globale, riconoscendo che le azioni di ciascuno influenzano il destino di tutti. In questo scenario, le decisioni individuali e collettive sono guidate da considerazioni di equità, sostenibilità e compassione, promuovendo un futuro più luminoso per le generazioni presenti e future.

Attraverso queste riflessioni, diventa chiaro che l'accettazione non è semplicemente un concetto astratto, ma una pratica quotidiana che ha il potere di trasformare il mondo in modi profondi e duraturi. Implementando l'accettazione in tutti gli aspetti della vita, possiamo costruire insieme un futuro in cui la tolleranza, la comprensione e l'empatia sono i pilastri su cui si fonda ogni comunità, promuovendo una pace duratura e un benessere collettivo su scala globale.

In conclusione, l'accettazione emerge non solo come un principio etico fondamentale ma come una forza trasformativa capace di influenzare profondamente il benessere individuale, le relazioni interpersonali, le comunità, e la società nel suo insieme. Abbracciando l'accettazione, individui e collettività possono navigare le complessità del mondo contemporaneo con maggiore comprensione, empatia e cooperazione, promuovendo un ambiente in cui ogni persona si sente valorizzata e inclusa.

L'integrazione dell'accettazione in vari aspetti della vita quotidiana - dall'educazione all'innovazione sociale, dalla salute mentale alla sostenibilità ambientale - dimostra il suo potenziale di guidare cambiamenti positivi su scala globale. La promozione dell'accettazione attraverso campagne di sensibilizzazione, programmi educativi, e pratiche di leadership etica può ispirare un'evoluzione culturale verso una società più giusta, equa e compassionevole.

Mentre guardiamo al futuro, l'adozione dell'accettazione come valore condiviso offre una visione di speranza e possibilità. Un mondo definito dall'accettazione è un mondo in cui le barriere vengono abbattute, le differenze celebrate, e il benessere collettivo diventa l'obiettivo primario di ogni iniziativa. In questo contesto, l'accettazione non è semplicemente un atto di tolleranza, ma un impegno attivo verso la creazione di un ambiente in cui tutti possano prosperare.

Per raggiungere questo futuro, è essenziale che ciascuno di noi rifletta su come può promuovere l'accettazione nella propria vita e nella propria comunità. Attraverso azioni quotidiane, dialogo aperto e un impegno costante verso l'educazione e la comprensione reciproca, possiamo costruire insieme una società che abbraccia pienamente i principi dell'accettazione. In questo modo, possiamo non solo affrontare le sfide del nostro tempo ma anche lasciare un'eredità di pace, unità e armonia per le generazioni future.

2. Comprensione delle cause: Esplorare le possibili cause o trigger dell'ansia e della depressione nella propria vita.

Esplorare e comprendere le cause o i trigger dell'ansia e della depressione nella propria vita è un passo cruciale nel processo di guarigione e gestione di queste condizioni. Questo capitolo del libro si dedica a guidare il lettore attraverso un viaggio di auto-esplorazione e comprensione, offrendo strumenti per identificare le radici dei propri disturbi emotivi e strategie per affrontarli.

Identificazione dei Trigger

Fattori Ambientali e Situazionali

Molti eventi della vita, come lo stress sul lavoro, problemi relazionali, perdite finanziarie o la morte di una persona cara, possono agire come catalizzatori per ansia e depressione. Riconoscere gli eventi o le situazioni che tendono a precedere i periodi di malessere può aiutare a prepararsi e gestire meglio le proprie reazioni emotive.

Fattori Biologici e Genetici

La predisposizione genetica può giocare un ruolo significativo nello sviluppo dell'ansia e della depressione. Allo stesso tempo, squilibri chimici nel cervello, come quelli dei neurotrasmettitori serotonina e dopamina, possono influenzare il nostro umore.

Comprendere che questi fattori possono contribuire ai disturbi dell'umore aiuta a demistificare l'esperienza e può incoraggiare la ricerca di supporto e trattamento appropriati.

Stili di Pensiero e Credenze

Gli schemi di pensiero negativi, come la tendenza a catastrofizzare, la generalizzazione eccessiva e l'autocritica, possono intensificare i sentimenti di ansia e depressione. Identificare questi schemi e lavorare per modificarli può essere un passo importante verso il miglioramento del benessere emotivo.

Strategie per Affrontare le Cause dell'Ansia e della Depressione

Tecniche di Gestione dello Stress

Pratiche come la mindfulness, la meditazione, l'esercizio fisico regolare e tecniche di rilassamento possono aiutare a gestire lo stress e ridurre l'incidenza di ansia e depressione. L'adozione di una routine quotidiana che includa queste pratiche può fornire una base solida per il benessere emotivo.

Terapia e Consulenza

La terapia, in particolare la Terapia Cognitivo-Comportamentale (TCC), può essere estremamente efficace nel trattare l'ansia e la depressione. La TCC aiuta a identificare e modificare i pensieri e i comportamenti negativi, fornendo strumenti pratici per affrontare le sfide emotive.

Supporto Sociale

Mantenere relazioni di supporto può avere un impatto significativo sul modo in cui si affrontano l'ansia e la depressione. Parlare con amici fidati, familiari o gruppi di supporto può fornire conforto e comprensione, riducendo i sentimenti di isolamento e solitudine.

Adattamenti dello Stile di Vita

Modifiche nello stile di vita, come migliorare la dieta, assicurarsi un sonno adeguato e ridurre il consumo di alcol e caffeina, possono avere effetti positivi sull'umore e sulla capacità di gestire lo stress. Un approccio olistico che include la cura del corpo e della mente è spesso il più efficace nel trattare l'ansia e la depressione.

Conclusione

Comprendere le cause dell'ansia e della depressione è un processo complesso e personale, che richiede tempo, pazienza e spesso il supporto di professionisti. Attraverso l'auto-riflessione, l'apprendimento e l'adozione di strategie di coping efficaci, è possibile navigare i propri disturbi emotivi con maggiore consapevolezza e controllo. Questo capitolo mira a fornire al lettore le conoscenze e gli strumenti necessari per intraprendere questo viaggio di scoperta e guarigione, sottolineando l'importanza dell'auto-compassione e della resilienza nel percorso verso il benessere.

Approfondendo ulteriormente il tema della comprensione delle cause dell'ansia e della depressione, esploriamo come approcci multidisciplinari e personalizzati possano offrire una visione più completa e un piano di azione più efficace per affrontare queste complesse condizioni.

Approfondimento sui Fattori di Stress Cronico

Il ruolo dello stress cronico come fattore scatenante o aggravante per l'ansia e la depressione merita un'attenzione particolare. Lo stress prolungato può derivare da molteplici fonti, inclusi ambienti di lavoro tossici, difficoltà finanziarie, conflitti relazionali o malattie croniche.

Riconoscimento e Gestione dello Stress Cronico

- **Valutazione dello Stress**: L'uso di diari dello stress o applicazioni per monitorare i livelli di stress può aiutare a identificare specifiche situazioni o pattern che contribuiscono al malessere.

- **Strategie di Riduzione dello Stress**: Tecniche come il time management, la delega di compiti non essenziali e l'impostazione di confini chiari possono essere efficaci nel ridurre lo stress quotidiano.

- **Interventi sullo Stile di Vita**: Integrare attività rilassanti e piacevoli nella routine quotidiana, come hobby, esercizio fisico o tempo nella natura, può contribuire significativamente alla riduzione dello stress cronico.

L'Impatto delle Esperienze Precedenti

Eventi traumatici passati, come abusi, perdite significative o esperienze di fallimento, possono lasciare un'impronta duratura, influenzando la vulnerabilità all'ansia e alla depressione. L'elaborazione di queste esperienze attraverso la terapia può essere fondamentale per il recupero.

Elaborazione del Trauma

- **Terapia Focalizzata sul Trauma**: Approcci terapeutici specifici per il trauma, come l'EMDR (Eye Movement Desensitization and Reprocessing) o la terapia di esposizione, possono aiutare gli individui a elaborare e superare le esperienze traumatiche.

- **Supporto di Gruppo**: Partecipare a gruppi di supporto per persone che hanno vissuto esperienze simili può offrire conforto e comprensione, riducendo il senso di isolamento.

La Connessione Mente-Corpo

La relazione tra salute fisica e salute mentale è bidirezionale: le condizioni fisiche possono influenzare l'umore e viceversa. Riconoscere e trattare qualsiasi problema di salute fisica è cruciale per il benessere emotivo.

Integrazione della Cura Fisica

- **Controlli Medici Regolari**: Effettuare controlli medici per identificare e trattare eventuali condizioni fisiche che potrebbero influenzare l'umore, come squilibri ormonali o carenze nutrizionali.

- **Attività Fisica**: L'esercizio regolare è stato dimostrato di avere un effetto positivo sulla salute mentale, migliorando l'umore e riducendo l'ansia.

L'Importanza del Supporto Sociale

Il ruolo del supporto sociale nell'affrontare l'ansia e la depressione non può essere sottolineato abbastanza. La connessione umana offre conforto, riduce l'isolamento e può fornire una rete di sicurezza durante i momenti difficili.

Coltivare Relazioni Supportive

- **Comunicazione Aperta**: Essere aperti riguardo ai propri sentimenti con amici fidati o familiari può rafforzare i legami e fornire un senso di appartenenza e comprensione.

- **Ricerca di Comunità**: Unirsi a gruppi o comunità che condividono interessi comuni o esperienze simili può offrire supporto e amicizia.

Conclusione

Comprendere le cause dell'ansia e della depressione richiede un approccio olistico che consideri fattori ambientali, biologici, psicologici e sociali. Attraverso la consapevolezza di sé, la gestione dello stress, l'elaborazione del trauma, la cura della salute fisica e il supporto sociale, individui possono navigare il percorso verso il recupero con maggiore efficacia. Questo capitolo spera di aver fornito strumenti e conoscenze per aiutare i lettori a identificare e affrontare le radici del proprio malessere, sottolineando l'importanza di un approccio personalizzato e compassionevole nel viaggio verso il benessere.

Proseguendo con l'approfondimento sulla comprensione delle cause dell'ansia e della depressione, esaminiamo ulteriormente l'importanza di un approccio integrato che consideri le interazioni tra mente, corpo e ambiente sociale. Questo approccio multifacettato non solo aiuta a identificare le cause sottostanti ma fornisce anche una base per strategie di coping più efficaci.

Approcci Integrati alla Cura

Un approccio integrato alla cura considera l'individuo nella sua totalità, riconoscendo che la salute mentale è influenzata da una complessa interazione di fattori fisici, psicologici, sociali e ambientali.

Medicina Integrativa e Olistica

- **Terapie Complementari**: L'adozione di terapie complementari, come l'agopuntura, la naturopatia o la medicina ayurvedica, può offrire sollievo dai sintomi di ansia e depressione, soprattutto quando utilizzate in combinazione con trattamenti convenzionali.

- **Approccio Olistico alla Salute**: Valutare e trattare le condizioni di salute mentale all'interno del contesto più ampio della salute fisica e del benessere generale può portare a risultati più duraturi e significativi.

Il Ruolo dell'Ambiente Fisico

L'ambiente fisico in cui viviamo può avere un impatto profondo sul nostro benessere mentale. Dall'accesso a spazi verdi alla qualità dell'abitazione, gli aspetti ambientali giocano un ruolo cruciale nel modulare l'umore e i livelli di ansia.

Creazione di Spazi di Vita Supportivi

- **Design e Arredamento Conscious**: L'organizzazione dello spazio di vita o di lavoro per promuovere il relax e il benessere, utilizzando colori rilassanti, piante e luce naturale, può aiutare a ridurre lo stress e migliorare l'umore.

- **Connessione con la Natura**: L'accesso regolare a parchi, giardini o aree selvagge può migliorare la salute mentale, riducendo i sintomi di ansia e depressione attraverso il contatto con la natura.

Dinamiche Familiari e Relazionali

Le relazioni con i familiari e gli amici possono sia offrire supporto che presentare sfide. Riconoscere e affrontare le dinamiche disfunzionali all'interno delle relazioni può essere un passo fondamentale nel processo di guarigione.

Comunicazione e Risoluzione dei Conflitti

- **Tecniche di Comunicazione Efficace**: Imparare e applicare tecniche di comunicazione assertiva può aiutare a navigare e risolvere i conflitti interpersonali, riducendo fonti di stress e tensione nelle relazioni.

- **Terapia Familiare o di Coppia**: Quando le dinamiche relazionali contribuiscono all'ansia e alla depressione, la terapia di coppia o familiare può offrire uno spazio sicuro per esplorare e risolvere queste questioni con l'aiuto di un professionista.

Sviluppo Personale e Crescita

L'ansia e la depressione possono talvolta radicarsi in problemi di autostima o insoddisfazione personale. Lavorare sullo sviluppo personale e sulla crescita può contribuire a costruire una fondazione più solida per il benessere mentale.

Esplorazione di Passioni e Interessi

- **Impegno in Attività Gratificanti**: Dedicare tempo a hobby, interessi o attività che stimolano la gioia e la soddisfazione può aumentare la resilienza mentale e contribuire a un senso di scopo e realizzazione.

- **Obiettivi e Aspirazioni**: Impostare obiettivi personali realistici e lavorare gradualmente per raggiungerli può migliorare l'autostima e fornire una direzione positiva, contrastando i sentimenti di stagnazione o disperazione.

Conclusione

La comprensione delle cause dell'ansia e della depressione è un viaggio complesso che richiede un'esplorazione profonda e multifacettata degli aspetti della vita di un individuo. Adottando un approccio integrato che considera la complessa interazione tra mente, corpo, relazioni e ambiente, è possibile ottenere una comprensione più profonda delle radici di questi disturbi. Attraverso la valutazione e l'adattamento delle strategie di coping, la ricerca di supporto appropriato e l'impegno in pratiche di cura olistica, gli individui possono navigare verso il recupero e il benessere con maggiore consapevolezza e resilienza. Questo capitolo intende fornire strumenti e spunti per facilitare questo processo, sottolineando l'importanza di un approccio personalizzato e compassionevole nel cammino verso la guarigione e l'equilibrio emotivo.

Proseguendo con il tema della comprensione delle cause dell'ansia e della depressione, è essenziale esplorare ulteriormente come l'interazione tra fattori interni ed esterni contribuisca alla complessità di queste condizioni, approfondendo strategie specifiche che aiutano a gestire e mitigare i loro effetti.

Analisi del Ruolo delle Abitudini Quotidiane

Le nostre abitudini quotidiane e scelte di stile di vita giocano un ruolo significativo nel modulare il nostro benessere mentale. Riconoscere e modificare queste abitudini può essere un passo vitale verso la riduzione dell'ansia e della depressione.

Revisione delle Routine Quotidiane

- **Bilanciamento del Tempo di Lavoro e del Tempo Libero**: Trovare un equilibrio sano tra lavoro e attività ricreative o di riposo è cruciale per prevenire il sovraccarico e lo stress, che possono alimentare ansia e depressione.

- **Rituali Mattutini e Serotini**: Stabilire rituali che promuovano calma e concentrazione al mattino, e rilassamento alla sera, può migliorare significativamente la qualità del sonno e l'umore generale.

L'Importanza dell'Alimentazione e dell'Attività Fisica

La connessione tra mente e corpo è evidenziata dall'impatto che dieta e esercizio fisico hanno sul benessere emotivo. Adottare abitudini sane in queste aree può offrire benefici tangibili.

Nutrizione Consapevole

- **Dieta Equilibrata**: Una dieta che include un'ampia varietà di nutrienti, con un focus su frutta, verdura, proteine magre e cereali integrali, può supportare la salute del cervello e moderare le fluttuazioni dell'umore.

- **Idratazione**: Mantenere un'adeguata idratazione è essenziale per la funzione cognitiva e l'equilibrio emotivo.

Benefici dell'Esercizio Fisico

- **Attività Fisica Regolare**: L'esercizio fisico, sia esso camminare, correre, nuotare, o praticare yoga, stimola la produzione di endorfine, migliorando l'umore e riducendo lo stress e l'ansia.

- **Coinvolgimento Sociale**: Partecipare ad attività fisiche di gruppo può anche offrire l'opportunità di connessione sociale, ulteriormente beneficiando la salute mentale.

Gestione del Tempo e delle Priorità

L'ansia e la depressione possono essere esacerbate da sentimenti di sopraffazione dovuti a carichi di lavoro eccessivi o da una gestione inefficiente del tempo. Imparare a gestire efficacemente il proprio tempo può alleviare questa pressione.

Prioritizzazione e Delega

- **Identificare Priorità**: Riconoscere quali compiti sono essenziali e quali possono essere posticipati, modificati o delegati può ridurre lo stress quotidiano.

- **Tecniche di Gestione del Tempo**: L'uso di tecniche come il metodo Pomodoro o la regola del 80/20 può aumentare la produttività riducendo al contempo la sensazione di essere sopraffatti.

Sviluppo di Strategie di Coping Positive

Sostituire le strategie di coping negative, come il ritiro sociale o l'uso di sostanze, con metodi positivi e costruttivi è fondamentale per affrontare efficacemente l'ansia e la depressione.

Tecniche di Rilassamento e Mindfulness

- **Pratiche di Mindfulness**: Tecniche come la meditazione guidata, la scansione corporea, e la respirazione profonda possono aiutare a centrarsi nel momento presente, riducendo i sintomi di ansia.

- **Attività Creative**: Impegnarsi in attività creative, come l'arte, la scrittura o la musica, può fungere da valvola di sfogo per emozioni represse e promuovere un senso di realizzazione.

Riconoscimento e Accettazione dei Propri Sentimenti

Infine, imparare a riconoscere e accettare i propri sentimenti senza giudizio è una componente chiave della gestione dell'ansia e della depressione. Questo richiede tempo e pratica ma può portare a una maggiore pace interiore e resilienza emotiva.

Pratica dell'Auto-compassione

- **Dialogo Interno Positivo**: Sostituire l'autocritica con un dialogo interno positivo e incoraggiante può rafforzare l'autostima e promuovere l'accettazione di sé.

- **Ricordare la Comune Umanità**: Riconoscere che l'ansia e la depressione sono esperienze umane condivise può ridurre il senso di isolamento e promuovere la connessione con gli altri.

Attraverso queste strategie dettagliate e approcci personalizzati, gli individui possono acquisire una comprensione più profonda delle cause sottostanti dei loro disturbi di ansia e depressione, sviluppando al contempo metodi efficaci per affrontarli. Questo capitolo mira a fornire non solo conoscenza ma anche speranza, evidenziando che, con gli strumenti giusti e il supporto adeguato, è possibile navigare verso un futuro di maggiore benessere e felicità.

Mentre approfondiamo la comprensione delle cause dell'ansia e della depressione, è fondamentale esplorare il ruolo dell'autoconsapevolezza e del continuo apprendimento personale nel processo di gestione e superamento di questi disturbi. Questo approccio richiede di guardare oltre le soluzioni immediate, impegnandosi in un processo di crescita e sviluppo che possa fornire una base solida per il benessere a lungo termine.

L'Autoconsapevolezza come Chiave di Volta

L'autoconsapevolezza, o la capacità di osservare i propri pensieri, emozioni e comportamenti da una prospettiva oggettiva, è essenziale per comprendere le dinamiche personali che contribuiscono all'ansia e alla depressione.

Tecniche per Migliorare l'Autoconsapevolezza

- **Diario Emotivo**: Tenere un diario delle proprie esperienze emotive quotidiane può aiutare a identificare pattern di pensiero e reazioni emotive ricorrenti che potrebbero non essere immediatamente evidenti.

- **Mindfulness e Meditazione**: Pratiche di mindfulness e meditazione possono aumentare la consapevolezza del momento presente, aiutando a riconoscere e accettare i propri stati emotivi senza giudizio.

L'Apprendimento Continuo sul Sé

La comprensione di sé è un viaggio che non ha fine. Continuare ad esplorare e apprendere sul proprio essere può rivelare nuove intuizioni e strategie per affrontare l'ansia e la depressione.

Esplorazione di Nuove Prospettive

- **Lettura e Ricerca**: Dedicarsi alla lettura di libri, articoli e ricerche sulla salute mentale può offrire nuove prospettive e strumenti per affrontare l'ansia e la depressione.

- **Workshop e Seminari**: Partecipare a workshop o seminari su temi relativi alla crescita personale, alla gestione dello stress e alla salute mentale può arricchire la comprensione e fornire nuove tecniche di coping.

La Resilienza come Obiettivo

Costruire resilienza, o la capacità di riprendersi di fronte alle avversità, è un obiettivo fondamentale nel processo di gestione dell'ansia e della depressione. Questo implica sviluppare strategie interne ed esterne che supportino la capacità di adattamento.

Sviluppo di Strategie di Resilienza

- **Reti di Supporto**: Rafforzare e ampliare le proprie reti di supporto sociale può offrire risorse preziose durante i periodi di difficoltà.

- **Flessibilità Cognitiva**: Lavorare sulla flessibilità cognitiva, o la capacità di adattare i propri pensieri e comportamenti a situazioni in continua evoluzione, può aiutare a navigare le sfide con maggiore efficacia.

Integrazione dell'Accettazione nel Processo di Guarigione

L'accettazione gioca un ruolo cruciale nel processo di guarigione, non solo accettando la presenza di ansia e depressione ma anche riconoscendo la propria capacità di crescita e cambiamento.

Pratiche di Accettazione

- **Accettazione Attiva**: Impegnarsi in un processo di accettazione attiva, in cui si riconoscono e si affrontano i propri limiti e sfide, può portare a un senso di empowerment e controllo sulla propria vita.

- **Gratitudine**: Coltivare la gratitudine per le esperienze positive e le lezioni apprese, anche in mezzo alle difficoltà, può aiutare a mantenere una prospettiva equilibrata e ottimista.

Conclusione

La comprensione delle cause dell'ansia e della depressione è un processo complesso che richiede dedizione, autoconsapevolezza e un impegno costante verso l'apprendimento e la crescita personale. Attraverso l'esplorazione di sé, la costruzione della resilienza e la pratica dell'accettazione, è possibile sviluppare una comprensione più profonda delle proprie esperienze emotive e costruire strategie efficaci per navigare verso il benessere. Questo capitolo mira a fornire una guida per intraprendere questo viaggio di scoperta personale, enfatizzando che, nonostante le sfide, il percorso verso la guarigione e l'equilibrio emotivo è arricchito da ogni passo fatto con consapevolezza, cura e compassione verso sé stessi.

Mentre approfondiamo ulteriormente il percorso verso la comprensione delle cause sottostanti dell'ansia e della depressione, diventa evidente che l'integrazione di pratiche di consapevolezza corporea può offrire strumenti preziosi per un'autodiagnosi emotiva e fisica più accurata. Questi metodi consentono di sintonizzarsi non solo con la mente ma anche con il corpo, riconoscendo come le tensioni fisiche e le sensazioni possano riflettere stati emotivi interni.

Integrazione della Consapevolezza Corporea

La consapevolezza corporea, o la capacità di percepire e comprendere le sensazioni e i segnali del proprio corpo, può rivelare importanti informazioni sullo stato di ansia e depressione. La pratica regolare della consapevolezza corporea può aiutare a identificare e gestire i sintomi precoci dell'ansia e della depressione, promuovendo una maggiore connessione tra mente e corpo.

Pratiche per Sviluppare la Consapevolezza Corporea

- **Yoga e Tai Chi**: Queste antiche pratiche combinano movimento, respirazione e meditazione per migliorare la consapevolezza corporea e ridurre lo stress e l'ansia.

- **Scansione Corporea**: Una forma di meditazione che coinvolge il passaggio dell'attenzione attraverso diverse parti del corpo, notando le sensazioni senza giudizio. Questo può aiutare a rilassare il corpo e a riconoscere dove si accumula lo stress.

L'Importanza delle Routine di Autocura

Stabilire routine di autocura personalizzate può giocare un ruolo significativo nel mantenimento del benessere mentale e fisico. Queste routine non solo forniscono una struttura rassicurante nella vita quotidiana ma aiutano anche a promuovere pratiche sane che supportano la gestione dell'ansia e della depressione.

Elementi di una Routine di Autocura

- **Tempo per Sé**: Dedicare tempo regolarmente per attività che nutrono e rinvigorano sia il corpo che la mente, come leggere, fare il bagno o praticare hobby, può essere essenziale per il recupero.

- **Rituali di Connessione**: Incorporare rituali che promuovono la connessione con sé stessi, con gli altri e con la natura può migliorare la qualità della vita e ridurre i sentimenti di isolamento.

Strategie di Gestione Emotiva

Imparare a gestire le emozioni in modo sano è cruciale per affrontare l'ansia e la depressione. Questo non significa sopprimere o evitare le emozioni ma piuttosto sviluppare la capacità di accoglierle, comprenderle e esprimerle in modi produttivi.

Tecniche di Regolazione Emotiva

- **Espressione Creativa**: Canali come la scrittura, la pittura o la musica offrono modi espressivi per elaborare e comunicare emozioni complesse.

- **Comunicazione Emotiva Assertiva**: Imparare a esprimere i propri bisogni e sentimenti in modo chiaro e rispettoso può migliorare le relazioni e ridurre le tensioni interne.

Approcci Innovativi alla Comprensione di Sé

Esplorare nuove aree di crescita personale e sviluppo può illuminare aspetti precedentemente oscurati del sé, offrendo nuove vie per la comprensione e la gestione dell'ansia e della depressione.

Esplorazione di Nuovi Interessi

- **Viaggi e Avventure**: Esperienze nuove e stimolanti possono offrire prospettive fresche sulla vita e su sé stessi, rompendo la routine e stimolando la crescita personale.

- **Apprendimento Continuo**: L'impegno in nuovi ambiti di studio o competenze può fornire un senso di progresso e scopo, contrastando i sentimenti di stagnazione o disperazione.

Conclusione

La comprensione profonda delle cause dell'ansia e della depressione richiede un impegno verso l'esplorazione continua di sé, l'adozione di pratiche sane di mente e corpo, e lo sviluppo di strategie di gestione emotiva efficaci. Attraverso l'integrazione di consapevolezza corporea, routine di autocura, tecniche di regolazione emotiva e l'esplorazione di nuovi interessi, individui possono costruire una base solida per il benessere a lungo termine. Questo capitolo mira a ispirare un viaggio di scoperta personale che non solo affronta le sfide dell'ansia e della depressione ma apre anche la porta a una vita più ricca, soddisfacente e connessa.

Mentre approfondiamo la comprensione delle cause dell'ansia e della depressione, è cruciale esaminare il ruolo che gioca l'equilibrio emotivo nella nostra vita. Mantenere un equilibrio emotivo richiede una consapevolezza continua delle nostre reazioni interne alle esperienze esterne, nonché la capacità di regolare queste risposte in modi sani e produttivi.

Coltivazione dell'Equilibrio Emotivo

Strategie di Mindfulness Avanzate

- **Mindfulness Approfondita**: Oltre le pratiche di base, esplorare tecniche avanzate di mindfulness può offrire strumenti più sofisticati per l'osservazione e la gestione delle dinamiche emotive. Questo può includere ritiri di meditazione silenziosa, workshop intensivi o corsi che esplorano le connessioni tra mindfulness e neuroscienze.

Tecniche di Respirazione Consapevole

- **Pranayama e Altre Pratiche di Respirazione**: Tecniche specifiche di respirazione, come quelle trovate nello yoga Pranayama, possono essere estremamente efficaci nel regolare il sistema nervoso, calmando la mente e riducendo l'ansia.

Integrazione di Approcci Olistici

L'approccio olistico riconosce che il benessere mentale è intrinsecamente legato alla salute fisica, emotiva e spirituale. Esplorare e integrare diverse pratiche olistiche può arricchire il percorso di guarigione.

Nutrizione Olistica

- **Alimentazione Consapevole**: Approfondire la comprensione di come diversi alimenti influenzano l'umore e il benessere generale, e imparare a scegliere alimenti che supportano l'equilibrio emotivo e mentale.

Terapie Corporee

- **Massaggi e Terapie Fisiche**: Le terapie corporee, come il massaggio, la riflessologia e la craniosacrale, possono aiutare a rilasciare le tensioni fisiche che spesso accompagnano l'ansia e la depressione, promuovendo un senso di rilassamento e benessere.

Esplorazione della Creatività e dell'Espressione di Sé

L'espressione creativa offre un canale unico per l'esplorazione e la trasformazione delle emozioni. Trovare modi per esprimere sé stessi può essere terapeutico e liberatorio.

Arte e Terapia Creativa

- **Workshop di Arte Terapia**: Partecipare a workshop di arte terapia o esplorare in modo indipendente l'arte come forma di espressione personale può aiutare a elaborare e comunicare esperienze e sentimenti complessi.

Scrittura Riflessiva e Narrativa

- **Diari e Scrittura Creativa**: La scrittura, sia come riflessione personale che come narrazione creativa, offre un potente strumento per l'autoesplorazione e la catarsi.

Sviluppo di una Filosofia di Vita Positiva

Adottare una filosofia di vita che enfatizzi il significato, lo scopo e i valori positivi può rafforzare la resilienza emotiva e fornire una bussola durante i tempi difficili.

Riflessione sui Valori e sullo Scopo

- **Esercizi di Riflessione Personale**: Dedicare tempo regolarmente per riflettere sui propri valori fondamentali, sullo scopo nella vita e su come le azioni quotidiane si allineano con questi principi può offrire chiarezza e motivazione.

Costruzione di Comunità e Connessioni Significative

- **Partecipazione Attiva nelle Comunità**: Costruire e mantenere relazioni significative all'interno di comunità che condividono valori simili può offrire supporto, ispirazione e un senso di appartenenza.

Conclusione

Attraverso l'esplorazione dettagliata delle cause dell'ansia e della depressione, abbiamo esaminato come l'integrazione di pratiche di consapevolezza, strategie di regolazione emotiva, approcci olistici alla salute, espressione creativa e lo sviluppo di una filosofia di vita positiva possono offrire un percorso ricco e multiforme verso il benessere. Questo approccio complesso e stratificato sottolinea l'importanza di una visione olistica nel trattamento dell'ansia e della depressione, riconoscendo che il vero equilibrio e la guarigione derivano da un'integrazione profonda di mente, corpo e spirito. L'obiettivo di questo capitolo è quello di fornire una guida che incoraggi non solo la comprensione e la gestione dell'ansia e della depressione ma anche la promozione di una vita piena, soddisfacente e arricchita da una profonda connessione con sé stessi e il mondo circostante.

Approfondendo ulteriormente il percorso verso la comprensione e la gestione dell'ansia e della depressione, è fondamentale esplorare l'importanza dell'equilibrio tra solitudine e socializzazione. Entrambi gli aspetti giocano ruoli critici nel nostro benessere emotivo e psicologico, e trovare il giusto equilibrio può essere una chiave per affrontare efficacemente questi disturbi.

Equilibrio tra Solitudine e Socializzazione

Valore della Solitudine Consapevole

- **Ritiri di Silenzio e Meditazione**: Partecipare a ritiri di silenzio può offrire spazi dedicati alla riflessione interiore e alla crescita personale, permettendo di riconnettersi con il proprio sé più profondo.

- **Pratica della Solitudine Creativa**: Imparare a valorizzare momenti di solitudine per dedicarsi a passioni, hobby o semplicemente per essere con sé stessi, può rafforzare l'autostima e promuovere l'autosufficienza emotiva.

L'Importanza della Connessione Sociale

- **Gruppi di Supporto e Socializzazione**: Trovare o creare gruppi di supporto con persone che condividono esperienze simili può offrire conforto e comprensione, riducendo il senso di isolamento.

- **Volontariato e Impegno Comunitario**: L'attività volontaria offre l'opportunità di costruire connessioni significative, migliorando al contempo il senso di scopo e appartenenza.

Riconoscimento e Gestione delle Emozioni Complesse

L'ansia e la depressione spesso emergono da o sono accompagnate da un'ampia gamma di emozioni complesse. Imparare a riconoscere, accettare e gestire queste emozioni è cruciale per il processo di guarigione.

Tecniche di Gestione delle Emozioni

- **Analisi Emotiva**: Utilizzare tecniche come la scrittura riflessiva o i diari emotivi per analizzare e comprendere le proprie emozioni può aiutare a identificare modelli o trigger specifici.

- **Esercizi di Accettazione Emotiva**: Praticare esercizi che incoraggiano l'accettazione delle proprie emozioni, come la meditazione sulla compassione, può facilitare una maggiore pace interiore e ridurre la lotta interna.

Sviluppo di una Mentalità di Crescita

Adottare una mentalità di crescita, che vede le sfide come opportunità di apprendimento e sviluppo, può essere particolarmente utile nel contesto dell'ansia e della depressione. Questo approccio promuove la resilienza e la flessibilità di fronte alle avversità.

Approcci per Coltivare la Mentalità di Crescita

- **Obiettivi Incrementali**: Stabilire obiettivi piccoli e realizzabili che conducono a progressi visibili può rafforzare la fiducia in sé e la motivazione.

- **Apprendimento da Fallimenti e Sfide**: Riconoscere e riflettere sui fallimenti come fonti di apprendimento e crescita personale può trasformare la percezione delle proprie esperienze.

Promozione del Benessere Olistico

Infine, la promozione di un benessere olistico richiede un approccio che integri la salute fisica, mentale, emotiva e spirituale, riconoscendo che tutti questi aspetti sono interconnessi e contribuiscono al nostro stato generale di salute.

Pratiche per il Benessere Olistico

- **Bilanciamento delle Dimensioni della Vita**: Fare uno sforzo consapevole per bilanciare lavoro, riposo, relazioni, attività fisica e tempo per sé può contribuire a un senso complessivo di benessere.

- **Connessione con la Natura**: Dedicare tempo regolarmente per connettersi con la natura, attraverso passeggiate, escursioni o semplicemente trascorrere tempo in spazi verdi, può avere effetti terapeutici e rinvigorenti sul benessere psicologico.

Conclusione

In definitiva, la comprensione e la gestione dell'ansia e della depressione richiedono un approccio multifacettato che tenga conto della complessa interazione tra la mente, il corpo, e l'ambiente sociale in cui viviamo. Esplorare in profondità queste dimensioni e imparare a navigare tra solitudine e socializzazione, riconoscere e gestire le emozioni complesse, sviluppare una mentalità di crescita e promuovere un benessere olistico, offre un percorso ricco e sfaccettato verso il recupero e il mantenimento della salute mentale.

Profondizzazione delle Conoscenze sulle Emozioni

Intelligenza Emotiva

- **Sviluppo dell'Intelligenza Emotiva**: Potenziare la propria intelligenza emotiva attraverso tecniche mirate può migliorare la capacità di riconoscere, comprendere e gestire le proprie emozioni e quelle altrui, favorendo relazioni più sane e una maggiore stabilità emotiva.

Gestione dello Stress Emotivo

- **Tecniche di Riduzione dello Stress**: Applicare tecniche specifiche, come il biofeedback o la programmazione neuro-linguistica (PNL), può offrire metodi innovativi per gestire lo stress e le emozioni negative, riducendo gli impatti dell'ansia e della depressione.

Ampliamento della Connessione Sociale

Costruzione di Reti di Supporto Diverse

- **Diversificazione delle Reti di Supporto**: Ampliare le proprie reti sociali per includere una varietà di gruppi e attività può arricchire le fonti di supporto e ispirazione, offrendo diversi punti di vista e opportunità di crescita personale.

Creazione di Spazi Sicuri di Condivisione

- **Gruppi di Ascolto e Condivisione**: Iniziare o partecipare a gruppi di ascolto dove le persone possono condividere liberamente esperienze e sentimenti in un ambiente accogliente e non giudicante può promuovere la guarigione e la comprensione reciproca.

Integrazione del Benessere Spirituale

Pratiche Spirituali Personalizzate

- **Esplorazione Spirituale**: Indagare e integrare pratiche spirituali che risuonano a livello personale può offrire conforto, speranza e una prospettiva più ampia sulle sfide della vita, arricchendo il percorso di guarigione.

Meditazione e Riflessione

- **Rituali Quotidiani di Riflessione**: Stabilire momenti quotidiani dedicati alla meditazione, alla preghiera o alla riflessione può aiutare a mantenere un centro interiore di pace e resilienza, fornendo forza e chiarezza nei momenti di difficoltà.

Mantenimento del Benessere Fisico

Attività Fisica Consapevole

- **Esercizio Fisico con Consapevolezza:** Scegliere forme di esercizio che promuovano sia la salute fisica che la consapevolezza, come il qigong o il pilates, può sostenere l'equilibrio mentale ed emotivo.

Alimentazione e Sonno

- **Priorità all'Alimentazione e al Sonno**: Dare priorità a un'alimentazione equilibrata e a un sonno di qualità non solo supporta la salute fisica ma è fondamentale per la regolazione dell'umore e la gestione dello stress, costituendo pilastri essenziali per il benessere complessivo.

Conclusione

Attraverso un'attenta esplorazione e l'integrazione di pratiche di autocura in ogni aspetto della vita, è possibile costruire una fondazione solida per affrontare l'ansia e la depressione. Questo approccio olistico enfatizza l'importanza di un impegno attivo verso il proprio benessere, riconoscendo che il percorso verso la guarigione e l'equilibrio è tanto personale quanto universale. Mentre continuiamo a navigare attraverso le sfide della vita, l'adozione di strategie di benessere multifacettate ci permette di affrontare con maggiore resilienza e speranza le complessità dell'esperienza umana, promuovendo una vita più ricca, connessa e soddisfacente.

In conclusione, questo capitolo ha esplorato in modo approfondito le molteplici dimensioni della comprensione delle cause dell'ansia e della depressione, evidenziando l'importanza di un approccio olistico e multifacettato per affrontare questi disturbi complessi. Attraverso l'esame dell'equilibrio tra solitudine e socializzazione, la gestione delle emozioni complesse, lo sviluppo di una mentalità di crescita, e la promozione del benessere olistico, abbiamo delineato un percorso che incoraggia l'autoesplorazione, l'accettazione e l'azione consapevole.

Abbiamo visto come la mindfulness, l'intelligenza emotiva, le tecniche di riduzione dello stress, e l'ampliamento delle connessioni sociali possano giocare ruoli cruciali nel migliorare la nostra salute mentale. Inoltre, abbiamo discusso l'importanza di integrare il benessere spirituale e di mantenere il benessere fisico attraverso l'esercizio consapevole, un'alimentazione equilibrata e un sonno di qualità, sottolineando come queste pratiche possano supportare l'equilibrio mentale ed emotivo.

Questo capitolo serve come promemoria che il viaggio verso la comprensione e la gestione dell'ansia e della depressione è profondamente personale, ma anche universalmente condiviso. Ogni individuo può trovare un percorso unico che risuoni con le proprie esperienze, bisogni e aspirazioni. Ciò richiede impegno, pazienza e, soprattutto, gentilezza verso sé stessi.

Nel procedere, incoraggiamo i lettori a rimanere aperti all'apprendimento, alla sperimentazione e all'adattamento delle strategie presentate in base alle proprie esigenze e al contesto di vita. La ricerca del benessere è un processo continuo, arricchito da ogni passo, ogni scoperta e ogni sfida superata lungo il cammino.

Ricordiamo che la lotta contro l'ansia e la depressione non è un percorso da affrontare in solitudine. La ricerca di supporto, sia attraverso relazioni personali che professionisti della salute mentale, è un atto di forza e una componente fondamentale della cura di sé.

Attraverso la comprensione, l'accettazione e l'azione, possiamo navigare le acque talvolta turbolente dell'ansia e della depressione, muovendoci verso una vita caratterizzata da maggiore pace, gioia e soddisfazione. Questo capitolo chiude con l'augurio che ogni lettore possa trovare la forza, le risorse e il supporto necessari per intraprendere questo viaggio con fiducia, scoprendo lungo il cammino un senso più profondo di benessere e di scopo.

3. Impostare obiettivi realistici: Imparare a impostare obiettivi piccoli e gestibili per evitare la sensazione di sopraffazione.

Impostare obiettivi realistici è fondamentale nel processo di superamento dell'ansia e della depressione. Questo approccio aiuta a evitare la sensazione di sopraffazione, promuove un senso di progresso e successo, e sostiene il benessere psicologico. In questo capitolo, esploreremo come la definizione di obiettivi piccoli e gestibili può essere un potente strumento nel percorso di guarigione e crescita personale.

Comprendere l'Importanza degli Obiettivi Realistici

Riduzione della Sopraffazione

- **Frammentazione degli Obiettivi**: Iniziare spezzando gli obiettivi più grandi in parti più piccole e gestibili. Questo aiuta a ridurre la sensazione di sopraffazione, rendendo l'obiettivo finale più accessibile.

Sensazione di Progresso

- **Celebrazione dei Piccoli Successi**: Riconoscere e celebrare ogni piccolo successo lungo il percorso aumenta la motivazione e rafforza la convinzione nella propria capacità di raggiungere obiettivi più significativi.

Strategie per Impostare Obiettivi Realistici

S.M.A.R.T. Obiettivi

- **Specifici**: Gli obiettivi dovrebbero essere chiari e specifici per evitare confusione su ciò che si desidera realizzare.

- **Misurabili**: Stabilire criteri concreti per misurare il progresso verso il raggiungimento dell'obiettivo.

- **Attuabili**: Assicurarsi che l'obiettivo sia raggiungibile con le risorse disponibili.

- **Rilevanti**: Gli obiettivi dovrebbero essere importanti per te e riflettere i tuoi valori e le tue aspirazioni più ampie.

- **Temporizzati**: Ogni obiettivo dovrebbe avere una scadenza, per offrire un senso di urgenza e un timeframe per la realizzazione.

Approccio Graduale

- **Passi Piccoli**: Inizia con obiettivi che richiedono sforzi minimi ma che sono diretti verso il risultato finale. Questo può ridurre l'ansia associata all'inizio di nuovi progetti o cambiamenti.

Flessibilità e Adattabilità

- **Ricalibrare gli Obiettivi**: Essere disposti a modificare gli obiettivi in base al feedback e alle esperienze. La flessibilità permette di adattarsi a cambiamenti inaspettati senza perdere di vista l'obiettivo più grande.

Superare gli Ostacoli

Affrontare la Paura del Fallimento

- **Riframing del Fallimento**: Vedere il fallimento come un'opportunità di apprendimento può ridurre la paura di provare e fallire, incoraggiando invece la sperimentazione e il rischio calcolato.

Mantenere la Motivazione

- **Ricompense e Incoraggiamenti**: Stabilire un sistema di ricompense per la realizzazione di obiettivi intermedi può mantenere alta la motivazione e l'entusiasmo.

Applicazione nella Vita Quotidiana

Esempi Pratici

- **Salute e Benessere**: Impostare l'obiettivo di fare una passeggiata di 10 minuti al giorno, aumentando gradualmente la durata nel tempo.

- **Sviluppo Personale**: Leggere un libro al mese su argomenti che promuovono la crescita personale o professionale.

- **Relazioni**: Pianificare incontri regolari con amici o familiari per rafforzare i legami sociali.

Conclusione

Impostare obiettivi realistici e gestibili è una strategia potente per superare l'ansia e la depressione, offrendo una strada chiara verso il miglioramento e il successo personale. Attraverso l'applicazione di principi come gli obiettivi S.M.A.R.T., l'adozione di un approccio graduale, e la celebrazione dei piccoli successi, è possibile navigare il percorso di guarigione con fiducia e determinazione. Questo capitolo sottolinea l'importanza di un approccio equilibrato e misurato alla definizione degli obiettivi, incoraggiando i lettori a perseguire i propri sogni e aspirazioni con un senso rinnovato di speranza e possibilità.

L'arte di impostare obiettivi realistici e gestibili è una competenza cruciale per chiunque affronti ansia e depressione, offrendo non solo un sentiero verso il miglioramento personale ma anche un modo per ristabilire il controllo sulla propria vita. Questo processo richiede introspezione, pianificazione e, soprattutto, un'approccio paziente e compassionevole verso se stessi.

La Psicologia dietro gli Obiettivi Realistici

La definizione di obiettivi realistici si radica profondamente nella psicologia umana. Quando gli individui fissano e conseguono obiettivi, anche minori, ciò può innescare un ciclo positivo di rinforzo che migliora l'autostima e motiva ulteriori azioni positive. Questo processo è particolarmente importante per chi lotta contro l'ansia e la depressione, per cui il senso di realizzazione può essere soffocato da sentimenti di impotenza o disperazione.

Teorie Motivazionali

Le teorie motivazionali, come la Teoria dell'Autodeterminazione, sottolineano l'importanza dell'autonomia, della competenza e della connessione sociale nel promuovere la motivazione intrinseca. Impostare obiettivi che rispecchiano questi bisogni fondamentali può aumentare notevolmente la motivazione personale e il senso di soddisfazione.

Bilanciamento tra Sfida e Abilità

Un concetto chiave nella definizione di obiettivi realistici è il bilanciamento tra il livello di sfida dell'obiettivo e le proprie abilità. Questo equilibrio è essenziale per mantenere l'engagement e prevenire sia la noia (quando l'obiettivo è troppo facile) sia l'ansia (quando l'obiettivo è troppo difficile). Il modello del flusso di Csikszentmihalyi descrive questo stato di coinvolgimento profondo e soddisfazione che deriva dall'attività che sfida le abilità individuali senza sopraffarle.

Tecniche di Visualizzazione

La visualizzazione degli obiettivi può essere un potente strumento di motivazione. Immaginare vividamente se stessi mentre si raggiungono gli obiettivi può rafforzare la determinazione e chiarire i passi necessari per il successo. Questo processo aiuta anche a identificare potenziali ostacoli e a sviluppare strategie per superarli.

L'Importanza del Feedback

Ricevere feedback regolare sul progresso verso gli obiettivi è fondamentale. Il feedback può provenire da autovalutazioni, da amici o familiari di supporto, o da professionisti come terapisti o coach. Questo processo di feedback continua fornisce opportunità per l'aggiustamento degli obiettivi e la celebrazione dei progressi, mantenendo alta la motivazione.

Creazione di un Ambiente di Supporto

L'ambiente in cui si lavora per raggiungere gli obiettivi può avere un impatto significativo sul successo. Creare un ambiente che minimizzi le distrazioni, fornisca le risorse necessarie e offra supporto emotivo può facilitare la concentrazione e la perseveranza.

La Resilienza di Fronte agli Ostacoli

Gli ostacoli e i contrattempi sono inevitabili nel percorso verso qualsiasi obiettivo. Sviluppare resilienza, imparando a vedere gli ostacoli come temporanei e superabili, è cruciale. La resilienza può essere rafforzata attraverso pratiche come la riflessione su esperienze passate di successo, il mantenimento di una prospettiva positiva e l'adozione di una mentalità di crescita che vede le sfide come opportunità di apprendimento.

L'Integrazione degli Obiettivi nella Routine Quotidiana

Per garantire che gli obiettivi restino centrali nella vita quotidiana, è utile integrarli in routine e abitudini già stabilite. Questo può significare, ad esempio, abbinare un nuovo obiettivo di esercizio fisico a un'abitudine esistente, come ascoltare un podcast preferito solo

mentre si cammina o si corre. Integrare gli obiettivi in questo modo può aiutare a renderli parte naturale del flusso della vita, piuttosto che vederli come compiti aggiuntivi che richiedono sforzi speciali.

La Gestione del Tempo come Fattore Critico

Una gestione efficace del tempo è cruciale per il raggiungimento degli obiettivi. Spesso, l'ansia e la depressione possono distorcere la percezione del tempo, facendo sembrare che sia troppo limitato per perseguire nuovi obiettivi. Tecniche come la matrice di Eisenhower, che aiuta a prioritizzare compiti basandosi sull'urgenza e sull'importanza, possono offrire una struttura per bilanciare le attività quotidiane con il perseguimento degli obiettivi.

La Flessibilità negli Obiettivi

Mentre la persistenza è importante, è altrettanto cruciale essere flessibili negli obiettivi. La vita cambia e con essa le nostre capacità, le nostre circostanze e persino i nostri desideri. Riconoscere quando un obiettivo non è più rilevante o realizzabile e avere la flessibilità di adattarlo o cambiarlo completamente può prevenire frustrazioni e mantenere l'energia diretta verso progressi significativi.

L'Auto-compassione nel Processo

L'auto-compassione è un aspetto vitale del percorso verso il raggiungimento degli obiettivi, specialmente quando si affrontano ansia e depressione. Essere gentili con se stessi, riconoscendo che gli errori e i contrattempi sono parti naturali del processo di apprendimento e crescita, può aiutare a mantenere una prospettiva positiva e a prevenire l'autocritica eccessiva, che può sabotare gli sforzi.

La Connessione con gli Obiettivi a Lungo Termine

Mentre gli obiettivi a breve termine sono cruciali per il progresso quotidiano, collegarli a obiettivi a lungo termine più ampi può offrire una visione e motivazione aggiuntive. Questo collegamento aiuta a vedere come le piccole azioni quotidiane si sommano a cambiamenti significativi nel tempo, sostenendo un senso di direzione e scopo.

La Documentazione del Viaggio

Documentare il viaggio verso il raggiungimento degli obiettivi può essere estremamente gratificante. Tenere un diario, fare foto, o persino creare un blog può aiutare non solo a tracciare i progressi ma anche a riflettere sul percorso di crescita personale. Questa documentazione può servire come fonte di ispirazione nei momenti di dubbio e come promemoria tangibile dei traguardi raggiunti.

La Costruzione di Abitudini Positive

Gli obiettivi sono più facilmente raggiungibili quando vengono trasformati in abitudini positive. Concentrarsi sulla costruzione di abitudini quotidiane che supportano gli obiettivi può ridurre la necessità di fare affidamento sulla forza di volontà da sola. Utilizzare strumenti come la catena di abitudini, dove si segna ogni giorno che si pratica un'abitudine, può rafforzare la coerenza e trasformare l'azione in una seconda natura.

La Ricerca di Ispirazione Esterna

A volte, trovare ispirazione al di fuori di sé stessi può infondere nuova energia nel perseguimento degli obiettivi. Ascoltare storie di altre persone che hanno superato sfide simili, partecipare a workshop o seminari, o circondarsi di citazioni motivazionali possono essere potenti stimoli che rinnovano la motivazione e offrono nuove prospettive.

Conclusione

Impostare obiettivi realistici e gestibili nel contesto dell'ansia e della depressione non è solo una strategia per il miglioramento personale, ma un atto di cura di sé che riconosce la propria dignità e il proprio valore. Attraverso un approccio bilanciato che incorpora la gestione del tempo, la flessibilità, l'auto-compassione, e la connessione con obiettivi più am

Concludere questo ampio esplorazione su come impostare obiettivi realistici e gestibili ci porta a riconoscere l'intrinseca potenza che risiede nell'atto di stabilire, perseguire e realizzare obiettivi nella lotta contro l'ansia e la depressione. Abbiamo scoperto che, al di là della semplice definizione di traguardi, il processo di impostazione degli obiettivi è un viaggio profondamente personale e trasformativo, che incarna la speranza, il coraggio e la determinazione.

Riflessione Finale sul Processo

Abbiamo visto come la scelta di obiettivi specifici, misurabili, attuabili, rilevanti e temporizzati (S.M.A.R.T.) serve non solo a chiarire la direzione, ma anche a fornire un senso di controllo e agenzia personale. Questo approccio S.M.A.R.T., unito a un'attenta gestione del tempo e alla flessibilità nel ricalibrare gli obiettivi, forma una struttura robusta che sostiene l'individuo nel suo percorso.

L'Importanza dell'Auto-compassione

L'auto-compassione emerge come un tema cruciale in tutto il processo. Riconoscere che il percorso verso il raggiungimento degli obiettivi è costellato di sfide, errori e apprendimenti è fondamentale. Questa accettazione non solo mitiga la durezza dell'autocritica, ma promuove anche una resilienza che è essenziale per continuare a muoversi in avanti, anche di fronte agli inevitabili ostacoli.

La Costruzione di Abitudini Sostenibili

L'enfasi sulla trasformazione di obiettivi in abitudini quotidiane positive rivela un percorso per rendere sostenibili i cambiamenti desiderati. Questo focus sulle abitudini, dall'integrazione di pratiche di mindfulness alla nutrizione consapevole e all'esercizio regolare, pone le basi per un benessere duraturo che va oltre il raggiungimento di obiettivi specifici.

L'Integrazione nella Comunità e il Supporto Sociale

La ricerca di ispirazione esterna e la costruzione di reti di supporto sottolineano l'importanza di non isolarsi. Il supporto di amici, familiari, gruppi di supporto o professionisti può offrire conforto, incoraggiamento e feedback preziosi, ricordandoci che, anche nella nostra lotta personale, non siamo soli.

Guardare al Futuro

Mentre questo capitolo si conclude, il viaggio verso il raggiungimento di obiettivi realistici e gestibili non finisce qui. Ogni obiettivo raggiunto apre la porta a nuove possibilità, sfide e scoperte. Questo processo continuo di impostazione e realizzazione degli obiettivi diventa un ciclo di apprendimento e crescita che arricchisce la nostra vita in modi che superano la semplice superazione dell'ansia e della depressione.

Invito all'Azione

Invitiamo quindi i lettori a intraprendere questo viaggio con curiosità, apertura e compassione per se stessi. Che si tratti di stabilire un nuovo obiettivo piccolo oggi, di riconoscere un progresso, o di riflettere su ciò che si è imparato da una recente sfida, ogni passo è prezioso. Ricordate, il percorso verso il raggiungimento degli obiettivi è tanto importante quanto gli obiettivi stessi. Attraverso questo percorso, scopriamo la nostra forza, impariamo la resilienza e costruiamo una vita che riflette i nostri valori più profondi e le nostre aspirazioni più elevate.

In conclusione, l'arte di impostare obiettivi realistici e gestibili è un invito a vivere intenzionalmente, a cercare equilibrio e significato, e a perseguire una vita caratterizzata non solo dal superamento dell'ansia e della depressione, ma anche dalla realizzazione del proprio potenziale più autentico. Questo capitolo chiude con l'augurio che ogni lettore possa trovare nei propri obiettivi il ponte verso un futuro di benessere, soddisfazione e gioia duratura.

Nel percorrere il cammino verso il raggiungimento di obiettivi realistici e gestibili, emerge chiaramente che tale processo non è meramente un'esercitazione meccanica, ma piuttosto un viaggio profondamente intrecciato con la nostra crescita personale, la nostra autopercezione e il nostro benessere complessivo. Questa sezione continua a esplorare ulteriori sfaccettature di questo viaggio, fornendo approfondimenti e strategie per navigare con successo il percorso verso il raggiungimento degli obiettivi.

La Psicologia Positiva nell'Impostazione degli Obiettivi

La psicologia positiva, con il suo focus sul potenziare le qualità umane e promuovere il benessere, offre preziose intuizioni su come impostare obiettivi che non solo mirano al superamento di sfide come l'ansia e la depressione, ma anche al raggiungimento di una vita piena e soddisfacente.

- **Forze e Virtù Personali**: Identificare e sfruttare le proprie forze e virtù uniche può guidare l'impostazione di obiettivi che sono non solo realistici ma anche profondamente allineati con chi siamo. Questo allineamento promuove un senso di autenticità e realizzazione personale.

- **Fioritura e Benessere**: Gli obiettivi che contribuiscono al concetto di "fioritura" — un elevato stato di benessere che include sentimenti di competenza, autorealizzazione e contributo alla comunità — possono elevare la nostra esperienza di vita ben oltre la gestione dell'ansia e della depressione.

Neuroplasticità e Impostazione degli Obiettivi

La neuroplasticità, o la capacità del cervello di formare e ristrutturare connessioni neurali in risposta all'apprendimento e all'esperienza, sottolinea l'importanza di rimanere impegnati in nuove sfide e apprendimenti. Impostare obiettivi che ci spingono a imparare e crescere può stimolare il cervello in modi che supportano la guarigione e il benessere psicologico.

- **Apprendimento Continuo**: Obiettivi che incorporano l'apprendimento di nuove abilità, la scoperta di nuovi hobby o la sfida delle proprie convinzioni possono non solo arricchire la nostra vita ma anche contribuire alla nostra resilienza mentale.

L'Equilibrio tra Autonomia e Interdipendenza

Nell'impostazione degli obiettivi, è cruciale riconoscere l'importanza dell'equilibrio tra la ricerca dell'autonomia personale e il riconoscimento della nostra interdipendenza con gli altri. Gli obiettivi che onorano entrambe queste dimensioni possono promuovere un senso di indipendenza, pur riconoscendo il valore e la forza trovati nelle relazioni e nella connessione con gli altri.

- **Obiettivi Condivisi**: Considerare obiettivi che possano essere perseguiti insieme ad altri — sia in ambito professionale che personale — può arricchire il processo e fornire supporto reciproco lungo il cammino.

La Sostenibilità degli Obiettivi nel Tempo

La sostenibilità è un aspetto fondamentale da considerare nell'impostazione degli obiettivi. Gli obiettivi sostenibili sono quelli che possiamo continuare a perseguire nel lungo termine senza esaurire le nostre risorse fisiche, emotive o finanziarie.

- **Valutazione delle Risorse**: Essere realistici riguardo alle risorse disponibili — compreso il tempo, l'energia e il supporto — è cruciale per impostare obiettivi sostenibili che non portino al burnout.

Riflessione e Reiterazione

Il processo di impostazione degli obiettivi non è statico; richiede riflessione continua e la volontà di reiterare gli obiettivi in base ai cambiamenti nelle circostanze della vita, nelle priorità e nelle comprensioni personali.

- **Diari di Riflessione**: Mantenere un diario di riflessione sul processo di impostazione e perseguimento degli obiettivi può offrire intuizioni preziose e aiutare a ricalibrare gli obiettivi quando necessario.

Attraverso l'esplorazione di queste dimensioni aggiuntive del processo di impostazione degli obiettivi, possiamo iniziare a vedere come l'arte di definire e lavorare verso obiettivi realistici e gestibili è intrinsecamente legata al tessuto stesso della nostra crescita personale e del nostro benessere. È un processo dinamico che richiede non solo pianificazione e azione, ma anche introspezione, adattabilità e, soprattutto, un impegno verso la cura di sé. Continuando a navigare in questo processo con curiosità, compassione e determinazione, possiamo aprire nuove vie per la guarigione, la soddisfazione e una vita ricca di significato.

Il viaggio verso il raggiungimento di obiettivi realistici e gestibili si estende ben oltre la semplice definizione di mete a breve termine; è un processo continuo di scoperta di sé, adattamento e crescita personale. Questo percorso richiede di affrontare e integrare aspetti multifaccettati della vita e della psiche umana, che contribuiscono a una comprensione più profonda di come possiamo navigare efficacemente attraverso le sfide, compresa l'ansia e la depressione.

Il Ruolo della Curiosità

La curiosità, come motore di apprendimento e scoperta, può trasformare il modo in cui impostiamo e perseguiamo i nostri obiettivi. Incoraggiare una mente curiosa può portare a esplorazioni inaspettate e percorsi creativi verso il raggiungimento degli obiettivi.

- **Esplorazione di Nuovi Interessi**: Stimolare la curiosità attraverso l'esplorazione di nuovi argomenti, competenze o hobby può rivelare passioni nascoste e aprire la strada a obiettivi personali e professionali inaspettati.

La Dimensione Emotiva dell'Impostazione degli Obiettivi

Riconoscere e gestire le emozioni che emergono nel processo di impostazione e perseguimento degli obiettivi è fondamentale. Le emozioni possono servire sia da ostacoli che da catalizzatori nel nostro viaggio verso il raggiungimento degli obiettivi.

- **Navigazione delle Emozioni**: Imparare a navigare le proprie emozioni, identificando quelle che motivano e quelle che ostacolano, può fornire intuizioni preziose e guidare la formulazione di obiettivi più allineati con i nostri veri desideri e bisogni.

L'Integrazione di Obiettivi Personali e Professionali

La distinzione tra obiettivi personali e professionali può talvolta diventare sfumata. Trovare modi per integrare questi due aspetti della vita può non solo migliorare il benessere generale, ma anche aumentare la soddisfazione e l'efficacia in entrambe le aree.

- **Obiettivi Olistici**: Considerare gli obiettivi in una prospettiva olistica, cercando sinergie tra aspirazioni personali e professionali, può portare a una vita più equilibrata e a una maggiore realizzazione personale.

La Consapevolezza del Contesto Sociale e Culturale

Gli obiettivi non esistono nel vuoto; sono profondamente influenzati dal contesto sociale e culturale in cui viviamo. Avere consapevolezza di questo contesto può aiutare a navigare le complessità di impostare obiettivi che siano non solo personalmente significativi ma anche socialmente risonanti.

- **Obiettivi e Valori Sociali**: Allineare gli obiettivi personali con valori e questioni sociali più ampi può non solo arricchire il senso di scopo e appartenenza ma anche ispirare azioni che contribuiscono a cambiamenti positivi nella comunità o nella società.

La Sostenibilità Ambientale come Obiettivo

Nel mondo di oggi, l'importanza della sostenibilità ambientale è sempre più riconosciuta. Integrare la sostenibilità come un obiettivo chiave può non solo contribuire al benessere del pianeta, ma anche fornire un profondo senso di contributo e connessione.

- **Obiettivi Verdi**: Impostare obiettivi che includano pratiche sostenibili, dalla riduzione degli sprechi alla promozione di stili di vita eco-compatibili, può arricchire il nostro senso di responsabilità e custodia verso l'ambiente.

Il Potere della Narrazione

Infine, il modo in cui raccontiamo la nostra storia, gli obiettivi che scegliamo e come li perseguiamo, plasmano la nostra identità e la nostra esperienza di vita. Utilizzare la narrazione come strumento per esplorare e condividere il nostro viaggio verso il raggiungimento degli obiettivi può offrire potenti mezzi di riflessione, connessione e ispirazione.

- **Narrativa Personale**: Riflettere sulla propria storia e su come gli obiettivi si inseriscono in essa può offrire una prospettiva unica, aiutandoci a vedere come ogni obiettivo contribuisce alla trama più ampia della nostra vita.

Attraverso l'esplorazione di questi aspetti aggiuntivi, diventa evidente che l'impostazione di obiettivi realistici e gestibili è un processo complesso e ricco che interseca molteplici dimensioni della nostra esistenza.

Questo viaggio, intrapreso con curiosità, consapevolezza emotiva, integrazione di aspirazioni personali e professionali, consapevolezza sociale e culturale, impegno per la sostenibilità, e potenziato dalla narrazione personale, non solo ci avvicina al raggiungimento degli obiettivi ma arricchisce profondamente la nostra vita.

L'impostazione di obiettivi realistici e gestibili si intreccia profondamente con la nostra capacità di vivere una vita piena e intenzionale. Questo processo, arricchito da una comprensione approfondita di sé e dal contesto in cui operiamo, richiede una continua esplorazione e adattamento. Di seguito, approfondiamo ulteriormente strategie e considerazioni che possono arricchire e sostenere questo viaggio.

Approcci Multidisciplinari all'Impostazione degli Obiettivi

La combinazione di conoscenze e pratiche da diverse discipline può offrire una prospettiva ricca e variegata sull'impostazione degli obiettivi. Dalla psicologia alla filosofia, dall'economia comportamentale alle arti, ciascuna disciplina offre strumenti unici che possono aiutare a navigare il processo di impostazione e realizzazione degli obiettivi.

- **Filosofia e Etica**: Esplorare domande filosofiche ed etiche può aiutare a riflettere sui valori fondamentali che guidano la scelta degli obiettivi, assicurando che siano in linea con i principi etici personali e contribuiscano a una vita significativa.

- **Economia Comportamentale**: Comprendere come le decisioni vengono influenzate da fattori psicologici e sociali può migliorare la capacità di impostare obiettivi efficaci, sfruttando meccanismi come l'impegno pubblico e il rafforzamento per aumentare la probabilità di successo.

L'Impatto della Tecnologia sull'Impostazione degli Obiettivi

La tecnologia offre strumenti potenti per supportare l'impostazione e il monitoraggio degli obiettivi. Dalle app di produttività alle piattaforme di social networking, i mezzi tecnologici possono aiutare a tenere traccia dei progressi, trovare ispirazione e connettersi con comunità di supporto.

- **App di Produttività**: Utilizzare app di produttività e di gestione del tempo può aiutare a organizzare gli obiettivi in compiti gestibili, impostare promemoria e monitorare i progressi nel tempo.

- **Piattaforme di Social Media**: Le piattaforme di social media possono offrire spazi per condividere obiettivi, celebrare successi e ricevere incoraggiamento e feedback da una comunità di persone con interessi simili.

La Salute Mentale nell'Impostazione degli Obiettivi

L'attenzione alla salute mentale è fondamentale nell'impostazione degli obiettivi. Gli obiettivi dovrebbero non solo mirare al successo esterno ma anche promuovere il benessere interiore e la salute mentale.

- **Obiettivi per il Benessere Mentale**: Impostare obiettivi specifici per il benessere mentale, come praticare la mindfulness quotidianamente o dedicare tempo a hobby rilassanti, può aiutare a costruire una fondazione solida per la salute mentale.

- **Ascolto del Corpo**: Prestare attenzione ai segnali del corpo può essere un importante indicatore del nostro stato di benessere mentale. Impostare obiettivi che includano il monitoraggio e la risposta alle esigenze fisiche può migliorare l'equilibrio emotivo.

La Dimensione Globale e Sostenibile dell'Impostazione degli Obiettivi

In un'epoca di crescente consapevolezza globale, considerare la dimensione sostenibile e globale degli obiettivi è sempre più importante. Questo non solo riguarda la sostenibilità ambientale ma anche la considerazione di come i nostri obiettivi influenzino e siano influenzati da contesti globali più ampi.

- **Obiettivi Globali**: Riflettere su come gli obiettivi personali si allineano con obiettivi globali più ampi, come gli Obiettivi di Sviluppo Sostenibile delle Nazioni Unite, può fornire una prospettiva più ampia e aumentare il senso di contributo a questioni più vaste.

- **Sostenibilità Ambientale**: Integrare considerazioni di sostenibilità, come ridurre l'impronta ecologica o supportare pratiche di business etiche, negli obiettivi personali e professionali, promuove un approccio olistico al benessere che include la salute del pianeta.

Riflessione Continua e Crescita

L'impostazione degli obiettivi non è un evento singolo ma un processo continuo che richiede riflessione regolare e apertura alla crescita. Rivedere periodicamente gli obiettivi, celebrare i traguardi raggiunti e apprendere dai contrattempi sono tutti aspetti cruciali di questo processo dinamico.

- **Riflessione Periodica**: Dedicare tempo regolare alla riflessione sugli obiettivi, valutando ciò che funziona, ciò che non funziona e ciò che potrebbe essere necessario cambiare, può mantenere il processo di impostazione degli obiettivi rilevante e allineato con la crescita personale.

Attraverso l'integrazione di questi principi e pratiche, l'impostazione di obiettivi realistici e gestibili diventa una parte integrante del viaggio verso una vita più ricca e soddisfacente. Questo processo, arricchito dalla curiosità, dalla comprensione multidisciplinare, dall'attenzione alla salute mentale, dalla considerazione del contesto globale e dalla riflessione continua, non solo ci guida verso il raggiungimento degli obiettivi ma arricchisce profondamente il tessuto stesso della nostra esperienza umana.

Il processo di impostazione di obiettivi realistici e gestibili si arricchisce ulteriormente quando consideriamo l'importanza dell'equilibrio emotivo, la resilienza psicologica e l'adattabilità come componenti chiave della nostra capacità di navigare con successo le sfide della vita. Questi elementi, insieme alla profonda comprensione del proprio io interiore e del contesto più ampio in cui viviamo, possono trasformare l'impostazione degli obiettivi da un semplice esercizio a un potente mezzo di trasformazione personale.

Equilibrio Emotivo e Impostazione degli Obiettivi

L'equilibrio emotivo, la capacità di rimanere stabili e composti di fronte alle sfide quotidiane, è fondamentale nel processo di perseguimento degli obiettivi. Un approccio equilibrato aiuta a mitigare l'impatto dello stress e dell'ansia, che possono ostacolare il progresso verso gli obiettivi.

- **Pratiche di Regolazione Emotiva**: Incorporare pratiche quotidiane che supportano la regolazione emotiva, come la meditazione, il journaling emotivo o le tecniche di respirazione profonda, può rafforzare l'equilibrio emotivo, rendendo più agevole affrontare le sfide nel percorso verso gli obiettivi.

Resilienza Psicologica

La resilienza, o la capacità di riprendersi rapidamente dalle difficoltà, è un altro pilastro cruciale nell'impostazione e nel raggiungimento degli obiettivi. Una forte resilienza psicologica permette di vedere gli ostacoli come temporanei e superabili, mantenendo la motivazione anche di fronte ai contrattempi.

- **Sviluppo della Resilienza**: Partecipare a workshop o sessioni di coaching focalizzate sullo sviluppo della resilienza può fornire strumenti e strategie per costruire questa qualità essenziale, migliorando la capacità di perseguire gli obiettivi con determinazione.

Adattabilità e Flessibilità

L'adattabilità, la capacità di modificare i propri piani e obiettivi in risposta a cambiamenti inaspettati, è fondamentale in un mondo che cambia rapidamente. Essere flessibili con gli obiettivi, senza perdere di vista i valori e le aspirazioni fondamentali, permette di navigare con successo le incertezze della vita.

- **Pratiche di Mindfulness Adattiva**: Adottare un approccio di mindfulness che enfatizzi l'adattabilità e l'accettazione può aiutare a rimanere aperti e reattivi ai cambiamenti, integrando nuove informazioni e circostanze nel percorso verso gli obiettivi.

Connessione con il Sé Interiore

La profonda connessione con il proprio sé interiore non solo arricchisce il processo di impostazione degli obiettivi ma fornisce anche una bussola interna che guida le decisioni e le azioni. Questa connessione può rivelare ciò che è veramente importante e significativo, informando la scelta degli obiettivi.

- **Ritiri di Silenzio e Introspezione**: Dedicare tempo a ritiri di silenzio o a periodi di introspezione profonda può facilitare una maggiore connessione con il sé interiore, offrendo chiarezza e insight che guidano l'impostazione di obiettivi autentici e significativi.

Contesto Sociale e Culturale

Comprendere il contesto sociale e culturale in cui operiamo può offrire prospettive cruciali sull'impostazione degli obiettivi. Gli obiettivi che tengono conto del contesto più ampio non solo sono più sostenibili ma possono anche ispirare azioni che contribuiscono a cambiamenti positivi oltre il sé individuale.

- **Obiettivi Orientati alla Comunità**:
  Impostare obiettivi che mirano a migliorare la
  comunità o ad affrontare questioni sociali più
  ampie può non solo arricchire il senso di scopo
  personale ma anche promuovere il benessere
  collettivo.

Integrazione di Sostenibilità e Benessere Globale

Infine, in un'era

di crescente consapevolezza ambientale e globale,
l'integrazione di principi di sostenibilità e
considerazioni sul benessere globale nell'impostazione
degli obiettivi diventa sempre più rilevante. Questo
aspetto non solo riflette una responsabilità verso il
pianeta e le generazioni future, ma arricchisce anche il
processo di impostazione degli obiettivi con una
dimensione di contributo esterno e connessione più
ampia.

Sostenibilità Personale e Ambientale

Nel perseguire obiettivi personali, è vitale considerare
la loro sostenibilità non solo in termini ambientali, ma
anche in termini di sostenibilità personale, assicurando
che gli sforzi non portino al burnout o compromettano
il benessere a lungo termine.

- **Bilancio Energetico Personale**: Imparare a
  riconoscere e gestire il proprio bilancio
  energetico, assicurando che le attività e gli
  obiettivi non esauriscano le risorse personali, è

fondamentale per mantenere l'energia e
l'entusiasmo nel tempo.

- **Pratiche Eco-consapevoli**: Integrare pratiche
eco-consapevoli nella vita quotidiana, come
ridurre gli sprechi, sostenere prodotti e aziende
sostenibili, e impegnarsi in attività che hanno un
impatto positivo sull'ambiente, può rendere gli
obiettivi personali allineati con una visione più
ampia di benessere globale.

Contributo alla Comunità e Altruismo

Gli obiettivi che includono un elemento di contributo
alla comunità o di altruismo non solo arricchiscono la
propria vita ma possono anche avere un impatto
significativo sul benessere degli altri, promuovendo
una sensazione di connessione e scopo.

- **Volontariato e Servizio**: Impostare obiettivi
che includono il volontariato o il servizio alla
comunità può offrire opportunità di crescita
personale, oltre a soddisfare il bisogno umano di
contribuire e fare la differenza nella vita altrui.

- **Mentorship e Guida**: Offrire la propria
esperienza e guida come mentor può essere un
obiettivo gratificante che supporta lo sviluppo
degli altri, mentre si arricchisce la propria
esperienza e si espande la rete di relazioni
significative.

Riflessione Culturale e Globalizzazione

In un mondo sempre più connesso, la riflessione sulla propria posizione culturale e il modo in cui gli obiettivi si inseriscono in un contesto globalizzato può offrire prospettive uniche e promuovere una maggiore comprensione interculturale.

- **Apprendimento Linguistico e Culturale**: Impostare obiettivi legati all'apprendimento di nuove lingue o alla comprensione di culture diverse può migliorare la comunicazione e la comprensione in un contesto globale, arricchendo personalmente e professionalmente.

- **Consapevolezza Globale**: Sviluppare e mantenere una consapevolezza delle questioni globali e considerare come gli obiettivi personali si intersecano con questi temi può portare a un maggiore senso di responsabilità e agenzia nel contribuire a soluzioni sostenibili.

Continua Adattabilità e Apprendimento

Riconoscere che l'impostazione di obiettivi è un processo dinamico che richiede continua adattabilità e apprendimento consente di rimanere flessibili di fronte ai cambiamenti e aperti a nuove opportunità che possono emergere lungo il percorso.

- **Apprendimento Permanente**: Mantenere un impegno verso l'apprendimento permanente e la crescita personale assicura che siamo sempre attrezzati per affrontare nuove sfide e adattarci a cambiamenti imprevisti, mantenendo gli obiettivi allineati con le nostre aspirazioni in evoluzione.

- **Rivalutazione Periodica**: Dedicare tempo regolare alla rivalutazione degli obiettivi e alla riflessione sul percorso consente di apportare modifiche consapevoli che tengono conto di nuove informazioni, esperienze e cambiamenti nel contesto personale e globale.

Attraverso l'incorporazione di questi principi di sostenibilità, contributo comunitario, consapevolezza culturale, e continua adattabilità e apprendimento, il processo di impostazione degli obiettivi diventa un viaggio ricco e multiforme che trascende il personale per toccare il collettivo, contribuendo a una visione più integrata e sostenibile del successo e del benessere.

Il percorso verso il raggiungimento di obiettivi realistici e gestibili si arricchisce ulteriormente quando incorporiamo la consapevolezza dell'importanza di costruire un ecosistema di supporto personale che nutra e sostenga i nostri sforzi. Questo ecosistema non solo comprende le reti di supporto sociale e professionale ma anche le risorse interne che possiamo sviluppare e coltivare nel tempo.

Costruzione di un Ecosistema di Supporto Personale

Sviluppo di Competenze Emotive Interne

- **Autoregolazione Emotiva**: Sviluppare competenze di autoregolazione emotiva è cruciale per gestire efficacemente lo stress e le sfide incontrate nel percorso verso gli obiettivi. Tecniche come la meditazione, il training autogeno o la terapia cognitivo-comportamentale possono essere strumenti preziosi per costruire questa capacità interna.

- **Resilienza Interna**: Rafforzare la resilienza interna attraverso pratiche di mindfulness, esercizi di gratitudine, e riflessioni su esperienze di superamento di sfide passate può fornire una solida base di forza e ottimismo da cui attingere nei momenti difficili.

Creazione di Reti di Supporto Esterne

- **Community e Networking**: Costruire e mantenere una rete di contatti sia nel contesto personale che professionale può offrire risorse preziose di consigli, incoraggiamento e opportunità. Partecipare a gruppi di interesse, associazioni professionali o eventi di networking può espandere significativamente questo ecosistema di supporto.

- **Mentorship e Coaching**: Stabilire relazioni di mentorship o lavorare con un coach può fornire guida, insight e accountability personalizzati che possono essere decisivi nel superare ostacoli e raggiungere obiettivi ambiziosi.

Integrazione del Benessere Fisico

Il benessere fisico gioca un ruolo significativo nell'abilità di perseguire e raggiungere obiettivi, influenzando direttamente l'energia, la concentrazione e la resilienza.

- **Routine di Esercizio Fisico**: Integrare una routine di esercizio fisico che si allinei con le preferenze personali e gli obiettivi di salute può migliorare notevolmente la vitalità e la capacità di affrontare le sfide.

- **Nutrizione Consapevole**: Adottare abitudini alimentari che supportino il funzionamento ottimale del corpo e della mente può avere un impatto trasformativo sul benessere generale e sulla capacità di mantenere la concentrazione e la motivazione verso gli obiettivi.

Equilibrio tra Vita Professionale e Personale

Mantenere un equilibrio sano tra le responsabilità professionali e la vita personale è essenziale per evitare il burnout e sostenere la sostenibilità degli sforzi verso gli obiettivi a lungo termine.

- **Tecniche di Gestione del Tempo**: Impiegare tecniche avanzate di gestione del tempo, come il batching delle attività o la tecnica Pomodoro, può aiutare a ottimizzare la produttività mentre si preserva tempo prezioso per il riposo e le attività ricreative.

- **Confini Chiari**: Stabilire e mantenere confini chiari tra il lavoro e la vita personale è fondamentale per proteggere lo spazio mentale ed emotivo necessario per la ricarica e il benessere personale.

Continuo Sviluppo Personale

L'impegno nel continuo sviluppo personale non solo arricchisce la nostra comprensione e capacità di raggiungere obiettivi specifici ma amplia anche la nostra visione del possibile, spingendoci a esplorare nuovi orizzonti e a crescere in modi inaspettati.

- **Apprendimento Permanente**: Dedicarsi all'apprendimento permanente, che si tratti di acquisire nuove competenze, esplorare nuovi campi di conoscenza o partecipare a workshop e seminari, può ispirare nuovi obiettivi e aprire nuove strade per la realizzazione personale e professionale.

- **Riflessione e Adattamento**: Riservare tempo regolare per la riflessione sul percorso di sviluppo personale, valutando ciò che è stato appreso e come può essere applicato in futuro, è cruciale per un adattamento e una crescita continui.

Incorporando questi elementi nella nostra strategia di impostazione degli obiettivi, possiamo non solo migliorare la nostra capacità di raggiungere obiettivi specifici ma anche contribuire a una visione più ampia del benessere e della realizzazione personale. Questo approccio olistico riconosce che il successo nella realizzazione degli obiettivi è intrinsecamente legato al nostro benessere complessivo, alla qualità delle nostre relazioni e alla nostra capacità di adattarci e crescere di fronte al cambiamento continuo.

La conclusione del percorso verso l'impostazione di obiettivi realistici e gestibili, intriso di una profonda comprensione del sé, richiede una riflessione olistica e dettagliata. Abbiamo esplorato come l'integrazione di competenze emotive interne, lo sviluppo di reti di supporto esterne, l'attenzione al benessere fisico, l'equilibrio tra vita professionale e personale, e il continuo sviluppo personale siano fondamentali per navigare con successo questo viaggio. La conclusione di questo processo ci porta a riconoscere che l'impostazione di obiettivi non è semplicemente un mezzo per raggiungere un fine, ma un'espressione vivente della nostra crescita, dei nostri valori e delle nostre aspirazioni più profonde.

Riflessione Olistica sull'Impostazione degli Obiettivi

La riflessione olistica sull'impostazione degli obiettivi ci invita a considerare non solo i traguardi specifici che desideriamo raggiungere ma anche il modo in cui questi obiettivi si intrecciano con il tessuto più ampio della nostra vita. Ogni obiettivo, indipendentemente dalla sua scala o ambito, è un filo in una trama più grande che comprende il nostro benessere emotivo, la nostra salute fisica, le nostre relazioni e la nostra crescita personale. Riconoscere e onorare questa interconnessione è cruciale per impostare obiettivi che non solo siano realizzabili ma che arricchiscano profondamente la nostra esperienza di vita.

L'Importanza delle Competenze Emotive e della Resilienza

Nel cuore di un efficace processo di impostazione degli obiettivi giace la capacità di navigare le complessità emotive che emergono lungo il cammino. Sviluppare competenze emotive come l'autoregolazione, l'empatia e la resilienza ci permette di affrontare con grazia le inevitabili sfide e contrattempi. Queste competenze, coltivate attraverso pratiche di mindfulness, riflessione e impegno in relazioni di supporto, fungono da ancoraggio, mantenendoci centrati e direzionati verso i nostri obiettivi anche nei momenti di turbolenza.

L'Equilibrio tra Vita Professionale e Personale

L'impostazione di obiettivi richiede anche un'attenta navigazione dell'equilibrio tra le aspirazioni professionali e le esigenze personali. Riconoscere l'importanza di mantenere spazio per il riposo, il gioco e le relazioni nel nostro calendario non è semplicemente una questione di gestione del tempo, ma una profonda espressione di rispetto per la nostra natura multidimensionale. Questo equilibrio sostiene la nostra capacità di perseguire obiettivi ambiziosi senza sacrificare il benessere o i valori fondamentali.

Il Ruolo del Continuo Sviluppo Personale

Infine, il continuo sviluppo personale emerge come un tema centrale in questo viaggio. L'impegno nell'apprendimento permanente, nella riflessione e nell'adattamento non solo alimenta il nostro progresso verso obiettivi specifici ma espande anche il nostro senso del possibile. Questo impegno ci invita a rimanere aperti e curiosi, pronti a esplorare nuove strade e a crescere in modi che superano le nostre aspettative iniziali.

In conclusione, l'impostazione di obiettivi realistici e gestibili si rivela essere un processo profondamente personale e trasformativo, che intreccia il tessuto della nostra crescita personale, del nostro benessere e delle nostre relazioni. Questo processo ci sfida a esplorare e ad espandere i confini del nostro sé, a coltivare la resilienza e la compassione, e a navigare la vita con un senso rinnovato di scopo e possibilità. Attraverso questo approccio olistico e riflessivo, possiamo non solo raggiungere gli obiettivi che ci poniamo ma anche contribuire a una visione più ricca e soddisfacente della nostra vita e del nostro impatto sul mondo che ci circonda.

4. Tecniche di respirazione e rilassamento: Introdurre tecniche di respirazione profonda, meditazione o yoga per alleviare lo stress e l'ansia.

L'integrazione di tecniche di respirazione profonda, meditazione e yoga rappresenta una strategia efficace per alleviare lo stress e l'ansia, promuovendo al contempo un senso di calma e benessere interiore. Queste pratiche, radicate in antiche tradizioni e validate dalla ricerca contemporanea, offrono strumenti accessibili per gestire le tensioni quotidiane e migliorare la salute mentale.

Tecniche di Respirazione Profonda

La respirazione profonda agisce direttamente sul sistema nervoso parasimpatico, contribuendo a ridurre i livelli di stress e a calmare la mente. Pratiche semplici ma potenti possono essere integrate nella routine quotidiana per un immediato senso di sollievo.

- **Respirazione Diaframmatica**: Questa tecnica implica un respiro profondo e controllato che coinvolge il diaframma, permettendo una maggiore entrata di ossigeno e favorendo un rilassamento profondo. Sedersi o sdraiarsi in una posizione comoda, porre una mano sull'addome e concentrarsi sull'espandersi dell'addome con ogni inspirazione e sul suo abbassarsi con ogni espirazione può aumentare la consapevolezza e il rilassamento.

- **Respirazione 4-7-8**: Ideata dal Dr. Andrew Weil, questa tecnica prevede di inspirare silenziosamente attraverso il naso per 4 secondi, trattenere il respiro per 7 secondi e espirare completamente dalla bocca per 8 secondi. Questo pattern respiratorio può aiutare a ridurre l'ansia e favorire il sonno.

Meditazione

La meditazione, in tutte le sue forme, è una pratica che aiuta a centrare la mente, a ridurre lo stress e a promuovere la consapevolezza del momento presente. La regolarità nella pratica meditativa può portare a benefici duraturi per la salute mentale e fisica.

- **Mindfulness**: La meditazione mindfulness insegna a osservare pensieri, sensazioni e emozioni senza giudizio, portando l'attenzione al respiro o alle sensazioni corporee. Questa pratica può aiutare a distaccarsi dai pensieri ansiosi e a vivere più pienamente nel presente.

- **Meditazione Guidata**: Ascoltare meditazioni guidate attraverso app o video può fornire una struttura di supporto per chi è nuovo alla meditazione, guidando l'utente attraverso processi di rilassamento e visualizzazione positiva.

Yoga

Lo yoga combina posture fisiche, tecniche di respirazione e meditazione per promuovere il rilassamento e il benessere. La pratica dello yoga può variare in intensità e stile, offrendo qualcosa per tutti i livelli di abilità e preferenze.

- **Hatha Yoga**: Questo stile di yoga è particolarmente adatto per i principianti, focalizzandosi su posture (asana) lente e meditative, accompagnate da tecniche di respirazione consapevole. È ideale per chi cerca un approccio delicato per alleviare lo stress e aumentare la flessibilità.

- **Yoga Nidra**: Conosciuto anche come "yoga del sonno", lo Yoga Nidra è una pratica di rilassamento profondo che si svolge in posizione sdraiata. Guida l'individuo attraverso stadi di rilassamento conscio, toccando uno stato di consapevolezza tra il sonno e la veglia, utile per ridurre lo stress e migliorare la qualità del sonno.

Integrazione nella Vita Quotidiana

Incorporare queste pratiche nella vita quotidiana non richiede necessariamente grandi blocchi di tempo o attrezzature speciali. Anche brevi sessioni di pochi minuti possono offrire sollievo tangibile dall'ansia e dallo stress. L'importante è la regolarità e la coerenza nella pratica.

- **Pausa Respiratoria**: Prendersi brevi pause durante la giornata per praticare la respirazione profonda o la mindfulness può aiutare a gestire momenti di stress acuto e a mantenere un senso di calma interiore.

- **Routine Mattutina o Serale**: Integr

are la meditazione o lo yoga come parte di una routine mattutina o serale può stabilire un tono di calma e centratura per l'intera giornata o aiutare a distendere la mente e il corpo prima del riposo notturno, migliorando così la qualità del sonno.

Variazioni nelle Tecniche di Respirazione

Esplorare diverse tecniche di respirazione può offrire strumenti specifici per vari bisogni e preferenze, ampliando il repertorio personale di strategie di gestione dello stress.

- **Respirazione Alternata delle Narici (Nadi Shodhana)**: Questa pratica yoga aiuta a calmare la mente, equilibrare i lati destro e sinistro del cervello, e migliorare la concentrazione. Si esegue chiudendo alternativamente una narice alla volta con le dita, seguendo un ritmo di respirazione controllato.

- **Respirazione del Leone (Simhasana)**: Coinvolge un'espirazione potente e rumorosa, utile per rilasciare tensione e stress. Questa tecnica può essere particolarmente efficace per alleviare la frustrazione e rinvigorire mente e corpo.

Profondità della Meditazione

Approfondire la pratica meditativa attraverso tecniche specifiche o ritiri di meditazione può arricchire l'esperienza personale di consapevolezza e benessere, offrendo benefici più profondi e duraturi.

- **Meditazione Metta (o di Amorevole Gentilezza)**: Questa pratica implica il ripetersi di frasi benevoli verso se stessi e verso gli altri, coltivando sentimenti di amore e compassione. Può essere particolarmente utile per combattere sentimenti di isolamento, rabbia o risentimento.

- **Meditazione Vipassana**: Si concentra sull'osservazione intensa delle sensazioni corporee, promuovendo una profonda consapevolezza interiore e la liberazione da schemi di pensiero distruttivi. I ritiri Vipassana, che prevedono periodi prolungati di silenzio e meditazione, possono offrire un'immersione trasformativa in queste pratiche.

Pratica dello Yoga Integrata

Incorporare diverse forme di yoga, dalla pratica fisica alla filosofia yoga, nella propria vita può offrire un percorso olistico verso il benessere, che tocca aspetti fisici, mentali e spirituali.

- **Yoga Restorativo**: Questo stile si concentra su posture supportate che permettono un rilassamento profondo del corpo e della mente. È ideale per il rilascio dello stress cronico e per la promozione del recupero fisico ed emotivo.

- **Yoga Kundalini**: Combina movimento, canti, tecniche di respirazione e meditazione per risvegliare l'energia kundalini alla base della colonna vertebrale. Le pratiche possono essere energizzanti e trasformative, offrendo potenti strumenti per la gestione delle emozioni e la crescita personale.

Integrazione con Altre Discipline del Benessere

Combinare tecniche di respirazione, meditazione e yoga con altre discipline del benessere può creare un approccio comprensivo alla gestione dello stress e dell'ansia.

- **Terapie Olistiche**: Integrare queste pratiche con terapie olistiche come l'aromaterapia, la musicoterapia o la cromoterapia può amplificare i benefici, creando un ambiente rilassante e stimolante per il corpo e la mente.

- **Attività Fisiche Complementari**: Combinare la pratica dello yoga e della meditazione con altre forme di esercizio fisico, come il camminare nella natura o il nuoto, può offrire un equilibrio tra attività e riposo, energizzando il corpo mentre si calma la mente.

Attraverso l'esplorazione e l'integrazione di queste pratiche, individui possono costruire un arsenale personale di tecniche per il rilassamento e la gestione dello stress, adattabili a diverse esigenze e momenti della giornata. Questo approccio olistico e personalizzato al benessere promuove non solo la riduzione della riduzione dell'ansia e dello stress, ma anche un profondo senso di connessione e armonia interiore. Oltre alle tecniche già esplorate, esistono ulteriori modalità e approfondimenti che possono arricchire il nostro approccio al benessere mentale e fisico, sottolineando l'importanza di una pratica regolare e consapevole.

Approcci Innovativi alla Mindfulness e alla Meditazione

L'evoluzione continua delle pratiche di mindfulness e meditazione introduce approcci innovativi che possono adattarsi a stili di vita moderni e a esigenze variabili, offrendo nuovi modi per integrare momenti di quiete e riflessione.

- **Tecnologie Digitali per la Mindfulness**: L'uso di app e piattaforme online per la meditazione guidata e la mindfulness rende queste pratiche più accessibili, permettendo alle persone di trovare spazi di quiete anche in giornate frenetiche o in ambienti urbani congestionati.

- **Mindfulness nel Movimento**: La mindfulness non deve essere praticata solo in quiete. Tecniche come la camminata meditativa o la mindfulness applicata ad attività come il disegno o il giardinaggio possono offrire modalità dinamiche di centratura e presenza nel momento.

Yoga e Tecniche di Respirazione per Specifiche Esigenze

Riconoscendo la diversità delle esigenze individuali, lo yoga e le tecniche di respirazione possono essere adattati per affrontare specifici problemi di salute mentale o fisica, offrendo strumenti personalizzati per il rilassamento e il benessere.

- **Yoga per l'Ansia e la Depressione**: Alcune sequenze di yoga sono particolarmente benefiche per alleviare ansia e depressione, combinando posture che favoriscono il rilascio di tensione e promuovono un senso di calma interiore.

- **Respirazione per la Gestione del Dolore**: Tecniche di respirazione specifiche possono essere impiegate per la gestione del dolore cronico, utilizzando il potere del respiro per distogliere l'attenzione dal dolore e promuovere il rilassamento del corpo.

Integrazione della Pratica in Comunità

La pratica in comunità, sia online che di persona, può offrire un livello aggiuntivo di supporto e motivazione, creando un senso di appartenenza e condivisione che arricchisce l'esperienza personale.

- **Gruppi di Meditazione e Yoga di Comunità**: Partecipare a gruppi locali o virtuali di meditazione e yoga può aumentare la coerenza nella pratica, offrendo opportunità per apprendere da altri e condividere esperienze.

- **Eventi e Ritiri**: Partecipare a eventi o ritiri focalizzati sullo yoga, sulla meditazione o su altre pratiche di benessere può offrire immersioni profonde, accelerando l'apprendimento e l'esperienza personale di queste discipline.

La Continua Esplorazione del Sé

Al centro di tutte queste pratiche c'è l'esplorazione continua del sé. Ogni tecnica di respirazione, ogni momento di meditazione, ogni postura di yoga diventa un'opportunità per conoscere più profondamente se stessi, per scoprire cosa significa vivere con piena consapevolezza e per navigare la vita con maggiore intenzionalità e presenza.

- **Diario di Pratica**: Mantenere un diario delle proprie pratiche di respirazione, meditazione e yoga può offrire preziosi insight sull'evoluzione personale, sulle reazioni a diverse tecniche e sulle trasformazioni interne che si verificano nel tempo.

- **Feedback del Corpo e della Mente**: Ascoltare attivamente i feedback del proprio corpo e della propria mente in risposta alle pratiche adottate permette di affinare continuamente l'approccio al benessere, personalizzando le tecniche per soddisfare le mutevoli esigenze personali.

Attraverso l'adozione e l'adattamento di queste tecniche, individui possono sviluppare un approccio profondamente personale al benessere che tiene conto delle proprie esigenze uniche, promuovendo un equilibrio tra mente, corpo e spirito. Questo percorso, intriso di pratica regolare, esplorazione del sé e connessione comunitaria, offre una via ricca e complessa verso una vita vissuta con maggiore calma, chiarezza e benessere.

L'approfondimento delle tecniche di respirazione, meditazione e yoga si arricchisce ulteriormente quando consideriamo come queste pratiche interagiscono con i più recenti sviluppi nel campo della neuroscienza e del benessere psicologico, offrendo nuove prospettive su come possiamo ottimizzare questi strumenti per la gestione dello stress e dell'ansia.

Neuroscienza e Pratiche di Rilassamento

La ricerca in neuroscienza ha cominciato a svelare come tecniche di respirazione, meditazione e yoga influenzino specificamente il cervello e il sistema nervoso, offrendo spiegazioni scientifiche ai benefici che queste pratiche portano.

- **Impatto sul Sistema Nervoso Autonomo**: La pratica regolare di tecniche di respirazione profonda e meditazione può portare a una diminuzione dell'attivazione del sistema nervoso simpatico (responsabile delle reazioni di "lotta o fuga") e a un incremento dell'attività del sistema nervoso parasimpatico, promuovendo uno stato di rilassamento e recupero.

- **Cambiamenti Neuroplastici**: Studi di imaging cerebrale hanno mostrato che la meditazione a lungo termine può portare a cambiamenti strutturali in aree del cervello associate alla consapevolezza, alla concentrazione e all'emozione, suggerendo che queste pratiche possono effettivamente "allenare" il cervello verso una maggiore resilienza allo stress.

Biofeedback e Tecniche di Respirazione

L'uso del biofeedback come strumento per affinare le tecniche di respirazione offre un metodo tangibile per visualizzare e modificare la propria risposta fisiologica allo stress, consentendo agli individui di sviluppare strategie personalizzate per il rilassamento.

- **Monitoraggio della Variabilità della Frequenza Cardiaca (HRV)**: La HRV è un indicatore della capacità del corpo di regolare lo stress. Utilizzando dispositivi di biofeedback per monitorare la HRV mentre si praticano tecniche di respirazione, gli individui possono imparare a ottimizzare le proprie pratiche per migliorare la regolazione emotiva e lo stress.

Mindfulness Basata sulla Compassione

Espandere la pratica della mindfulness per includere elementi di compassione e auto-compassione può arricchire l'esperienza meditativa, offrendo strumenti più profondi per il trattamento dell'ansia, della depressione e dell'autocritica.

- **Pratiche di Compassione Focalizzata**: La meditazione che si concentra sullo sviluppo di sentimenti di compassione non solo verso se stessi ma anche verso gli altri può migliorare il benessere emotivo, ridurre i giudizi interni e promuovere una maggiore connessione umana.

Yoga e Adattabilità Corporea

Mentre lo yoga tradizionale offre un ricco repertorio di posture e pratiche, l'adattabilità di queste tecniche alle esigenze e alle condizioni fisiche individuali può aumentare notevolmente la loro efficacia e accessibilità.

- **Yoga Adattivo**: Lo sviluppo di forme di yoga adattive, che modificano le posture tradizionali per soddisfare le esigenze di individui con diverse abilità fisiche o limitazioni, sottolinea l'importanza di un approccio inclusivo e personalizzato al benessere fisico e mentale.

Pratiche di Rilassamento nel Contesto Digitale

Nell'era digitale, l'integrazione di queste antiche pratiche in formati accessibili tramite tecnologie moderne può facilitare l'adozione e la regolarità delle pratiche di rilassamento, rendendole parte integrante della vita quotidiana.

- **App e Piattaforme Online**: L'accessibilità di guide alla meditazione, sessioni di yoga e insegnamenti di respirazione tramite app e piattaforme online democratizza l'accesso a queste risorse, permettendo agli utenti di praticare in momenti e luoghi che meglio si adattano alle loro routine.

Incorporando queste prospettive avanzate e approcci innovativi, individui possono non solo approfondire la propria comprensione e pratica delle tecniche di respirazione, meditazione e yoga ma anche sfruttare i benefici unici che queste pratiche offrono per la salute mentale e fisica nel contesto della vita moderna. Questo approccio olistico e basato su evidenze sottolinea il potere della pratica regolare e consapevole nel promuovere un benessere profondo e duraturo.

All'interno del panorama delle tecniche di respirazione, meditazione e yoga, esistono ulteriori strati di complessità e variazioni che possono essere esplorati per ampliare ulteriormente la nostra cassetta degli attrezzi per il benessere personale. Queste pratiche, quando esaminate attraverso l'obiettivo di discipline come la psicologia positiva, la neuroscienza del benessere e le tradizioni olistiche, rivelano un tessuto ricco di possibilità per il miglioramento della qualità della vita.

Tecniche Avanzate di Respirazione

Oltre alle pratiche già menzionate, ci sono tecniche di respirazione avanzate che possono offrire benefici specifici per la mente e il corpo, adattandosi a esigenze particolari o stati d'animo.

- **Respirazione del Fuoco (Kapalabhati)**: Questa tecnica energizzante, tipica dello yoga Kundalini, coinvolge respiri rapidi e forzati attraverso le narici, con un focus particolare sull'espirazione. È utile per rinvigorire la mente, aumentare l'energia e migliorare la funzione digestiva.

- **Respirazione a Onda Oceanica (Ujjayi)**: Caratterizzata da un suono sibilante profondo durante l'inspirazione e l'espirazione, questa tecnica aumenta la concentrazione e il rilassamento, creando un ritmo meditativo che può accompagnare la pratica dello yoga o della meditazione seduta.

Meditazione e Neuroscienza

L'integrazione delle scoperte della neuroscienza nella pratica della meditazione apre nuove prospettive su come queste pratiche influenzino la struttura e il funzionamento del cervello, offrendo approcci mirati per affrontare specifiche sfide psicologiche.

- **Meditazione e Plasticità Cerebrale**: La ricerca ha dimostrato che la meditazione regolare può portare a cambiamenti nella plasticità cerebrale, influenzando aree legate alla memoria, all'attenzione e alla regolazione emotiva, suggerendo che la pratica costante può avere effetti profondi e duraturi sul benessere cognitivo.

- **Meditazione per la Riduzione del Dolore**: Tecniche meditative specifiche hanno mostrato efficacia nella gestione del dolore cronico, alterando la percezione del dolore attraverso la modulazione dell'attività in aree cerebrali associate alla elaborazione e alla valutazione del dolore.

Yoga: Oltre la Pratica Fisica

Lo yoga, nella sua essenza più profonda, trascende la semplice pratica fisica, offrendo percorsi per l'esplorazione spirituale, l'equilibrio emotivo e il collegamento con una saggezza più ampia.

- **Yoga e Filosofia di Vita**: Integrare i principi filosofici dello yoga, come i Yama e Niyama, che offrono linee guida etiche e morali, nella vita quotidiana può promuovere un senso di pace interiore, integrità e connessione con gli altri e con l'ambiente circostante.

- **Pratica dello Yoga Integrale**: Lo Yoga Integrale, che combina aspetti fisici, mentali, emotivi e spirituali della pratica, mira a una trasformazione olistica dell'individuo, enfatizzando l'importanza di una pratica equilibrata che si estende oltre il tappetino.

Sinergia tra Pratiche

La combinazione sinergica di tecniche di respirazione, meditazione e yoga con altre pratiche di benessere può amplificare i benefici complessivi, offrendo un approccio integrato alla salute e al benessere.

- **Integrazione con la Terapia Convenzionale**: L'uso complementare di queste pratiche insieme a terapie psicologiche convenzionali può offrire un supporto olistico per affrontare disturbi come ansia, depressione e stress post-traumatico, promuovendo una guarigione più profonda e completa.

- **Pratiche Corporee Complementari**: L'incorporazione di altre pratiche corporee, come il Tai Chi, il Qigong o la Danzaterapia, può offrire modalità alternative di connessione con il corpo, la mente e lo spirito, arricchendo l'esperienza del movimento e del benessere psicofisico.

Attraverso l'esplorazione continua e l'integrazione di queste tecniche avanzate e approcci interdisciplinari, possiamo scoprire nuovi livelli di benessere, resilienza e consapevolezza. Questo percorso, ricco di apprendimento e crescita personale, invita a una profonda esplorazione del potenziale umano, offrendo strumenti per navigare la vita con maggiore equilibrio, pace e soddisfazione.

Espandendo ulteriormente il campo delle tecniche di respirazione, meditazione e yoga, possiamo esplorare come l'incrocio tra queste pratiche e altre discipline, come la psicoterapia, l'arte terapia e la scienza del benessere, apre nuove dimensioni per il miglioramento della salute mentale e fisica.

Integrazione con la Psicoterapia

La fusione tra pratiche meditative e terapie psicologiche moderne offre un approccio ricco e sfaccettato al benessere psicologico, unendo insight orientali e occidentali.

- **Mindfulness-Based Cognitive Therapy (MBCT)**: Questo approccio combina la pratica della mindfulness con la terapia cognitivo-comportamentale per prevenire la ricaduta in persone con depressione maggiore. L'incorporazione della mindfulness aiuta i pazienti a riconoscere e distanziarsi dai pensieri automatici negativi.

- **Dialectical Behavior Therapy (DBT)**: Integrando tecniche di mindfulness come parte fondamentale del trattamento, la DBT è efficace nel gestire disturbi emotivi intensi, come il disturbo borderline di personalità, insegnando ai pazienti abilità per regolare le emozioni, migliorare le relazioni e gestire lo stress.

Arte Terapia e Espressione Creativa

L'arte terapia offre un mezzo potente per l'espressione e l'esplorazione delle emozioni, potenziando il processo di guarigione e offrendo un complemento alle pratiche meditative e di yoga.

- **Meditazione e Creatività**: La pratica regolare della meditazione può sbloccare nuovi livelli di creatività, facilitando l'accesso a stati di flusso e ispirazione. L'uso di tecniche meditative prima o durante il processo creativo può intensificare l'esperienza artistica e la connessione emotiva con l'opera.

- **Yoga e Arte**: La pratica dello yoga non solo prepara il corpo per sedute prolungate di lavoro artistico, riducendo la tensione e aumentando la concentrazione, ma può anche servire come fonte di ispirazione per l'arte stessa, con i suoi movimenti che riflettono equilibrio, armonia e bellezza.

Scienza del Benessere e Tecniche di Rilassamento

L'intersezione tra la scienza del benessere e le pratiche di respirazione, meditazione e yoga illumina i meccanismi attraverso cui queste pratiche influenzano positivamente la salute e offre vie basate sull'evidenza per integrarle nella vita quotidiana.

- **Ricerca sul Benessere Psicologico**: Studi nel campo della psicologia positiva mostrano come la pratica regolare della meditazione e dello yoga contribuisca non solo a ridurre lo stress e l'ansia, ma anche a migliorare attributi come la gratitudine, l'ottimismo e la gioia di vivere, elementi chiave del benessere psicologico.

- **Valutazioni Fisiologiche**: Utilizzando strumenti come il monitoraggio della variabilità della frequenza cardiaca (HRV) e l'imaging cerebrale, i ricercatori possono quantificare gli effetti delle tecniche di respirazione e meditazione sulla salute fisica, offrendo una comprensione più profonda di come queste pratiche promuovano il rilassamento e il recupero.

Adattamento a Diverse Popolazioni e Esigenze

La personalizzazione delle tecniche di respirazione, meditazione e yoga per adattarle a diverse popolazioni e bisogni individuali è fondamentale per massimizzare i loro benefici.

- **Programmi per le Scuole**: L'integrazione di tecniche di respirazione e meditazione nei programmi scolastici può aiutare gli studenti a gestire lo stress, migliorare la concentrazione e promuovere il benessere emotivo, dotandoli di strumenti preziosi per la vita.

- **Yoga Terapeutico**: L'adattamento dello yoga per persone con specifiche condizioni mediche o limitazioni fisiche, noto come yoga terapeutico, evidenzia l'elasticità e l'accessibilità di queste pratiche, rendendole utili per un ampio spettro di individui, indipendentemente dalla loro condizione fisica o età.

Attraverso l'esplorazione di queste intersezioni multidisciplinari, diventa evidente che le tecniche di respirazione, meditazione e yoga non sono solo strumenti isolati per il benessere personale, ma parte di un ecosistema più ampio di pratiche e conoscenze che supportano la salute mentale, fisica e spirituale. Questo approccio olistico e integrato non solo arricchisce la nostra comprensione del benessere ma apre anche nuove possibilità per il suo raggiungimento, adattando e personalizzando le pratiche per soddisfare le esigenze e gli obiettivi individuali in un mondo in rapida evoluzione.

Concludendo, l'esplorazione delle tecniche di respirazione, meditazione e yoga, insieme alla loro integrazione con approcci contemporanei dalla psicoterapia, arte terapia, neuroscienza e altre discipline del benessere, svela un panorama ricco e complesso di strumenti per il miglioramento della salute mentale e fisica. Queste pratiche, radicate in antiche tradizioni e validate dalla ricerca moderna, offrono non solo sollievo immediato da stress e ansia ma anche percorsi per una trasformazione personale profonda e duratura.

L'approccio multidisciplinare al benessere, che combina la saggezza orientale con le scoperte scientifiche occidentali, evidenzia l'interconnessione tra mente, corpo e spirito e sottolinea l'importanza di un approccio olistico alla salute. La personalizzazione di queste pratiche per adattarle alle esigenze individuali e alle condizioni specifiche amplifica ulteriormente il loro potenziale di guarigione e crescita personale.

Attraverso la pratica regolare e consapevole di tecniche di respirazione, meditazione e yoga, individui possono sviluppare una maggiore consapevolezza di sé, una resilienza emotiva rafforzata e una connessione più profonda con il proprio essere interiore e con il mondo circostante. Questo percorso, arricchito da una continua esplorazione e apprendimento, invita a una vita vissuta con maggiore intenzionalità, equilibrio e soddisfazione.

In definitiva, l'adozione di queste pratiche nel contesto di un approccio integrato e personalizzato al benessere offre una via promettente per affrontare le sfide della vita moderna, promuovendo al tempo stesso la salute mentale, il benessere fisico e il benessere spirituale. Così, l'impegno in queste pratiche diventa non solo un atto di cura personale ma anche un contributo alla costruzione di una società più consapevole, resiliente e connessa.

5. Attività fisica regolare: Discutere i benefici dell'esercizio fisico sulla salute mentale e suggerire modi per incorporarlo nella routine quotidiana.

L'attività fisica regolare è ampiamente riconosciuta per i suoi benefici sulla salute fisica, ma è altrettanto significativa per il suo impatto positivo sulla salute mentale. L'esercizio fisico può agire come un potente antistress, migliorare l'umore, ridurre i sintomi di ansia e depressione, e aumentare l'autostima e la cognizione. Incorporare l'esercizio fisico nella routine quotidiana può quindi non solo migliorare il benessere fisico ma anche promuovere una salute mentale ottimale.

Benefici dell'Esercizio Fisico sulla Salute Mentale

- **Riduzione di Ansia e Depressione**: L'attività fisica aiuta a ridurre i livelli di stress del corpo e a produrre endorfine, sostanze chimiche nel cervello che agiscono come antidolorifici naturali e migliorano la capacità di dormire, che a sua volta riduce lo stress.

- **Miglioramento dell'Umore**: L'esercizio fisico può aumentare la produzione di neurotrasmettitori, come la serotonina e la norepinefrina, che moderano l'umore e prevengono il dolore, contribuendo a un senso generale di benessere.

- **Aumento dell'Autostima e dell'Immagine Corporea**: Regolarmente impegnarsi in attività fisica può migliorare la percezione che una persona ha di sé stessa, fornendo sensazioni di realizzazione e aumentando l'autostima.

- **Miglioramento del Sonno**: L'esercizio fisico regolare può aiutare a regolare i ritmi sonno-veglia e a migliorare la qualità del sonno, essenziale per una buona salute mentale.

- **Incremento della Cognizione**: Studi indicano che l'attività fisica regolare può migliorare la funzione cognitiva, inclusi l'attenzione, la memoria e le capacità di problem-solving, contribuendo a un invecchiamento cerebrale più sano.

Modi per Incorporare l'Esercizio Fisico nella Routine Quotidiana

Incorporare l'esercizio fisico nella vita di tutti i giorni non richiede necessariamente grandi cambiamenti o impegni di tempo eccessivi. Anche piccoli aggiustamenti possono portare a benefici significativi.

- **Passeggiate Quotidiane**: Iniziare o terminare la giornata con una passeggiata all'aria aperta può essere un modo semplice per integrare l'attività fisica nella routine quotidiana, offrendo anche l'opportunità di rilassarsi e riflettere.

- **Esercizi a Corpo Libero**: Esercizi come flessioni, squat e plank possono essere eseguiti a casa senza attrezzature speciali, rendendoli accessibili a tutti. Dedica breve tempo durante la giornata per alcune serie di questi esercizi.

- **Yoga e Stretching**: Integrare sessioni di yoga o stretching nel programma quotidiano può migliorare la flessibilità, ridurre lo stress e promuovere il rilassamento, oltre a offrire benefici per la salute mentale.

- **Trasformare le Attività Quotidiane**: Attività come fare le scale invece di prendere l'ascensore, andare in bicicletta o a piedi per spostamenti brevi, o dedicarsi al giardinaggio e ai lavori domestici possono aumentare i livelli di attività fisica senza richiedere tempo aggiuntivo dedicato all'esercizio.

- **Sport di Squadra o Gruppo**: Partecipare a sport di squadra o a classi di fitness di gruppo può offrire motivazione aggiuntiva, opportunità di socializzazione e un senso di appartenenza, tutti fattori che contribuiscono positivamente alla salute mentale.

- **Stabilire Obiettivi Realistici**: Impostare obiettivi di fitness chiari e raggiungibili può aiutare a mantenere la motivazione e a dare un senso di progresso e realizzazione.

L'incorporazione dell'esercizio fisico nella routine quotidiana richiede coerenza e impegno, ma i benefici per la salute mentale e fisica possono essere profondi e duraturi. Trovare attività che si godono, stabilire routine praticabili e celebrare i piccoli successi lungo il percorso possono rendere l'esercizio fisico una componente gratificante e sostenibile di una vita sana.

Approfondendo ulteriormente il tema dell'esercizio fisico e del suo impatto sulla salute mentale, possiamo esplorare come l'integrazione di nuove forme di attività fisica e l'adozione di un approccio olistico possano arricchire la nostra esperienza e massimizzare i benefici.

Attività Fisica e Connessione con la Natura

L'esercizio all'aperto, in particolare in ambienti naturali come parchi, foreste o lungo corsi d'acqua, può amplificare i benefici dell'attività fisica grazie all'effetto calmante della natura. Questa pratica, talvolta definita come "green exercise", può aiutare a ridurre ulteriormente i livelli di stress e migliorare l'umore attraverso l'esposizione a paesaggi naturali, suoni rilassanti e aria fresca.

- **Escursionismo e Trekking**: Queste attività non solo forniscono esercizio fisico ma anche l'opportunità di connettersi profondamente con l'ambiente naturale, offrendo benefici sia per il corpo che per la mente.

- **Giardinaggio**: Anche il giardinaggio può essere considerato una forma di esercizio fisico che promuove il benessere mentale, attraverso il contatto diretto con la terra e la soddisfazione di coltivare e prendersi cura delle piante.

Mindful Movement

L'incorporazione della mindfulness nel movimento fisico trasforma l'esercizio in una pratica meditativa, aumentando la consapevolezza del corpo, delle sensazioni e del respiro durante l'attività. Questo approccio può migliorare la connessione mente-corpo e promuovere un senso di presenza e pace interiore.

- **Tai Chi e Qigong**: Queste antiche pratiche cinesi combinano movimenti lenti e deliberati con la respirazione profonda e la concentrazione, fungendo da potenti strumenti di riduzione dello stress e miglioramento dell'equilibrio e della flessibilità.

- **Corsa Mindful**: Praticare la corsa con un atteggiamento di mindfulness, concentrando l'attenzione sul respiro, sul ritmo dei passi e sull'ambiente circostante, può trasformare una sessione di jogging in una forma di meditazione in movimento.

Integrazione di Tecnologia e Attività Fisica

L'uso di tecnologie indossabili e applicazioni può supportare e motivare la pratica regolare dell'esercizio fisico, offrendo tracciamento delle prestazioni, ricompense virtuali, e suggerimenti personalizzati basati sui progressi.

- **App per il Fitness**: Le applicazioni possono offrire programmi di allenamento personalizzati, sessioni guidate di yoga o meditazione, e sfide di fitness che incoraggiano la coerenza e la progressione negli obiettivi di benessere.

- **Giochi Fitness Interattivi**: I videogiochi basati sul movimento combinano l'esercizio fisico con il gioco, rendendo l'attività fisica divertente e coinvolgente, particolarmente utile per incoraggiare i bambini e i giovani adulti a muoversi di più.

Socializzazione attraverso l'Esercizio

L'esercizio fisico diventa un'opportunità per costruire e rafforzare le relazioni sociali quando praticato in gruppo o con un partner. La socializzazione durante l'attività fisica non solo aumenta il piacere e l'impegno nell'esercizio ma può anche offrire supporto emotivo e motivazione.

- **Gruppi di Cammino o Corsa**: Unirsi a gruppi locali di cammino o corsa offre l'opportunità di incontrare nuove persone, condividere esperienze e stabilire obiettivi comuni di fitness.

- **Classi di Fitness di Gruppo**: Le classi di fitness, che vanno dallo spinning al pilates, creano un ambiente di supporto e incoraggiamento, dove i partecipanti possono sentirsi motivati dalla presenza degli altri.

Incorporando queste diverse dimensioni e approcci nell'integrazione dell'attività fisica nella routine quotidiana, individui possono non solo sfruttare i numerosi benefici per la salute mentale ma anche arricchire la propria vita con nuove esperienze, relazioni e un senso rinnovato di connessione con se stessi e con il mondo circostante. Questo approccio olistico all'esercizio fisico sottolinea che il movimento non è solo una pratica per il corpo ma un nutrimento essenziale per la mente e lo spirito.

Mentre approfondiamo la comprensione dell'importanza dell'attività fisica per la salute mentale, diventa chiaro che le opzioni per incorporare l'esercizio nella nostra routine quotidiana sono tanto variate quanto gli individui che ne traggono beneficio. Esplorare ulteriormente le connessioni tra esercizio fisico e benessere psicologico ci permette di scoprire nuove strategie per mantenere un equilibrio tra mente e corpo, arricchendo la nostra vita in modi sempre più creativi e personalizzati.

Esercizio Fisico e Riduzione dello Stress Cronico

L'attività fisica regolare svolge un ruolo critico nella modulazione e nella gestione dello stress cronico, un fattore noto per contribuire a una vasta gamma di problemi di salute mentale. La pratica costante di esercizio fisico può aiutare a "resettare" le risposte fisiologiche dello stress del corpo, promuovendo un senso di calma e riducendo i livelli di cortisolo, l'ormone dello stress.

- **Sport Acquatici**: Attività come il nuoto, il paddle boarding o il kayak offrono non solo benefici fisici ma anche l'effetto calmante dell'acqua, che può aiutare a ridurre lo stress e migliorare la salute mentale.

- **Allenamento ad Intervalli ad Alta Intensità (HIIT)**: Questo tipo di esercizio, che alterna brevi periodi di attività intensa con periodi di riposo o attività leggera, è stato dimostrato di migliorare l'umore e ridurre lo stress quasi immediatamente dopo l'allenamento.

Esercizio Fisico come Mezzo di Connessione Sociale

La partecipazione a attività fisiche di gruppo o sport di squadra non solo migliora la forma fisica ma fornisce anche preziose opportunità di connessione sociale e di costruzione di una comunità di supporto, elementi essenziali per il benessere mentale.

- **Danza di Gruppo**: La danza, da quella sociale a quella fitness come Zumba, offre l'opportunità di esprimersi, divertirsi e interagire con gli altri, contribuendo a elevare l'umore e a costruire relazioni sociali positive.

- **Volontariato in Eventi Sportivi**: Partecipare come volontario in eventi sportivi locali può offrire un senso di appartenenza e scopo, oltre a incoraggiare l'attività fisica indiretta e la partecipazione alla comunità.

Personalizzazione dell'Esercizio per il Benessere Mentale

Riconoscere che non esiste un "taglia unica" quando si tratta di esercizio fisico e salute mentale è fondamentale. L'ascolto del proprio corpo e la scelta di attività che si allineano con preferenze personali, livelli di fitness e obiettivi di salute mentale possono migliorare notevolmente l'efficacia dell'esercizio come strumento di benessere.

- **Attività a Bassa Intensità**: Per alcuni, attività a bassa intensità come il camminare o il ciclismo possono offrire il giusto equilibrio di stimolazione e rilassamento, particolarmente benefico per coloro che potrebbero sentirsi sopraffatti dall'esercizio ad alta intensità.

- **Esercizi di Mind-Body**: Pratiche come il Qigong, il Tai Chi e alcune forme di yoga enfatizzano movimenti lenti e consapevoli che possono migliorare la salute mentale attraverso l'aumento della consapevolezza corporea e la riduzione dello stress.

L'importanza dell'Adattabilità e della Flessibilità

Infine, adattare l'approccio all'esercizio fisico per accogliere cambiamenti nella routine quotidiana, nello stato di salute o nelle preferenze personali è essenziale per mantenere una pratica regolare. La flessibilità nell'approccio consente di superare ostacoli e sfide, mantenendo l'impegno verso il benessere fisico e mentale.

- **Adattare l'Esercizio alle Stagioni**: Variare le attività fisiche in base alla stagione può mantenere alta la motivazione, sfruttando il clima e le opportunità stagionali per esplorare nuove forme di esercizio e mantenere l'interesse.

- **Ascolto del Corpo**: Essere consapevoli delle proprie esigenze fisiche e mentali e adattare di conseguenza l'intensità, la durata e il tipo di esercizio può aiutare a prevenire infortuni e garantire che l'attività fisica rimanga una fonte di piacere e di rinnovamento, piuttosto che di stress o obbligo.

Incorporando l'esercizio fisico nella routine quotidiana con un approccio olistico, personalizzato e flessibile, è possibile sfruttare i suoi numerosi benefici per la salute mentale. Questo non solo migliora la qualità della vita ma promuove anche una profonda armonia tra mente, corpo e spirito, consentendo agli individui di navigare la vita con maggiore resilienza, chiarezza e gioia.

Espandendo ulteriormente il concetto di attività fisica come strumento vitale per il benessere mentale, esploriamo come l'incorporazione di diversi aspetti del movimento e dell'esercizio possa essere adattata a contesti unici e bisogni individuali, sottolineando l'importanza di un approccio dinamico e creativo al fitness.

Integrazione dell'Esercizio nel Contesto Lavorativo

In un'era in cui molti trascorrono ore seduti alla scrivania, trovare modi per incorporare l'attività fisica nel contesto lavorativo diventa cruciale per il benessere mentale.

- **Scrivanie Regolabili e Tapis Roulant:** L'utilizzo di scrivanie regolabili che permettono di lavorare in piedi o l'integrazione di piccoli tapis roulant sotto la scrivania possono aiutare a combattere la sedentarietà, stimolando la circolazione e migliorando la concentrazione.

- **Pausa Attiva:** Incoraggiare brevi pause attive durante la giornata lavorativa per fare stretching, yoga leggero o semplici esercizi a corpo libero può ridurre la tensione muscolare e mentale, rinfrescando lo spirito e aumentando la produttività.

Esercizio Fisico come Parte della Routine Familiare

Incorporare l'attività fisica come parte integrante della routine familiare non solo promuove il benessere individuale ma rafforza anche i legami e crea abitudini di vita salutari condivise.

- **Attività Fisica di Gruppo**: Dalle passeggiate serali in famiglia alle gite in bicicletta nel fine settimana, scegliere attività che coinvolgano tutti i membri della famiglia può offrire divertimento condiviso e motivazione reciproca.

- **Giochi Attivi**: Integrare giochi che richiedono movimento fisico, come il calcio in giardino o i percorsi ad ostacoli improvvisati, può essere un modo eccellente per incoraggiare l'attività fisica nei bambini, insegnando l'importanza del movimento attraverso il gioco.

Attività Fisica Incorporata in Terapie e Approcci di Guarigione

L'esercizio fisico può essere un componente chiave in diverse forme di terapia e programmi di guarigione, offrendo un approccio corporeo alla cura della salute mentale.

- **Terapia attraverso il Movimento**: Approcci come la danzaterapia o la terapia attraverso il movimento sfruttano il potere espressivo e curativo del movimento corporeo per affrontare questioni emotive e psicologiche, promuovendo l'espressione di sé e il rilascio emotivo.

- **Programmi di Riabilitazione**: L'integrazione di esercizi fisici specifici nei programmi di riabilitazione per coloro che si stanno riprendendo da dipendenze o disturbi mentali può aiutare a stabilizzare l'umore, a migliorare l'autostima e a fornire una struttura e una routine salutari.

Esercizio Fisico e Mindfulness

Unire l'esercizio fisico alla pratica della mindfulness può creare un'esperienza di movimento più ricca e profonda, arricchendo sia il corpo che la mente.

- **Corsa o Camminata Consapevole**: Approcciare la corsa o la camminata con un atteggiamento di piena consapevolezza, prestando attenzione alle sensazioni corporee, al respiro e all'ambiente circostante, può trasformare queste attività in pratiche meditative, migliorando la connessione mente-corpo.

- **Mindful Fitness**: Programmi di fitness che incorporano elementi di consapevolezza e attenzione plena durante l'esercizio enfatizzano la qualità del movimento oltre alla quantità, promuovendo un'esperienza di esercizio più centrata e intenzionale.

Attraverso queste diverse modalità e approcci, l'attività fisica emerge non solo come un mezzo per migliorare la salute fisica ma come una pratica essenziale per il benessere mentale e emotivo. L'adattabilità e la personalizzazione dell'esercizio fisico consentono di soddisfare una vasta gamma di bisogni e preferenze, rendendo il movimento una componente accessibile e gratificante di una vita equilibrata e soddisfacente.

Mentre esploriamo ulteriormente l'importanza dell'attività fisica per il benessere mentale, diventa evidente che l'approccio all'esercizio può essere infinitamente variato per adattarsi agli stili di vita, agli interessi e alle esigenze individuali. Questa personalizzazione non solo rende l'attività fisica più piacevole e sostenibile ma può anche ottimizzare i suoi benefici per la salute mentale.

Attività Fisica Integrata in Viaggi e Avventure

L'incorporazione dell'esercizio in viaggi e avventure offre l'opportunità di esplorare nuovi ambienti, stimolare la mente e sfidare il corpo in modi unici e gratificanti.

- **Trekking e Campeggio**: L'impegno in attività come il trekking in luoghi naturali durante il campeggio non solo fornisce esercizio fisico ma anche un'intensa connessione con la natura, noto fattore di riduzione dello stress e miglioramento dell'umore.

- **Viaggi in Bicicletta**: Organizzare viaggi che includono il ciclismo attraverso diverse città o paesaggi può essere un modo eccellente per combinare fitness, esplorazione e avventura, promuovendo allo stesso tempo la salute mentale attraverso la scoperta e l'avventura.

La Combinazione di Diverse Modalità di Esercizio

Combinare diverse forme di attività fisica può prevenire la monotonia, mantenere alta la motivazione e assicurare che tutti gli aspetti della salute - cardiovascolare, forza, flessibilità e equilibrio -vengano indirizzati.

- **Cross-training**: Alternare tra corsa, nuoto, ciclismo, e sollevamento pesi, ad esempio, può ridurre il rischio di infortuni dovuti a sovraccarico e mantenere l'allenamento stimolante e variato.

- **Classi di Fitness Ibride**: Partecipare a classi che combinano elementi di diverse discipline, come yoga-pilates (Yogalates) o danza-boxe, può offrire un allenamento equilibrato che mantiene l'interesse e l'impegno.

Integrazione dell'Esercizio nella Vita Sociale

L'esercizio può anche essere un'attività sociale, fornendo opportunità per interagire con gli altri in un contesto positivo e di supporto, migliorando così la

salute mentale attraverso il senso di appartenenza e il
supporto sociale.

- **Gruppi di Allenamento o Club Sportivi**:
  Unirsi a gruppi di allenamento o club sportivi
  locali può offrire un senso di comunità e
  responsabilità reciproca, rendendo più facile
  mantenere una routine di esercizio regolare.

- **Eventi di Fitness di Beneficenza**:
  Partecipare a corse, camminate o altri eventi di
  fitness che raccolgono fondi per cause benefiche
  può aumentare la motivazione personale
  attraverso il senso di contributo a una causa
  maggiore, migliorando allo stesso tempo la salute
  mentale.

Riflessione e Giornalizzazione del Progresso

Documentare il viaggio di fitness attraverso la
riflessione e la giornalizzazione può rafforzare la
consapevolezza personale, celebrare i successi e aiutare
a ricalibrare gli obiettivi in base ai progressi e alle
scoperte personali.

- **Diario di Fitness**: Tenere un diario di fitness
  per annotare gli allenamenti, i sentimenti e le
  riflessioni può offrire intuizioni preziose sui
  collegamenti tra esercizio fisico e stato d'animo,
  oltre a fornire un registro dei progressi nel
  tempo.

- **Riflessione su Obiettivi e Sentimenti**: Regolarmente valutare come l'attività fisica influisce sul benessere emotivo e mentale può aiutare a personalizzare ulteriormente gli approcci all'esercizio, assicurando che rimangano allineati con le esigenze e gli obiettivi personali.

Incorporando l'attività fisica nella vita quotidiana con un approccio olistico, personalizzato e socialmente connesso, diventa possibile sfruttare appieno i suoi numerosi benefici per la salute mentale. Questo approccio dinamico all'esercizio fisico sottolinea che il movimento non è solo un compito da spuntare nella lista delle cose da fare quotidiane ma una parte integrante e gioiosa di una vita equilibrata e soddisfacente, arricchendo l'esperienza umana su molti livelli.

Concludendo, l'importanza dell'attività fisica regolare per il benessere mentale è inconfutabile, riflettendo un legame profondo e multifacettato tra il movimento del corpo e la salute della mente. Questa comprensione si estende oltre la semplice nozione dell'esercizio come meccanismo di riduzione dello stress, abbracciando una visione olistica che riconosce i benefici psicologici, emotivi, e cognitivi dell'attività fisica. L'integrazione dell'esercizio nella routine quotidiana, attraverso approcci personalizzati, creativi e socialmente connessi, non solo migliora la salute mentale ma arricchisce la vita in modo complesso e significativo.

I benefici dell'esercizio sulla salute mentale includono la riduzione di ansia e depressione, il miglioramento dell'umore, l'aumento dell'autostima, il miglioramento della qualità del sonno, e l'incremento della cognizione. Questi effetti sono mediati da meccanismi fisiologici come la liberazione di endorfine, la modulazione dei neurotrasmettitori, e l'influenza sull'ippocampo, area del cervello coinvolta nella memoria e nell'umore.

Incorporare l'esercizio nella vita quotidiana richiede un approccio flessibile e personalizzato, che tenga conto delle preferenze individuali, degli obiettivi di benessere, e delle circostanze di vita. Strategie come la pianificazione di attività fisiche che si godono, la ricerca di opportunità di movimento nelle routine quotidiane, l'impegno in attività di gruppo o di comunità, e l'uso di tecnologie per monitorare e motivare possono tutte sostenere la coerenza e il piacere nell'esercizio.

La varietà nell'esercizio, dall'integrazione di pratiche di mindfulness e movimento consapevole come il Tai Chi e lo yoga, all'esplorazione di attività all'aperto e avventure, non solo previene la monotonia ma può anche aprire nuovi orizzonti di crescita personale e di connessione con gli altri e con l'ambiente naturale. La socializzazione attraverso l'esercizio, sia in contesti di gruppo che in attività condivise con amici o familiari, aggiunge un ulteriore strato di supporto, migliorando l'impegno e offrendo vantaggi emotivi attraverso il senso di appartenenza e il supporto reciproco.

La riflessione e la documentazione del percorso di fitness, attraverso la giornalizzazione o altre forme di espressione personale, permettono una maggiore consapevolezza dei legami tra attività fisica e benessere mentale, celebrando i successi, apprendendo dagli ostacoli e adattando gli obiettivi per riflettere la crescita personale e le nuove scoperte.

In definitiva, l'attività fisica si rivela non solo come un pilastro fondamentale della salute mentale ma come una fonte di gioia, scoperta, e connessione profonda con se stessi e il mondo circostante. L'approccio dinamico, olistico e personalizzato all'esercizio fisico sottolinea il suo ruolo non solo nel mantenimento della salute mentale ma nella promozione di una vita vissuta con pienezza, equilibrio e soddisfazione. Attraverso l'impegno nell'esercizio fisico, possiamo non solo navigare la vita con maggiore resilienza ma anche accedere a livelli più profondi di benessere e felicità.

6. Alimentazione equilibrata: Esaminare il legame tra dieta e salute mentale, sottolineando l'importanza di una nutrizione bilanciata.

L'alimentazione gioca un ruolo cruciale nel modulare non solo la salute fisica ma anche il benessere mentale. Un numero crescente di ricerche suggerisce un legame diretto tra la qualità della dieta e una vasta gamma di risultati relativi alla salute mentale, inclusi l'umore, l'ansia, la depressione e le capacità cognitive. Un'alimentazione equilibrata, ricca di nutrienti essenziali, può fornire un'importante base per il supporto della salute mentale, evidenziando l'interconnessione tra il cibo che consumiamo e il nostro stato d'animo e funzionamento psicologico.

Il Legame tra Dieta e Salute Mentale

- **Influenza sui Neurotrasmettitori**: La dieta influisce sulla produzione e sulla funzione dei neurotrasmettitori, come la serotonina, spesso denominata il "neurotrasmettitore del benessere", che è sintetizzata principalmente nell'intestino. Un'alimentazione ricca di triptofano, un amminoacido essenziale presente in alimenti come il tacchino, i semi di zucca e il formaggio, può aiutare a supportare la produzione di serotonina.

- **Effetti Anti-infiammatori**: L'infiammazione è stata collegata a un rischio maggiore di disturbi dell'umore come la depressione. Di conseguenza, una dieta che include alimenti con proprietà anti-infiammatorie, come frutta, verdura, pesce e oli ricchi di omega-3, può contribuire a ridurre l'infiammazione e a promuovere una migliore salute mentale.

- **Salute Intestinale e Salute Mentale**: Esiste una connessione diretta tra l'intestino e il cervello, nota come asse intestino-cervello. La salute dell'intestino può influenzare la salute mentale e viceversa. Di conseguenza, una dieta che promuove un microbioma intestinale sano, ricca di fibre, prebiotici e probiotici, può avere effetti positivi sul benessere mentale.

Principi di una Nutrizione Bilanciata per la Salute Mentale

- **Variazione**: Consumare un'ampia varietà di alimenti assicura l'assunzione di un ampio spettro di nutrienti essenziali, vitamine e minerali che supportano la funzione cerebrale ottimale e la salute mentale.

- **Cibi Integrali**: Prediligere cibi integrali e minimamente processati, che sono naturalmente più ricchi di nutrienti rispetto agli alimenti trasformati e raffinati, contribuisce a migliorare l'umore e l'energia.

- **Riduzione di Zuccheri e Grassi Trasformati**: Limitare l'assunzione di zuccheri aggiunti e grassi trasformati può aiutare a prevenire le fluttuazioni del glucosio nel sangue e l'infiammazione, entrambi fattori che possono influenzare negativamente l'umore e la salute mentale.

Strategie per Integrare una Nutrizione Bilanciata nella Vita Quotidiana

- **Pianificazione dei Pasti**: Dedicare del tempo alla pianificazione dei pasti può aiutare a garantire che la dieta rimanga equilibrata e ricca di nutrienti essenziali. Considerare la preparazione dei pasti in anticipo per ridurre la tentazione di ricorrere a opzioni meno salutari quando si è sotto pressione.

- **Ascolto del Corpo**: Prestare attenzione ai segnali del proprio corpo può aiutare a identificare quali alimenti migliorano il benessere e quali potrebbero influire negativamente sullo stato d'animo o sull'energia.

- **Supporto Professionale**: Consultare un dietista o un nutrizionista può fornire una guida personalizzata per sviluppare un piano alimentare che supporti specificamente la salute mentale, tenendo conto delle esigenze e delle preferenze individuali.

In conclusione, l'adozione di un'alimentazione equilibrata rappresenta una componente fondamentale di un approccio olistico alla salute mentale. Integrando una varietà di alimenti nutrienti, minimizzando gli alimenti processati e prestando attenzione alla salute intestinale, è possibile sostenere attivamente il benessere psicologico. Man mano che cresce la consapevolezza del legame tra dieta e salute mentale, diventa sempre più chiaro che il cibo che scegliamo di consumare può avere un impatto profondo non solo sul nostro corpo ma anche sulla nostra mente e sul nostro spirito.

Mentre approfondiamo ulteriormente il legame tra alimentazione equilibrata e salute mentale, diventa evidente che le scelte alimentari quotidiane possono funzionare come potenti leve per influenzare non solo il nostro stato d'animo ma anche la nostra capacità di gestire lo stress, l'ansia e la depressione. Questa comprensione apre la strada a strategie più mirate che possono essere adottate per sfruttare al massimo i benefici della nutrizione sul benessere psicologico.

Micronutrienti e Salute Mentale

La ricerca suggerisce che specifici micronutrienti hanno ruoli critici nella modulazione della salute mentale. Vitamine del gruppo B, per esempio, sono essenziali per il funzionamento del sistema nervoso e la produzione di energia cellulare. Una carenza di queste vitamine può essere collegata a un aumento del rischio di depressione.

- **Magnesio**: Conosciuto per il suo ruolo nel migliorare la qualità del sonno e nella riduzione dello stress, il magnesio, presente in alimenti come verdure a foglia verde, noci e semi, può aiutare a calmare il sistema nervoso.

- **Omega-3**: Gli acidi grassi Omega-3, trovati nel pesce grasso, nei semi di lino e nelle noci, sono cruciali per la salute del cervello e possono avere effetti protettivi contro la depressione.

Alimentazione e Ritmi Circadiani

La sincronizzazione dei pasti con i ritmi circadiani naturali del corpo, o il "orologio biologico", può influenzare positivamente la salute mentale.

Consumare alimenti nutrienti a intervalli regolari durante il giorno può aiutare a stabilizzare i livelli di energia e umore.

- **Colazione Nutriente**: Iniziare la giornata con una colazione ricca di proteine, fibre e grassi salutari può fornire l'energia necessaria per affrontare la giornata e aiutare a prevenire i cali di energia e umore.

Dieta Mediterranea e Salute Mentale

La dieta mediterranea, ricca di frutta, verdura, cereali integrali, legumi, pesce e olio d'oliva, è stata associata a un rischio ridotto di depressione. Questo modello alimentare enfatizza cibi ricchi di nutrienti anti-infiammatori e antiossidanti, che possono sostenere la salute del cervello.

- **Implementazione Pratica**: Integrare abitudini alimentari ispirate alla dieta mediterranea può essere semplice come aumentare il consumo di verdure a ogni pasto, scegliere cereali integrali e includere fonti sane di grassi.

Mindful Eating per la Salute Mentale

L'approccio al cibo attraverso il mindful eating, o mangiare consapevolmente, incoraggia una connessione più profonda con le esperienze alimentari, aiutando a riconoscere segnali di fame e sazietà, ridurre il mangiare emotivo e aumentare il piacere tratto dal cibo.

- **Pratiche di Mindful Eating**: Fare pasti senza distrazioni, concentrarsi sui sapori, texture e aromi del cibo e ascoltare i segnali del corpo può migliorare la relazione con il cibo e supportare la salute mentale.

Educazione Nutrizionale e Supporto

L'educazione nutrizionale e il supporto professionale possono giocare un ruolo chiave nell'aiutare le persone a fare scelte alimentari informate che sostengano la salute mentale. Lavorare con un dietista o nutrizionista può offrire una guida personalizzata e strategie pratiche.

- **Piani Alimentari Personalizzati**: Un professionista può aiutare a sviluppare piani alimentari che tengano conto delle preferenze individuali, delle condizioni di salute e degli obiettivi di benessere, facilitando l'adozione di abitudini alimentari sostenibili e benefiche.

Incorporare questi approfondimenti e strategie nella vita quotidiana evidenzia come una nutrizione bilanciata e attenta possa servire come pilastro fondamentale per il sostegno della salute mentale. Attraverso la considerazione attenta delle scelte alimentari, l'integrazione di pratiche come il mindful eating e il ricorso a supporto professionale quando necessario, è possibile navigare verso un benessere mentale ottimizzato, dimostrando il potente legame tra ciò che mangiamo e come ci sentiamo.

Proseguendo nella nostra esplorazione del profondo legame tra alimentazione e salute mentale, possiamo considerare come l'approccio olistico alla nutrizione bilanciata si estenda ulteriormente a includere non solo ciò che mangiamo, ma anche come interagiamo con il cibo a livello culturale, sociale e ambientale. Questa comprensione più ampia sottolinea l'importanza di considerare tutti gli aspetti del consumo alimentare e della produzione come parte integrante del benessere psicologico.

Alimentazione e Sostenibilità Ambientale

La consapevolezza della provenienza del cibo e del suo impatto sull'ambiente può influenzare positivamente la salute mentale, offrendo un senso di agenzia e contributo positivo al mondo. L'adozione di pratiche alimentari sostenibili, come il consumo di prodotti locali, stagionali e a basso impatto ambientale, può fornire non solo benefici nutrizionali ma anche un senso di connessione e responsabilità verso il pianeta.

- **Dieta a Basso Impatto Carbonico**: Preferire alimenti che richiedono meno risorse naturali e producono meno emissioni di gas serra durante la loro produzione può contribuire a ridurre l'impronta ecologica individuale, mentre supporta la salute mentale attraverso l'allineamento con valori di sostenibilità e cura dell'ambiente.

Il Ruolo della Cultura Alimentare

La cultura alimentare, comprese le tradizioni, le pratiche e i valori associati al cibo, gioca un ruolo significativo nel modellare le nostre esperienze alimentari e, di conseguenza, il nostro benessere mentale. La condivisione di pasti con la famiglia o la comunità può rafforzare i legami sociali e fornire un senso di appartenenza e identità.

- **Riscoperta di Ricette Tradizionali**: Esplorare e preparare piatti che riflettono il patrimonio culturale può essere un modo significativo per connettersi con le proprie radici e con gli altri, promuovendo il benessere mentale attraverso il senso di continuità e appartenenza.

Mindfulness e Gratitudine nel Consumo Alimentare

Praticare la mindfulness e la gratitudine nei confronti del cibo, prendendosi il tempo di apprezzare la provenienza degli alimenti, gli sforzi coinvolti nella loro produzione e preparazione, e i sapori e nutrimenti che offrono, può arricchire l'esperienza alimentare e promuovere un rapporto più sano e consapevole con il cibo.

- **Rituali Alimentari Consapevoli**: Creare rituali attorno al cibo, come dire una preghiera di gratitudine prima dei pasti o dedicare un momento a riflettere sui benefici degli alimenti consumati, può aumentare la consapevolezza e apprezzamento, migliorando l'esperienza complessiva del mangiare e sostenendo la salute mentale.

Educazione e Accesso alla Nutrizione

Promuovere l'educazione nutrizionale e migliorare l'accesso a cibi sani e nutrienti per tutti i segmenti della società è fondamentale per supportare la salute mentale a livello comunitario e globale. L'accesso equo a cibi salutari può aiutare a ridurre le disparità nella salute mentale legate a fattori socio-economici.

- **Programmi Comunitari e Politiche Pubbliche**: Sostenere programmi che forniscono accesso a cibi sani nelle comunità svantaggiate, insieme a politiche pubbliche che promuovono ambienti alimentari sani, può contribuire a una base più equa per la salute mentale attraverso una nutrizione migliore.

Attraverso questa esplorazione approfondita, diventa evidente che la relazione tra alimentazione e salute mentale è complessa e interconnessa con aspetti culturali, sociali e ambientali della nostra vita. Adottando un approccio olistico e consapevole alla nutrizione, possiamo non solo nutrire il nostro corpo con gli alimenti di cui ha bisogno per funzionare al meglio, ma anche nutrire la nostra mente e spirito, contribuendo al nostro benessere complessivo e alla nostra capacità di vivere una vita piena e soddisfacente.

Approfondendo ulteriormente l'interconnessione tra nutrizione e salute mentale, è chiaro che un approccio integrato e consapevole all'alimentazione può aprire nuove strade per il benessere psicologico. Esplorare le sinergie tra cibo, mente e ambiente offre opportunità per arricchire la nostra comprensione e pratica della nutrizione come strumento fondamentale per la salute mentale.

Integrazione di Strategie Alimentari e Psicologiche

La fusione di strategie alimentari con tecniche psicologiche, come la terapia cognitivo-comportamentale (CBT) per affrontare il mangiare emotivo o lo stress, dimostra il potenziale di un approccio multifattoriale al miglioramento della salute mentale attraverso la nutrizione.

- **Tecniche di Gestione dello Stress Alimentare**: L'apprendimento di strategie per gestire lo stress in modi che non si affidano al cibo come meccanismo di coping può ridurre la dipendenza da alimenti confortevoli ad alto contenuto calorico, spesso ricercati durante periodi di ansia o basso umore.

Alimentazione Consapevole e Sostenibile

La promozione di un'approccio consapevole e sostenibile all'alimentazione non solo supporta la salute personale ma contribuisce anche al benessere collettivo del pianeta. La scelta di alimenti prodotti in modo etico e sostenibile può rafforzare il senso di responsabilità globale e di connessione con la comunità più ampia.

- **Supporto a Sistemi Alimentari Locali e Sostenibili**: Preferire alimenti locali, stagionali e prodotti attraverso pratiche agricole sostenibili può contribuire a ridurre l'impronta carbonica alimentare e sostenere l'economia locale, migliorando la salute mentale attraverso l'azione positiva e la connessione con la comunità.

Educazione Nutrizionale Come Strumento di Empowerment

L'accesso a un'educazione nutrizionale di qualità empowers gli individui a fare scelte alimentari informate che supportano non solo la loro salute fisica ma anche mentale. Promuovere la consapevolezza su come diversi nutrienti influenzano l'umore e la funzione cognitiva può guidare a scelte alimentari più consapevoli.

- **Workshop e Programmi Educativi**: Partecipare a workshop o programmi educativi su nutrizione e salute mentale può fornire le conoscenze e gli strumenti necessari per integrare efficacemente pratiche alimentari salutari nella vita quotidiana.

Personalizzazione dell'Approccio Nutrizionale

Riconoscere l'unicità di ogni individuo è fondamentale nell'approccio alla nutrizione per la salute mentale. Ciò che funziona per una persona in termini di dieta e benessere mentale potrebbe non essere efficace per un'altra, sottolineando l'importanza di personalizzare l'approccio nutrizionale.

- **Consultazione con Specialisti**: Collaborare con dietisti, nutrizionisti o professionisti della salute mentale per sviluppare piani alimentari personalizzati che tengano conto delle esigenze nutrizionali individuali, delle preferenze alimentari e delle condizioni di salute mentale può ottimizzare i benefici della dieta sulla salute mentale.

Attraverso un'indagine approfondita e una pratica intenzionale, diventa evidente che l'alimentazione svolge un ruolo dinamico nel sostenere e migliorare la salute mentale. Adottando un approccio consapevole, informato e personalizzato all'alimentazione, possiamo nutrire non solo il nostro corpo ma anche la nostra mente e spirito, promuovendo un benessere olistico che va oltre la semplice assenza di malattia per abbracciare una vita piena di vitalità, equilibrio e felicità.

L'esplorazione della relazione tra nutrizione e salute mentale ci porta a considerare ulteriormente come l'integrazione di pratiche alimentari consapevoli e bilanciate possa essere arricchita da una comprensione approfondita dei meccanismi biologici, psicologici e ambientali coinvolti. Ampliando la nostra visione, possiamo scoprire nuovi modi per sostenere il benessere mentale attraverso scelte alimentari intenzionali e stili di vita.

Ruolo dei Micronutrienti Specifici

Andando oltre la dieta generale, è cruciale riconoscere il ruolo specifico che determinati micronutrienti giocano nel modulare l'umore e le funzioni cognitive. Ad esempio, il ferro, il magnesio, lo zinco e le vitamine del gruppo B sono tutti elementi chiave che influenzano la neurochimica cerebrale e la salute mentale.

- **Alimenti Ricchi di Ferro**: Una carenza di ferro può portare a stanchezza e apatia, influenzando negativamente l'umore e l'energia. Integrare la dieta con fonti di ferro come lenticchie, spinaci e carni magre può contribuire a migliorare la vitalità e il benessere mentale.

La Dieta come Parte di un Approccio Olistico

Considerare la dieta non isolatamente ma come parte di un approccio olistico al benessere, che include anche l'esercizio fisico, il sonno adeguato, la gestione dello stress e il supporto sociale, offre una prospettiva più completa su come nutrire efficacemente sia il corpo che la mente.

- **Integrazione con la Gestione dello Stress**: Tecniche di riduzione dello stress come la meditazione, la respirazione profonda e il yoga possono complementare gli effetti positivi della nutrizione sulla salute mentale, offrendo una strategia complessiva per migliorare il benessere.

Sfide e Soluzioni nell'Adozione di Dieta Equilibrata

Riconoscere le sfide nell'adottare e mantenere una dieta equilibrata, come limitazioni di tempo, accessibilità economica e culturale agli alimenti salutari, e preferenze personali, è fondamentale per sviluppare strategie pratiche e sostenibili che promuovano la salute mentale.

- **Pianificazione e Preparazione dei Pasti**: Dedicare tempo alla pianificazione e alla preparazione dei pasti può aiutare a superare le barriere di tempo, garantendo che si disponga di opzioni salutari anche durante le giornate più impegnate.

Nutrizione Personalizzata per il Benessere Mentale

L'avanzamento nella comprensione scientifica della nutrigenomica e della medicina personalizzata sottolinea l'importanza di adattare l'alimentazione alle caratteristiche genetiche, metaboliche e di stile di vita individuali, offrendo la possibilità di ottimizzare ulteriormente la dieta per la salute mentale.

- **Approcci Personalizzati**: Lavorare con professionisti della salute per sviluppare piani alimentari che tengano conto delle esigenze uniche può massimizzare i benefici della nutrizione sulla salute mentale, tenendo conto delle variazioni individuali in termini di metabolismo, condizioni di salute esistenti e risposte agli alimenti.

L'integrazione di questi concetti avanzati e approcci personalizzati nella nostra comprensione della relazione tra nutrizione e salute mentale non solo arricchisce la nostra capacità di sostenere il benessere attraverso l'alimentazione ma apre anche la porta a nuove ricerche e scoperte in questo campo dinamico. Attraverso un impegno continuo nell'esplorazione e nell'applicazione di queste conoscenze, possiamo lavorare per promuovere una salute mentale ottimale e un senso di benessere complessivo, riconoscendo e onorando il profondo legame tra ciò che mangiamo e come ci sentiamo a livello mentale ed emotivo.

Nell'ulteriore esplorazione del rapporto tra alimentazione e salute mentale, diventa fondamentale considerare come l'educazione alimentare e la consapevolezza possano servire come strumenti di empowerment, abilitando gli individui a fare scelte informate che sostengono il loro benessere psicologico. Questa prospettiva ampliata ci porta a riflettere sulla necessità di un approccio più informato e attento che tenga conto della complessità dell'essere umano e del contesto in cui vive.

Educazione Alimentare Come Strumento di Cambiamento

L'importanza dell'educazione alimentare nel fornire le conoscenze necessarie per comprendere come i diversi alimenti influenzano il corpo e la mente non può essere sottolineata abbastanza. Programmi educativi che enfatizzano la connessione tra nutrizione e salute mentale possono aiutare a smantellare i miti alimentari, promuovere abitudini alimentari sane e incoraggiare pratiche alimentari consapevoli.

- **Integrazione nei Curricoli Scolastici**: L'inclusione dell'educazione nutrizionale nei programmi scolastici può equipaggiare i giovani con la conoscenza necessaria per fare scelte alimentari che supportano la loro salute mentale fin dalla giovane età, stabilendo le basi per una vita di benessere.

Impatto delle Dieta sulla Regolazione Emotiva

La comprensione di come la dieta influisca sulla regolazione emotiva e sulla capacità di gestire lo stress evidenzia l'interconnessione tra nutrizione e meccanismi psicologici. Alimenti che stabilizzano i livelli di zucchero nel sangue e forniscono nutrienti essenziali possono aiutare a mantenere un equilibrio emotivo, mentre alimenti ad alto contenuto di zuccheri semplici e grassi saturi possono contribuire a fluttuazioni dell'umore e a stress.

- **Scelte Alimentari Consapevoli**: Adottare un approccio consapevole alla nutrizione, scegliendo alimenti che non solo nutrono il corpo ma supportano anche la stabilità emotiva e la chiarezza mentale, può migliorare significativamente la qualità della vita.

Ruolo del Microbioma Intestinale

La ricerca sul microbioma intestinale continua a rivelare il suo ruolo critico non solo nella salute fisica ma anche nella regolazione dell'umore e della funzione cognitiva. Un'alimentazione che sostiene un microbioma intestinale sano, ricca di fibre, probiotici e prebiotici, può avere effetti profondi sulla salute mentale, sottolineando l'importanza di un'alimentazione equilibrata per il benessere psicologico.

- **Dieta e Microbioma**: La scelta di una dieta ricca di una varietà di alimenti vegetali, fermentati e integrali può aiutare a promuovere la diversità del microbioma intestinale, che a sua volta può influenzare positivamente la salute mentale.

Personalizzazione dell'Approccio Nutrizionale

La personalizzazione dell'approccio nutrizionale, tenendo conto delle differenze individuali in termini di genetica, stile di vita, condizioni di salute esistenti e risposte emotive al cibo, evidenzia l'importanza di un piano alimentare su misura. Un approccio one-size-fits-all alla nutrizione è meno efficace nel sostenere la salute mentale rispetto a uno che è finemente sintonizzato sui bisogni unici dell'individuo.

- **Collaborazione con Professionisti della Nutrizione**: Lavorare a stretto contatto con nutrizionisti o dietisti, specialmente quelli con esperienza nella connessione tra alimentazione e salute mentale, può fornire insight e raccomandazioni personalizzate che tengono conto dell'intero benessere dell'individuo.

Attraverso questa continua esplorazione e integrazione di nuove conoscenze e pratiche, diventa chiaro che la nutrizione bilanciata funge da pilastro fondamentale non solo per la salute fisica ma anche per il benessere mentale ed emotivo. Adottando un approccio consapevole e personalizzato alla nutrizione, che considera l'interazione complessa tra cibo, corpo, mente e ambiente, possiamo navigare verso un benessere olistico più profondo, sostenendo non solo la nostra salute personale ma contribuendo anche a un futuro più sano e sostenibile per la comunità globale.

Concludendo, la relazione intrinseca tra alimentazione equilibrata e salute mentale è una componente fondamentale del benessere olistico. Le evidenze scientifiche sottolineano con forza come una nutrizione attentamente bilanciata, arricchita da una varietà di nutrienti essenziali, giochi un ruolo critico nel modulare l'umore, le funzioni cognitive e la resilienza emotiva. Questa comprensione sollecita un approccio più consapevole e intenzionale alla nutrizione, riconoscendo che il cibo che consumiamo non solo alimenta il nostro corpo ma influisce profondamente sul nostro stato mentale ed emotivo.

La dieta impatta direttamente sulla produzione e funzione di neurotrasmettitori chiave, sulla riduzione dell'infiammazione, sulla salute del microbioma intestinale e sulla regolazione emotiva, collegando inestricabilmente la nutrizione alla salute mentale. Nutrienti specifici come il magnesio, gli acidi grassi Omega-3, le vitamine del gruppo B, e una dieta ricca di alimenti anti-infiammatori e probiotici possono sostanzialmente migliorare il benessere mentale. Questi meccanismi biologici rivelano come un'attenta selezione di alimenti possa servire come un potente strumento di autogestione per il benessere psicologico.

Incorporare l'educazione nutrizionale come parte integrante dell'approccio alla salute mentale amplia la nostra capacità di prendere decisioni alimentari informate che sostengono non solo la salute fisica ma anche quella mentale. Questo implica l'integrazione di pratiche alimentari consapevoli, la valorizzazione della cultura e della sostenibilità alimentare, e la personalizzazione della dieta per rispondere alle esigenze individuali, riconoscendo la diversità nelle risposte emotive e fisiologiche al cibo.

La personalizzazione dell'alimentazione, basata su una comprensione profonda delle proprie esigenze nutrizionali, preferenze e contesto di vita, evidenzia l'importanza di un approccio su misura. Collaborare con professionisti della nutrizione e della salute mentale può offrire orientamento e sostegno nel navigare la complessità dell'alimentazione e della salute mentale, garantendo che il piano alimentare adottato sia non solo nutrizionalmente adeguato ma anche sostenibile e gratificante a livello personale.

In definitiva, la nutrizione bilanciata emerge non solo come un pilastro della salute fisica ma come una chiave fondamentale per il benessere mentale e emotivo. Attraverso un impegno nella scelta di alimenti che nutrono il corpo e la mente, nella creazione di un ambiente alimentare sostenibile e inclusivo, e nell'adozione di un approccio consapevole e personalizzato all'alimentazione, possiamo sostenere efficacemente il nostro benessere complessivo. Questo percorso di integrazione tra nutrizione e salute mentale apre la strada a un futuro in cui il cibo è visto non solo come una fonte di nutrimento fisico ma come un elemento cruciale per nutrire la mente, il corpo e lo spirito in armonia.

7. Migliorare il sonno: Condividere strategie per migliorare la qualità del sonno, essenziale per combattere l'ansia e la depressione.

Il sonno di qualità è fondamentale per mantenere una buona salute mentale, aiutando a combattere l'ansia e la depressione. Strategie mirate possono migliorare significativamente la qualità del sonno, contribuendo a un senso generale di benessere e resilienza. Ecco alcune strategie efficaci per migliorare il sonno:

Stabilire una Routine Serale Consistente

- **Regolarità negli Orari**: Andare a letto e svegliarsi alla stessa ora ogni giorno, anche nei fine settimana, aiuta a regolare l'orologio interno del corpo e migliora la qualità del sonno.

- **Routine Rilassante Pre-Sonno**: Creare una routine serale rilassante, come leggere, fare un bagno caldo, o praticare tecniche di rilassamento come la meditazione o esercizi di respirazione, può segnalare al corpo che è ora di prepararsi al sonno.

Ottimizzare l'Ambiente di Sonno

- **Comfort e Silenzio**: Assicurarsi che la camera da letto sia tranquilla, buia e a una temperatura confortevole. L'uso di tappi per le orecchie, mascherine per gli occhi, e un materasso e cuscini comodi può migliorare l'ambiente di sonno.

- **Limitare l'Esposizione alla Luce Blu**: Evitare l'uso di schermi elettronici (smartphone, computer, TV) almeno un'ora prima di andare a letto, poiché la luce blu emessa da questi dispositivi può interferire con la produzione di melatonina, l'ormone del sonno.

Prestare Attenzione all'Alimentazione e all'Idratazione

- **Evitare Caffeina e Alcol**: Limitare il consumo di caffeina e alcol nelle ore serali, poiché possono disturbare il ciclo del sonno.

- **Pasti Leggeri**: Consumare pasti leggeri alla sera può prevenire disagi digestivi che possono disturbare il sonno.

Mantenere Attivo il Corpo Durante il Giorno

- **Esercizio Fisico Regolare**: L'attività fisica regolare può aiutare a promuovere un sonno più riposante, ma evitare esercizi intensi nelle ore serali, poiché possono essere troppo stimolanti.

Gestire lo Stress e l'Ansia

- **Tecniche di Rilassamento**: Pratiche come la meditazione guidata, lo yoga, o la respirazione profonda possono aiutare a gestire lo stress e l'ansia che spesso interferiscono con il sonno.

- **Giornalizzazione**: Scrivere i propri pensieri o preoccupazioni in un diario prima di andare a letto può aiutare a chiarire la mente e a prepararsi per un sonno tranquillo.

Valutare il Proprio Stile di Vita e Salute

- **Monitorare la Salute**: Condizioni mediche non trattate, come l'apnea del sonno o il reflusso gastroesofageo, possono disturbare il sonno. Consultare un medico per una valutazione se si sospettano problemi di salute che interferiscono con il sonno.

- **Considerare la Terapia del Sonno**: Per problemi persistenti di sonno, la terapia cognitivo-comportamentale per l'insonnia (CBT-I) può offrire strategie efficaci per migliorare il sonno.

Migliorare la qualità del sonno richiede un approccio olistico che consideri abitudini di vita, ambiente, gestione dello stress e salute fisica. Implementando queste strategie, è possibile promuovere un sonno riposante, che è essenziale per combattere l'ansia, la depressione e sostenere una salute mentale ottimale.

Proseguendo nell'esplorazione di strategie efficaci per migliorare la qualità del sonno, è essenziale considerare ulteriori aspetti che possono influenzare positivamente il riposo notturno. Questi approfondimenti forniscono metodi complementari per affrontare le sfide legate al sonno, sostenendo così un benessere mentale più robusto e una maggiore capacità di gestire ansia e depressione.

Utilizzo di Suoni e Rumori Bianchi

- **Suoni Ambientali Rilassanti**: L'uso di suoni della natura o rumore bianco può creare un ambiente sonoro calmante che maschera i rumori disturbanti, facilitando l'addormentamento e il mantenimento di un sonno profondo. Dispositivi appositi o app per smartphone possono offrire una vasta gamma di opzioni sonore adatte.

Integrazione di Aromaterapia

- **Oli Essenziali per il Rilassamento**: L'aromaterapia con oli essenziali come lavanda, camomilla o sandalo può aiutare a rilassare il corpo e la mente, creando una routine pre-sonno che segnala al corpo che è tempo di riposare. L'uso di diffusori o tamponi aromatici vicino al letto può essere particolarmente efficace.

Limitazione del Pisolino Diurno

- **Gestire i Pisolini**: Mentre brevi pisolini possono essere rinfrescanti, dormire troppo durante il giorno può interferire con il sonno notturno. Limitare i pisolini a 20-30 minuti e evitarli nel tardo pomeriggio può aiutare a mantenere regolare il ciclo sonno-veglia.

Pratica di Attività Rilassanti

- **Hobby Calmanti**: Impegnarsi in attività tranquille come il disegno, il knitting o la lettura di un libro può aiutare a distogliere la mente da pensieri ansiosi o stressanti, preparando il corpo e la mente al sonno.

Monitoraggio dell'Esposizione alla Luce Naturale

- **Luce Solare Durante il Giorno**: Esporsi alla luce naturale, specialmente al mattino, può aiutare a regolare i ritmi circadiani del corpo, migliorando la qualità del sonno. Cercare di trascorrere del tempo all'aperto ogni giorno o posizionarsi vicino a finestre per massimizzare l'esposizione alla luce solare.

Considerazione di Supplementi Naturali

- **Supplementi per il Sonno**: In alcuni casi, supplementi come la melatonina, il magnesio o estratti di erbe come la valeriana possono essere utili per migliorare il sonno. Tuttavia, è importante consultare un medico prima di iniziare qualsiasi supplemento, in quanto possono interagire con altri farmaci o condizioni mediche.

Creazione di un Diario del Sonno

- **Tracciamento delle Abitudini di Sonno**: Mantenere un diario del sonno per documentare orari di andare a letto e di sveglia, qualità del sonno e eventuali disturbi notturni può offrire preziosi insight su modelli o abitudini che necessitano di essere modificati per migliorare il riposo notturno.

Implementando queste strategie, insieme a quelle precedentemente menzionate, è possibile costruire un approccio comprensivo alla gestione della qualità del sonno. Questo approccio multifattoriale non solo mira a migliorare il sonno stesso ma anche a rafforzare la capacità di affrontare l'ansia e la depressione, promuovendo un benessere psicologico più ampio. Attraverso la sperimentazione e l'adattamento di queste pratiche alle proprie esigenze e preferenze personali, si può sviluppare un regime di sonno ottimale che sostiene una salute mentale resiliente e un'ampia qualità della vita.

Mentre continuiamo a esplorare metodi per migliorare la qualità del sonno, è importante riconoscere il ruolo della tecnologia e degli ambienti moderni nel plasmare le nostre abitudini di sonno. Inoltre, l'approfondimento delle tecniche comportamentali e ambientali offre nuove prospettive su come affrontare le sfide legate al sonno in modo efficace.

Gestione dell'Impatto Tecnologico

- **Uso Consapevole della Tecnologia**: Data l'onnipresenza della tecnologia e il suo impatto sull'esposizione alla luce blu, diventa cruciale adottare pratiche di igiene del sonno digitali. Questo può includere l'utilizzo di filtri per la luce blu sugli schermi o la scelta di modalità notturne su dispositivi e app nelle ore serali.

Sviluppo di Tecniche di Rilassamento Avanzate

- **Biofeedback e Rilassamento Muscolare Progressivo**: Tecniche come il biofeedback e il rilassamento muscolare progressivo offrono metodi basati sull'evidenza per ridurre la tensione fisica e mentale. Questi metodi possono essere appresi con l'aiuto di professionisti o attraverso risorse online e app dedicate.

Ottimizzazione dell'Ambiente di Sonno

- **Investimento in Prodotti per il Sonno di Qualità**: L'acquisto di materassi, cuscini e biancheria da letto di alta qualità, progettati per sostenere un sonno confortevole e riposante, può essere un investimento significativo nella propria salute mentale. Prodotti specifici per il sonno, come tende oscuranti o macchine per il rumore bianco, possono anche migliorare l'ambiente di riposo.

Esplorazione di Approcci Alternativi

- **Tecniche di Respirazione e Meditazione**: Esplorare una varietà di tecniche di respirazione e pratiche meditative specificamente progettate per il sonno può offrire strumenti personalizzati per calmare la mente e prepararsi al riposo. Pratiche come la meditazione guidata per il sonno sono ampiamente disponibili attraverso app e piattaforme online.

Educazione Continua e Supporto Comunitario

- **Gruppi di Supporto e Workshop**: Partecipare a gruppi di supporto o workshop su tecniche di miglioramento del sonno può fornire non solo strumenti pratici ma anche una sensazione di comunità e comprensione condivisa. L'apprendimento dalle esperienze degli altri può offrire nuove strategie e la motivazione per implementare cambiamenti positivi.

Riconoscimento e Trattamento di Disturbi del Sonno

- **Consultazione Professionale**: Per coloro che continuano a sperimentare sfide significative nel sonno nonostante la modifica delle abitudini e dell'ambiente, la consultazione con un medico o uno specialista del sonno può identificare disturbi sottostanti come l'insonnia cronica o l'apnea notturna. Il trattamento di queste condizioni può essere cruciale per migliorare la qualità del sonno.

Valutazione dell'Impatto Complessivo sul Benessere

- **Monitoraggio dell'Effetto sul Benessere Generale**: Mantenere un diario del sonno o utilizzare dispositivi indossabili per tracciare la qualità del sonno può aiutare a valutare come le modifiche alle abitudini di sonno influenzano il benessere complessivo. Questo monitoraggio continuo può servire da feedback per ulteriori ottimizzazioni delle pratiche di igiene del sonno.

Attraverso l'adozione e l'adattamento di queste strategie avanzate e personalizzate, è possibile affrontare efficacemente le sfide legate al sonno, migliorando significativamente sia la qualità del riposo che il benessere mentale complessivo. Implementare un regime di sonno ottimale richiede tempo, pazienza e sperimentazione, ma i benefici a lungo termine per la salute mentale e la qualità della vita sono inestimabili.

Mentre si continua a esplorare il vasto territorio delle strategie per migliorare il sonno, diventa essenziale considerare l'importanza di adattare queste tecniche alle esigenze e alle circostanze di vita individuali. L'incorporazione di nuove abitudini e pratiche per promuovere un sonno di qualità può richiedere un approccio sperimentale, dove l'auto-osservazione diventa fondamentale per identificare ciò che funziona meglio per ciascuno.

Integrazione di Pratiche di Mindfulness Serali

- **Esercizi di Mindfulness Serali**: Praticare esercizi di mindfulness specificamente prima di coricarsi può aiutare a sgomberare la mente dai pensieri e dalle preoccupazioni del giorno, facilitando una transizione più pacifica verso il sonno. Tecniche come il body scan o la meditazione sulla gratitudine possono essere particolarmente benefiche.

Creazione di un "Santuario" del Sonno

- **Personalizzazione dello Spazio di Riposo**: Trasformare la camera da letto in un rifugio dedicato al sonno, privo di distrazioni e stimoli stressanti, può significativamente migliorare la qualità del sonno. Ciò può includere l'aggiunta di elementi che promuovono il relax, come colori rilassanti, piante o una fonte sonora di acqua.

Approcci Nutrizionali Mirati

- **Cena Ottimizzata per il Sonno**: Consumare cene che favoriscono il sonno, incluse porzioni moderate che evitano pesantezza e disagio, e includendo alimenti ricchi di nutrienti che supportano il ciclo sonno-veglia, come quelli contenenti triptofano, magnesio e calcio, può essere un'efficace strategia dietetica serale.

Uso Strategico di Restrizioni e Limitazioni

- **Limitazione dei Liquidi Sera**: Ridurre l'ingestione di liquidi nelle ore serali può diminuire la necessità di svegliarsi per andare in bagno durante la notte, contribuendo a un sonno ininterrotto.

Esplorazione di Metodi Alternativi e Complementari

- **Applicazione di Tecniche di Rilassamento Complementari**: Esplorare metodi alternativi come l'agopuntura, la riflessologia o l'ayurveda per il rilassamento e il miglioramento del sonno può offrire benefici unici, soprattutto per coloro che potrebbero non rispondere bene alle tecniche più tradizionali.

Coinvolgimento in Attività di Decompressione

- **Attività Creative Serale**: Impegnarsi in attività creative leggere, come disegnare, dipingere o scrivere, può servire come un efficace strumento di decompressione, distogliendo la mente da stress e ansietà e preparandola per un riposo profondo.

Valutazione e Adattamento Continuo

- **Revisione Regolare delle Pratiche di Sonno**: Dedicare del tempo periodicamente per valutare l'efficacia delle strategie di sonno adottate, riconoscendo che le esigenze possono

cambiare con il tempo, permette di rimanere
flessibili e reattivi alle proprie esigenze di sonno
in evoluzione.

Attraverso queste ulteriori esplorazioni delle strategie
per migliorare la qualità del sonno, emerge
chiaramente che il percorso verso un riposo ottimale è
altamente personale e dinamico. Adottare un approccio
olistico e aperto alla sperimentazione, abbinato a una
solida comprensione dei principi fondamentali
dell'igiene del sonno, consente di navigare verso
soluzioni su misura che rispondono efficacemente alle
proprie esigenze uniche. La chiave è mantenere un
atteggiamento di curiosità e flessibilità, adattando le
strategie in base ai feedback del proprio corpo e mente,
per coltivare abitudini di sonno che sostengano
profondamente la salute mentale e il benessere
generale.

Proseguendo nell'esplorazione di metodi per
ottimizzare il sonno, diventa evidente che la
combinazione di pratiche ambientali, comportamentali
e cognitive gioca un ruolo significativo nel creare una
fondazione solida per un sonno riposante. Questa
comprensione ci spinge a esaminare ulteriori tecniche
e modifiche allo stile di vita che possono essere
integrate per affrontare efficacemente le sfide legate al
sonno, sostenendo così una salute mentale ottimale.

Rafforzare la Connessione con i Ritmi Naturali

- **Sincronizzazione con la Luce Naturale**: Sforzarsi di sincronizzare le proprie abitudini di sonno con i ritmi naturali di luce e buio può aiutare a regolare l'orologio biologico. Esponendosi alla luce del giorno al mattino e limitando l'esposizione alla luce artificiale intensa la sera, si possono promuovere segnali naturali che favoriscono il sonno.

Adattamenti Alimentari Specifici per la Sera

- **Scelta di Alimenti che Promuovono il Sonno**: Integrare nella cena alimenti noti per le loro proprietà induttive del sonno, come quelli ricchi di aminoacidi, minerali e vitamine che supportano la produzione di melatonina e serotonina, può avere un impatto positivo sulla qualità del sonno. Alimenti come il tacchino, le banane, i cereali integrali e il latte caldo sono spesso raccomandati.

Utilizzo di Routine di Preparazione al Sonno Personalizzate

- **Sviluppo di una Sequenza Rilassante Personale**: Creare e mantenere una sequenza di attività rilassanti che segnalano al corpo che è tempo di diminuire l'attività e prepararsi al sonno può migliorare la transizione verso il riposo. Questo potrebbe includere leggere, fare stretching leggero o ascoltare musica tranquilla.

Limitazione dell'Impegno Cognitivo Serale

- **Gestione delle Attività Stimolanti**: Evitare attività che richiedono un elevato impegno cognitivo o emotivo nelle ore serali, come lavorare, discutere questioni stressanti o consumare contenuti mediatici eccitanti, può aiutare a prevenire l'iperstimolazione della mente prima del sonno.

Esplorazione di Ambienti Sonori Personalizzati

- **Ambienti Sonori per il Sonno**: Sperimentare con una gamma di ambienti sonori rilassanti, che possono variare dai suoni della natura a melodie dolci o rumore bianco, per scoprire quali suoni specifici facilitano personalmente il sonno più profondo.

Adozione di Pratiche di Decompressione Mentale

- **Tecniche di Visualizzazione e Narrazione**: Utilizzare tecniche di visualizzazione o ascoltare narrazioni guidate progettate per indurre il sonno può offrire un metodo efficace per distogliere la mente da pensieri intrusivi o ansiosi, facilitando un rilassamento più profondo.

Valutazione Periodica dell'Ambiente di Sonno

- **Revisione e Aggiornamento dell'Ambiente di Sonno**: Effettuare revisioni periodiche dell'ambiente di sonno per assicurarsi che rimanga ottimale è cruciale. Questo può includere valutare la qualità del materasso e dei cuscini, così come la configurazione della camera da letto per massimizzare il comfort e minimizzare le distrazioni.

Incorporando queste tecniche avanzate e personalizzabili, si può costruire un regime di sonno che non solo migliora la qualità del riposo notturno ma rinforza anche la capacità di gestire efficacemente ansia e depressione. La chiave risiede nell'essere proattivi e riflessivi riguardo alle proprie abitudini di sonno, rimanendo aperti all'adattamento delle strategie in risposta ai cambiamenti nelle esigenze personali e nello stile di vita. Un sonno riposante è una componente fondamentale di una salute mentale robusta e di un benessere generale, meritando così un posto prioritario nella nostra ricerca di una vita equilibrata e soddisfacente.

Mentre si approfondisce ulteriormente l'importanza del sonno per la salute mentale, è cruciale riconoscere come l'incorporazione di pratiche di sonno consapevoli possa essere adattata e raffinata in base alle esigenze individuali. L'adozione di un approccio personalizzato, basato sulla continua sperimentazione e valutazione, può rivelare strategie uniche e innovative per migliorare la qualità del sonno.

Riflessione sulle Abitudini di Sonno

- **Diario del Sonno Personalizzato**:
  Mantenere un diario del sonno per tracciare
  schemi, abitudini e potenziali disturbi può
  fornire preziosi insight su come ottimizzare le
  pratiche di sonno. Questo auto-monitoraggio può
  aiutare a identificare fattori specifici che
  influenzano negativamente il sonno, come il
  consumo di caffeina o l'uso di dispositivi
  elettronici.

Personalizzazione dell'Ambiente di Riposo

- **Adattamenti Ambientali Specifici**:
  Personalizzare l'ambiente di riposo per
  soddisfare le preferenze individuali può
  significativamente migliorare la qualità del
  sonno. Questo può includere l'aggiustamento
  della temperatura della stanza, l'utilizzo di tessuti
  specifici per la biancheria da letto o
  l'installazione di tende che bloccano la luce.

Innovazioni nel Supporto al Sonno

- **Tecnologie Supportive per il Sonno**:
  Esplorare le ultime innovazioni nel supporto al
  sonno, come app avanzate per il monitoraggio del
  sonno, letti intelligenti che si adattano alla
  posizione del sonno, o dispositivi wearable che
  tracciano le fasi del sonno, può offrire strumenti
  aggiuntivi per migliorare il riposo notturno.

Integrazione di Pratiche di Rilassamento Avanzate

- **Tecniche di Rilassamento Approfondite**: Incorporare tecniche di rilassamento più avanzate, come la respirazione diaframmatica profonda, la visualizzazione guidata o tecniche di rilassamento muscolare progressivo, prima di andare a letto può facilitare una transizione più fluida verso il sonno, riducendo l'ansia e migliorando la qualità del riposo.

Esplorazione di Approcci Alimentari Notturni

- **Nutrizione Mirata per il Sonno**: Sperimentare con strategie alimentari specifiche per la sera, come l'assunzione di tisane calmanti o snack leggeri ricchi di nutrienti che promuovono il sonno, può aiutare a stabilizzare i livelli di zucchero nel sangue e a sostenere un sonno ininterrotto.

Adozione di Routine Serali Flessibili

- **Routine Pre-Sonno Adattabili**: Sviluppare una routine serale che possa essere adattata in base alle esigenze e alle circostanze quotidiane può contribuire a mantenere la coerenza nelle pratiche di igiene del sonno, pur offrendo la flessibilità necessaria per gestire gli imprevisti della vita.

Consapevolezza e Adattabilità

- **Apprendimento Continuo e Adattamento**: Rimanere informati sulle ultime ricerche e consigli relativi alla salute del sonno e alla sua relazione con la salute mentale permette di adattare e affinare continuamente le strategie di sonno. L'apertura all'apprendimento e alla sperimentazione è fondamentale per trovare un approccio che funzioni in modo ottimale per le esigenze individuali.

Attraverso una valutazione attenta e un'attenta personalizzazione delle pratiche di sonno, è possibile costruire un regime di riposo che non solo migliora la qualità del sonno ma rafforza anche la resilienza mentale e emotiva. Questo approccio dinamico e adattabile al sonno sottolinea l'importanza di trattare il riposo notturno come un componente essenziale di un ampio spettro di benessere, richiedendo attenzione, cura e rispetto per le sue profonde implicazioni sulla salute mentale e sul benessere generale.

Concludendo, il viaggio verso il miglioramento della qualità del sonno è un percorso personale e dinamico che richiede attenzione, sperimentazione e adattamento. La profonda interconnessione tra sonno e salute mentale evidenzia l'importanza di sviluppare strategie di sonno efficaci e personalizzate che possano supportare il benessere psicologico e combattere l'ansia e la depressione.

L'adozione di una routine serale consistente, l'ottimizzazione dell'ambiente di sonno, la gestione dell'esposizione alla luce, la cura nell'alimentazione serale e l'attività fisica regolare si rivelano fondamentali nel promuovere un sonno riposante. La personalizzazione di queste strategie, basata sulla riflessione individuale e sull'auto-monitoraggio attraverso diari del sonno o tecnologie di tracciamento, permette di identificare e modificare abitudini che influenzano negativamente il riposo notturno.

L'integrazione di pratiche di rilassamento avanzate, come tecniche di respirazione profonda, visualizzazione guidata e rilassamento muscolare progressivo, arricchisce ulteriormente la preparazione al sonno, aiutando a ridurre lo stress e a facilitare la transizione verso un riposo profondo. L'esplorazione di innovazioni tecnologiche e di approcci alimentari mirati alla sera può offrire strumenti supplementari per sostenere il ciclo sonno-veglia e migliorare la qualità del sonno.

La flessibilità e l'adattabilità delle routine serali, insieme a un impegno costante nell'apprendimento e nell'adattamento delle pratiche di igiene del sonno, sono essenziali per navigare con successo le sfide legate al sonno. Riconoscere l'importanza di un sonno di qualità, non solo come fondamento per la salute fisica ma come pilastro cruciale per la salute mentale, motiva a dare priorità al riposo notturno e a trattarlo con la cura e l'attenzione che merita.

In sintesi, migliorare la qualità del sonno attraverso un approccio olistico e personalizzato può avere impatti trasformativi sulla salute mentale, aumentando la capacità di gestire ansia e depressione, migliorando l'umore e la cognizione, e promuovendo un senso generale di benessere. Impegnandosi attivamente in pratiche di sonno consapevoli e adattabili, è possibile non solo migliorare il riposo notturno ma anche arricchire la qualità della vita, dimostrando il potere del sonno come alleato fondamentale nella ricerca di una salute mentale ottimale e di un benessere complessivo.

8. Costruire relazioni positive: Incoraggiare lo sviluppo di relazioni di supporto e come queste possono aiutare nel processo di guarigione.

Costruire relazioni positive e di supporto è un elemento chiave nel processo di guarigione da ansia e depressione. Le interazioni umane positive non solo forniscono conforto e comprensione ma possono anche offrire una rete di supporto vitale che incoraggia la resilienza, il superamento delle sfide e la crescita personale. Di seguito, vengono esplorate diverse strategie per incoraggiare lo sviluppo di relazioni di supporto e il loro impatto benefico nel processo di guarigione.

Ascolto Attivo e Empatico

- **Praticare l'Ascolto Attivo**: Mostrarsi disponibili ad ascoltare attivamente, con empatia e senza giudizio, può rafforzare i legami con amici e familiari, promuovendo una comunicazione aperta e onesta. Questo tipo di ascolto crea un ambiente in cui le persone si sentono viste, ascoltate e capite.

Condivisione Aperta e Onesta

- **Essere Aperti e Onesti**: Condividere i propri pensieri, sentimenti ed esperienze con gli altri può essere terapeutico e costruttivo. Aprire canali di comunicazione sincera può aiutare a rompere il senso di isolamento che spesso accompagna ansia e depressione.

Stabilire Confini Salutari

- **Impostare Confini Chiari**: Stabilire e mantenere confini salutari nelle relazioni è essenziale per il proprio benessere. Comunicare apertamente le proprie esigenze e limiti contribuisce a creare relazioni rispettose e supporto reciproco.

Partecipazione a Gruppi di Supporto

- **Cercare Gruppi di Supporto**: Unirsi a gruppi di supporto, sia in persona che online, può offrire la possibilità di condividere esperienze e strategie di coping con persone che affrontano sfide simili, creando un senso di comunità e appartenenza.

Volontariato e Impegno Comunitario

- **Coinvolgimento Comunitario**: Il volontariato o l'impegno in attività comunitarie può fornire un senso di scopo e appartenenza, oltre a offrire opportunità per costruire relazioni positive con individui che condividono interessi o valori simili.

Sviluppo dell'Intelligenza Emotiva

- **Potenziare l'Intelligenza Emotiva**: Lavorare sullo sviluppo della propria intelligenza emotiva, compresa la consapevolezza di sé, l'autoregolazione, la motivazione, l'empatia e le abilità sociali, può migliorare significativamente la qualità delle relazioni interpersonali.

Promuovere Attività Condivise

- **Incoraggiare Attività Condivise**: Trascorrere del tempo insieme in attività condivise, che si tratti di hobby, sport, o semplicemente camminate nella natura, può rafforzare i legami e promuovere esperienze positive condivise.

Supporto Professionale per le Relazioni

- **Consultare Professionisti se Necessario**: In alcune situazioni, può essere utile cercare il supporto di consulenti o terapisti per navigare sfide relazionali complesse o per lavorare su dinamiche interpersonali problematiche.

Costruire e mantenere relazioni positive richiede impegno, tempo e la volontà di essere vulnerabili e aperti. Tuttavia, i benefici che derivano da relazioni di supporto e amore possono essere immensi, offrendo un solido fondamento su cui costruire la resilienza, promuovere la guarigione e sostenere una vita soddisfacente. Attraverso l'interconnessione e il supporto reciproco, è possibile navigare il percorso verso il benessere con maggiore forza, speranza e ottimismo.

Mentre approfondiamo ulteriormente l'importanza delle relazioni positive nel processo di guarigione, diventa chiaro che le connessioni umane possono servire come un potente catalizzatore per il benessere mentale e emotivo. Esplorare nuovi orizzonti nelle relazioni interpersonali e ampliare le proprie competenze sociali può aprire la strada a un supporto ancora più significativo e arricchente.

Valorizzazione della Comunicazione Non Verbale

- **Comunicazione Non Verbale**: Prestare attenzione alla comunicazione non verbale, come il contatto visivo, i gesti e l'espressione del corpo, può rafforzare la connessione e la comprensione reciproca in tutte le relazioni. La sensibilità ai segnali non verbali può aiutare a percepire emozioni e bisogni non espressi verbalmente, promuovendo un livello di empatia e intimità più profondo.

Creazione di Spazi Sicuri per la Condivisione

- **Spazi di Ascolto Sicuri**: Creare spazi in cui amici e familiari si sentono al sicuro nel condividere pensieri e sentimenti senza paura di giudizio è essenziale. Questo può includere l'istituzione di "rituali di condivisione" regolari o l'uso di tecniche come il "parlare a turno" per garantire che tutti abbiano la possibilità di esprimersi.

Sviluppo di Empatia Attiva

- **Empatia Attiva**: Andare oltre il semplice ascolto per mettersi attivamente nei panni dell'altro può approfondire la comprensione e la connessione. Praticare l'empatia attiva significa sforzarsi di comprendere le esperienze e i sentimenti altrui da una prospettiva interna, riconoscendo e validando le loro emozioni.

Coltivazione di Relazioni Inter-generazionali

- **Relazioni Inter-generazionali**: Costruire e mantenere legami con persone di diverse generazioni può offrire prospettive uniche e supporto. Le relazioni inter-generazionali possono arricchire la nostra vita con saggezza, esperienze diverse e modi di vedere il mondo, contribuendo al nostro crescita personale.

Implementazione di Tecniche di Risoluzione dei Conflitti

- **Gestione dei Conflitti**: Sviluppare abilità efficaci nella gestione e risoluzione dei conflitti può migliorare la qualità delle relazioni. Approcci come l'ascolto attivo, la comunicazione assertiva e la negoziazione di compromessi possono aiutare a navigare le divergenze in modo costruttivo, rafforzando i legami piuttosto che erodendoli.

Sperimentazione di Nuove Modalità di Connessione

- **Connessioni Virtuali e Fisiche**: In un'era digitale, sperimentare con modalità di connessione virtuale, come videochiamate, gruppi social online o giochi interattivi, può complementare le interazioni faccia a faccia, offrendo ulteriori strade per costruire e mantenere relazioni significative.

Investimento nel Proprio Sviluppo Personale

- **Crescita Personale**: Investire nella propria crescita personale, attraverso l'auto-riflessione, l'educazione e lo sviluppo di nuove competenze, può migliorare la propria capacità di costruire relazioni positive. Essere una persona ben arrotondata e continuamente in crescita attrae naturalmente gli altri e consente di offrire più a una relazione.

Attraverso la continua esplorazione e l'applicazione di queste tecniche avanzate, è possibile non solo costruire ma anche mantenere relazioni di supporto che servono come pilastri fondamentali nel processo di guarigione da ansia e depressione. Queste connessioni, arricchite da comprensione, empatia, comunicazione efficace e crescita condivisa, offrono un sostegno inestimabile, promuovendo resilienza, benessere e una gioia più profonda nella vita. Le relazioni positive, quindi, non solo facilitano la guarigione ma arricchiscono l'esistenza stessa, sottolineando l'importanza di coltivare attivamente legami interpersonali arricchenti.

Proseguendo nell'esplorazione delle dinamiche che caratterizzano la costruzione di relazioni positive e di supporto, è cruciale riconoscere che il processo di guarigione è profondamente influenzato dalla qualità delle nostre interazioni sociali. L'impegno nella coltivazione di relazioni autentiche e supportanti si rivela non solo come un fondamento per il superamento di ansia e depressione ma anche come una componente chiave per una vita piena e soddisfacente.

Prioritizzazione dell'Ascolto Reciproco

- **Ascolto Bilaterale:** Nell'ambito delle relazioni, l'ascolto deve essere una via a doppio senso. Incoraggiare un dialogo aperto dove sia l'ascoltatore che il narratore si sentono valorizzati può rafforzare la fiducia reciproca e la comprensione. Pratiche come la condivisione equa del tempo di parola in conversazioni significative possono promuovere un equilibrio nella comunicazione.

Rafforzamento della Resilienza Relazionale

- **Superare Insieme le Sfide**: Affrontare e superare le sfide insieme può servire come un potente mezzo di costruzione della resilienza relazionale. Stabilire obiettivi comuni o affrontare problemi congiuntamente non solo rafforza il legame ma insegna anche preziose lezioni sulla navigazione delle difficoltà.

Espansione della Rete Sociale attraverso Interessi Condivisi

- **Esplorazione di Nuovi Interessi e Passioni**: Unirsi a club, gruppi o classi che riflettono interessi condivisi può aprire la porta a nuove amicizie e relazioni di supporto. La partecipazione a queste comunità offre l'opportunità di connettersi con altri su basi di interessi mutui, facilitando lo sviluppo di legami significativi.

Fostering Emotional Intelligence in Relationships

- **Sviluppo dell'Intelligenza Emotiva nelle Relazioni**: Cultivare l'intelligenza emotiva, inclusa la capacità di riconoscere, comprendere e gestire le proprie emozioni e quelle degli altri, può migliorare significativamente le dinamiche

relazionali. Questo approccio consapevole alle
emozioni facilita una comunicazione più
profonda e relazioni più ricche e supportanti.

Ricorso a Supporto Esterno Quando Necessario

- **Supporto Esterno per le Relazioni**: A volte,
  le dinamiche relazionali possono diventare
  complesse o sfidanti al punto da necessitare una
  prospettiva esterna. Consulenti o terapisti di
  coppia possono offrire strumenti e spazi sicuri
  per esplorare problemi e trovare soluzioni
  congiunte, rafforzando il tessuto delle relazioni.

Promozione della Gratitudine e del Riconoscimento

- **Espressione della Gratitudine**: Esprimere
  regolarmente gratitudine e apprezzamento nei
  confronti degli altri può notevolmente arricchire
  le relazioni. Piccoli gesti di riconoscimento e
  parole di apprezzamento possono rafforzare il
  legame e promuovere un ambiente relazionale
  positivo.

Attraverso l'approfondimento e l'implementazione di
queste strategie, diventa possibile forgiare relazioni di
supporto che non solo arricchiscono il processo di
guarigione ma amplificano anche la gioia e il
significato nella vita quotidiana. Questo viaggio verso
la costruzione e il mantenimento di relazioni positive
richiede impegno, empatia e una comunicazione

attenta, ma i benefici derivanti da legami interpersonali forti e supportanti sono immensi, offrendo un sostegno inestimabile nella navigazione delle sfide della vita e nel percorso verso il benessere.

Proseguendo nella comprensione delle relazioni positive come pilastri del benessere mentale, è essenziale riconoscere l'importanza dell'autenticità e della vulnerabilità come fondamenti per connessioni umane significative. Queste qualità non solo approfondiscono i legami esistenti ma possono anche attrarre relazioni nuove e genuinamente supportanti.

Cultivare l'Autenticità nelle Interazioni

- **Essere Sé Stessi**: Mostrarsi autentici nelle relazioni incoraggia un ambiente di fiducia e apertura. L'autenticità invita gli altri a fare lo stesso, creando uno spazio sicuro per l'espressione individuale e il supporto reciproco.

Praticare la Vulnerabilità Consapevole

- **Condividere con Fiducia**: La pratica consapevole della vulnerabilità, scegliendo quando e con chi aprirsi, può rafforzare le relazioni rendendole più profonde e significative. La vulnerabilità condivisa costruisce connessioni emotive potenti, dimostrando coraggio e promuovendo l'empatia.

Incoraggiare il Feedback Costruttivo

- **Feedback Aperto e Costruttivo**: Nelle relazioni di supporto, il feedback costruttivo gioca un ruolo chiave nel crescere e apprendere insieme. Creare un ambiente dove il feedback è dato e ricevuto con gentilezza e rispetto può migliorare la comunicazione e la comprensione reciproca.

Celebrare i Successi Condivisi

- **Riconoscere i Successi**: Celebrare insieme i successi, sia grandi che piccoli, può rafforzare il senso di comunità e appartenenza. Questi momenti condivisi non solo portano gioia ma rafforzano anche il tessuto delle relazioni.

Nurturing Shared Experiences

- **Esperienze Condivise**: Cercare attivamente esperienze nuove e significative da condividere con gli altri può arricchire le relazioni. Queste esperienze condivise, che si tratti di viaggi, hobby o progetti comuni, servono a costruire ricordi comuni e a rafforzare i legami.

Sostenere la Crescita Personale Reciproca

- **Supporto alla Crescita Mutua**: Le relazioni di supporto incoraggiano e sostengono la crescita personale di ciascun individuo. Essere presenti per gli altri nei loro viaggi personali, celebrando i loro progressi e offrendo sostegno nei momenti di sfida, arricchisce la connessione reciproca.

Apprezzare la Diversità nelle Relazioni

- **Valutare Diversità e Differenze**: Le relazioni si arricchiscono quando si impara ad apprezzare e rispettare le differenze tra le persone. Questo approccio apre la mente a nuove prospettive e arricchisce la propria vita con esperienze e idee variegate.

Attraverso quest'ulteriore approfondimento, diventa evidente che le relazioni positive, costruite sull'autenticità, sulla vulnerabilità consapevole, sul rispetto reciproco e sull'apprezzamento della diversità, offrono un terreno fertile per il benessere mentale e emotivo. La capacità di forgiare e mantenere tali legami rappresenta una risorsa inestimabile nella vita di ogni individuo, sostenendo la guarigione, la crescita personale e l'esplorazione di una vita pienamente realizzata e soddisfacente. La dedizione alla coltivazione di queste relazioni, quindi, non solo migliora la nostra capacità di affrontare ansia e depressione ma arricchisce ogni aspetto del nostro viaggio umano.

Proseguendo nella nostra esplorazione su come costruire e mantenere relazioni positive, è fondamentale sottolineare l'importanza dell'equilibrio e dell'armonia nelle nostre interazioni. Relazioni equilibrate, in cui si dà e si riceve in modo equo, sono essenziali per un ambiente di supporto reciproco.

Questo equilibrio contribuisce a prevenire lo sfruttamento emotivo e assicura che tutte le parti si sentano valorizzate e ascoltate.

Valorizzazione dell'Equilibrio Emotivo

- **Bilanciare Dare e Ricevere**: È cruciale sviluppare relazioni in cui l'assistenza e il supporto sono mutuali, evitando dinamiche unilaterali che possono portare a stanchezza emotiva o risentimento. La consapevolezza e la comunicazione aperta sulle proprie capacità di dare e sulle proprie necessità di ricevere sostegno possono aiutare a mantenere questo equilibrio.

Sviluppo di Comunità di Supporto

- **Costruzione di Reti di Supporto**: Oltre alle relazioni individuali, costruire o partecipare a comunità di supporto, dove si possono condividere esperienze, sfide e successi, amplifica il concetto di sostegno reciproco. Queste comunità possono assumere diverse forme, dalle reti sociali online ai gruppi di supporto locali, e offrono un'ampia gamma di prospettive e risorse.

Promozione di una Comunicazione Efficace

- **Migliorare le Abilità di Comunicazione**: L'efficacia delle relazioni spesso si basa sulla qualità della comunicazione. Sviluppare abilità come l'ascolto attivo, la comunicazione non violenta (CNV) e l'espressione assertiva dei propri bisogni e sentimenti può migliorare significativamente le dinamiche relazionali.

Riconoscimento e Gestione dei Conflitti

- **Navigazione Costruttiva dei Conflitti**: In ogni relazione emergono conflitti. La capacità di riconoscerli e affrontarli costruttivamente, cercando soluzioni win-win e mantenendo il rispetto reciproco, è fondamentale per la salute a lungo termine delle relazioni.

Coltivazione di Interessi e Obiettivi Personali

- **Sviluppo Individuale**: Mentre le relazioni di supporto sono preziose, è altrettanto importante coltivare interessi personali e obiettivi. Questo non solo arricchisce l'individuo ma aggiunge valore e diversità alle relazioni, stimolando conversazioni e condivisioni stimolanti.

Rafforzamento della Tolleranza e del Perdono

- **Praticare Tolleranza e Perdono**: Le imperfezioni fanno parte della natura umana. Imparare a tollerare le piccole idiosincrasie degli altri e praticare il perdono per gli errori o i malintesi può rafforzare i legami, promuovendo relazioni più profonde e significative.

Investimento Continuo nelle Relazioni

- **Dedicare Tempo e Energia**: Le relazioni ricche e supportanti richiedono investimenti continui di tempo ed energia. Stabilire regolarmente momenti per connettersi, condividere e celebrare insieme può aiutare a mantenere e rafforzare questi legami importanti.

Attraverso la continua dedizione a queste pratiche, è possibile coltivare un ambiente di supporto reciproco che non solo facilita la guarigione e la crescita personale ma arricchisce anche ogni aspetto della vita. Le relazioni positive, costruite sull'equilibrio, l'autenticità, la comunicazione efficace e il supporto reciproco, offrono una base solida per il benessere mentale ed emotivo, dimostrando l'importanza vitale del legame umano nel viaggio verso la realizzazione personale e collettiva.

Nel percorso verso la costruzione di relazioni positive che sostengono la guarigione e il benessere complessivo, diventa cruciale adottare e mantenere una mentalità aperta alla crescita e al cambiamento. La dinamica delle relazioni umane è in costante evoluzione; pertanto, la flessibilità e l'adattabilità sono essenziali per coltivare legami che rimangono forti e supportivi nel tempo.

Riconoscimento dell'Evoluzione delle Relazioni

- **Accettare il Cambiamento**: Riconoscere che le relazioni possono cambiare nel tempo permette di adattarsi in modo più fluido alle nuove dinamiche. Questo approccio aperto e accettante può prevenire frustrazioni e malintesi, favorendo invece la crescita e l'approfondimento dei legami.

Mantenimento della Curiosità nei Confronti degli Altri

- **Cultivare la Curiosità**: Mantenere una curiosità genuina nei confronti delle persone nella propria vita incoraggia un approfondimento continuo delle relazioni. Fare domande, mostrare interesse per le loro esperienze, sfide e successi può rafforzare il senso di connessione e apprezzamento reciproco.

Promozione dell'Intelligenza Emotiva nelle Relazioni

- **Sviluppare ulteriormente l'Intelligenza Emotiva**: Lavorare costantemente sull'empatia, sulla gestione delle emozioni e sulla comunicazione emotiva può migliorare significativamente la qualità delle interazioni personali. Questo impegno attivo nel comprendere e rispondere adeguatamente alle emozioni altrui contribuisce a creare un ambiente di supporto reciproco.

Investire in Relazioni di Qualità piuttosto che di Quantità

- **Focus sulla Qualità**: Concentrarsi sulla costruzione e il mantenimento di relazioni di qualità, piuttosto che sul numero di connessioni, può portare a un supporto più significativo e duraturo. Le relazioni profonde e autentiche offrono un maggiore sostegno rispetto a un ampio cerchio sociale con connessioni superficiali.

Valorizzazione della Diversità e dell'Inclusività

- **Abbracciare la Diversità**: Valorizzare e cercare attivamente la diversità nelle relazioni può arricchire enormemente la propria vita. L'esposizione a diverse prospettive, esperienze di vita e sistemi di credenze può stimolare la crescita personale e promuovere una comprensione più profonda dell'umanità nella sua interezza.

Creazione di Momenti di Condivisione Significativi

- **Condividere Esperienze Significative**: Creare opportunità per condividere esperienze, sia nei momenti di gioia che di sfida, può consolidare i legami. Queste condivisioni diventano pilastri di ricordi comuni e rafforzano il senso di appartenenza e di supporto reciproco.

Riflessione e Valutazione Regolare delle Relazioni

- **Valutazione Continua**: Dedicare del tempo per riflettere sullo stato delle proprie relazioni, valutare ciò che funziona bene e identificare aree che potrebbero beneficiare di maggiore attenzione o cambiamento, è fondamentale per mantenere relazioni sane e supportanti.

Attraverso l'approfondimento continuo e l'adattamento di queste strategie, si può navigare efficacemente nel complesso paesaggio delle relazioni umane, costruendo legami che non solo resistono alla prova del tempo ma anche arricchiscono la nostra esistenza. Le relazioni positive, alimentate dalla curiosità, dall'empatia e da un impegno condiviso per la crescita, offrono una fonte inestimabile di sostegno, ispirazione e benessere, sottolineando l'imperativo umano di connessione, comprensione e cura reciproca nel viaggio condiviso della vita.

Mentre continuamo ad approfondire l'importanza delle relazioni positive per il benessere mentale e la guarigione, è fondamentale considerare come il sostegno reciproco e l'empowerment giochino un ruolo cruciale nel rafforzamento di legami interpersonali saldi e significativi. Questo aspetto della costruzione relazionale non solo nutre l'individuo ma rafforza anche il tessuto della comunità.

Sostegno Reciproco e Empowerment

- **Empowerment Mutuo**: Nelle relazioni, l'atto di sostenere l'empowerment reciproco—incoraggiando ciascuno a perseguire le proprie passioni, obiettivi e sviluppo personale—può rafforzare il senso di autonomia individuale pur mantenendo un legame di supporto. Questo processo di dare forza e coraggio l'uno all'altro promuove una dinamica relazionale equilibrata e nutriente.

Incoraggiare la Crescita Personale

- **Sostenere la Crescita dell'Altro**: Le relazioni positive si arricchiscono quando c'è un interesse genuino e un sostegno alla crescita personale dell'altro. Celebrare i successi e offrire conforto nei momenti di sconfitta o dubbio rafforza il legame, creando una solida base di fiducia e sostegno reciproco.

Condividere Lezioni di Vita

- **Scambio di Saggezza e Esperienze**: Le relazioni diventano più profonde e significative quando si condividono le lezioni apprese dalle esperienze di vita. Questo scambio di conoscenze e saggezza può offrire sia supporto che nuove prospettive, arricchendo la comprensione reciproca e promuovendo una crescita condivisa.

Mantenere l'Integrità e l'Onestà

- **Onestà e Integrità**: La sincerità e l'integrità nei rapporti rafforzano la fiducia e la sicurezza all'interno delle relazioni. Essere onesti riguardo ai propri sentimenti, aspettative e limiti crea un ambiente di rispetto e comprensione reciproca.

Coltivare Spazi Sicuri per la Vulnerabilità

- **Creazione di Spazi Sicuri**: Incoraggiare e mantenere spazi in cui la vulnerabilità è vista come forza permette lo sviluppo di legami profondamente autentici. In questi spazi, gli individui si sentono liberi di esprimere sé stessi senza paura di giudizio, promuovendo un senso di vicinanza e fiducia.

Esplorare Nuove Modalità di Connessione

- **Apertura a Nuove Esperienze**: Essere aperti all'esplorazione di nuove modalità di connessione e interazione può portare a scoperte sorprendenti su se stessi e sugli altri. Questo può includere l'esplorazione di nuovi hobby, viaggiare insieme o partecipare a eventi culturali, che possono arricchire la relazione con nuove memorie e esperienze condivise.

Riflessione e Crescita Continua

- **Impegno nella Riflessione Condivisa**: Dedicare del tempo per riflettere insieme sulle esperienze vissute, sui sentimenti e sulle lezioni apprese può promuovere una comprensione più profonda e una crescita reciproca. Questi momenti di riflessione possono rivelare nuovi livelli di intimità e connessione.

Continuando a navigare nel complesso mondo delle relazioni interpersonali con un occhio alla crescita, al sostegno reciproco e all'autenticità, possiamo costruire legami che non solo resistono alle tempeste della vita ma fioriscono, portando gioia, sostegno e un senso di appartenenza incrollabile. Le relazioni, così radicate in principi di empatia, rispetto e comprensione reciproca, diventano non solo una fonte di conforto e sostegno ma anche di ispirazione e gioia, arricchendo profondamente ogni aspetto dell'esistenza umana.

Proseguendo nell'approfondimento delle strategie per nutrire e mantenere relazioni positive, è essenziale esplorare ulteriormente come l'investimento emotivo e temporale contribuisca a creare un tessuto connettivo robusto e supportivo tra individui. Questo tessuto non solo arricchisce la vita quotidiana ma fornisce anche una rete vitale di sostegno durante i periodi di sfida personale, come quelli incontrati nella lotta contro l'ansia e la depressione.

Valorizzazione del Tempo di Qualità

- **Prioritizzare il Tempo di Qualità**: Dedicare tempo di qualità l'uno all'altro, libero da distrazioni e impegni esterni, permette di approfondire la connessione e rafforzare i legami. Che si tratti di una conversazione significativa durante una passeggiata o di condividere un pasto preparato insieme, questi momenti condivisi sono fondamentali per costruire e mantenere relazioni solide.

Ascolto e Comprensione Profondi

- **Approfondire l'Ascolto e la Comprensione**: Migliorare continuamente le proprie capacità di ascolto per comprendere veramente le prospettive, i bisogni e le emozioni degli altri arricchisce ogni relazione. L'ascolto attivo non è solo una pratica di presenza fisica ma richiede un impegno mentale ed emotivo completo per cogliere la sostanza di ciò che viene condiviso.

Sviluppo di Una Comunicazione Empatica

- **Promuovere la Comunicazione Empatica**: Praticare una comunicazione che enfatizzi l'empatia e la connessione emotiva. Ciò implica non solo ascoltare ma anche rispondere in modi che validano e onorano l'esperienza dell'altro, rafforzando così il senso di essere compresi e supportati.

Condivisione di Esperienze di Crescita

- **Esperienze Condivise per la Crescita**: Intraprendere insieme attività che promuovono la crescita personale o l'apprendimento, come classi, workshop o ritiri, può non solo espandere gli orizzonti individuali ma anche creare un terreno comune per nuove scoperte e discussioni arricchenti.

Riconoscimento e Celebrazione delle Differenze

- **Valorizzare le Differenze**: Celebrare le differenze individuali all'interno delle relazioni arricchisce la comprensione reciproca e promuove un ambiente di accettazione incondizionata. Riconoscere e apprezzare le unicità di ciascuno può aprire nuove vie di connessione e arricchimento reciproco.

Supporto Attivo nei Momenti di Bisogno

- **Essere Presenti nei Momenti Difficili**: Dimostrare supporto attivo e presenza nei momenti di bisogno o crisi sottolinea l'importanza della relazione. Offrire un ascolto compassionevole, assistenza pratica o semplicemente essere presenti può fare una significativa differenza nella vita di qualcuno che sta affrontando difficoltà.

Riflessione e Crescita Continua nella Relazione

- **Dedicarsi alla Riflessione e alla Crescita della Relazione**: Impegnarsi regolarmente in riflessioni condivise sull'evoluzione della relazione, celebrando i successi e affrontando insieme le sfide, promuove un approccio proattivo al mantenimento della sua salute e vitalità. Questo processo di valutazione e adattamento continua a nutrire la profondità e la resilienza del legame.

Attraverso quest'approfondimento costante e la dedizione a coltivare relazioni profonde, basate su principi di ascolto, comprensione, empatia e supporto attivo, è possibile creare una rete di legami umani che non solo supporta la resilienza individuale ma arricchisce anche l'esperienza collettiva della vita. Queste relazioni, radicate in un impegno condiviso per la crescita, l'accettazione e l'empowerment reciproco, diventano fonti inesauribili di forza, conforto e gioia, sottolineando il potere trasformativo delle connessioni umane autentiche nel percorso di guarigione e oltre.

Continuando l'approfondimento sull'importanza vitale delle relazioni positive, è essenziale considerare come la resilienza collettiva—forgiata attraverso connessioni umane profonde—non solo faciliti il superamento di sfide individuali ma anche rafforzi il tessuto sociale. L'impegno nella costruzione di legami significativi implica un processo continuo di apprendimento, adattamento e crescita condivisa, che arricchisce sia l'individuo che la comunità.

Facilitazione della Crescita Condivisa

- **Imparare l'Uno dall'Altro**: Le relazioni diventano fonti di ispirazione e apprendimento quando ciascun individuo porta nella relazione le proprie esperienze, conoscenze e prospettive. Questa condivisione reciproca favorisce l'arricchimento personale e collettivo, stimolando la crescita e l'espansione dei punti di vista.

Ampliamento della Tolleranza attraverso la Diversità

- **Abbracciare la Diversità Culturale e Personale**: Esporsi e accogliere attivamente la diversità nelle relazioni amplia la tolleranza e promuove una comprensione più profonda delle varie esperienze umane. Questo arricchimento culturale e personale costruisce ponti di empatia e solidarietà attraverso le differenze.

Sostenere la Resilienza attraverso la Solidarietà

- **Solidarietà nelle Avversità**: Stare al fianco di amici, familiari o membri della comunità durante le avversità dimostra l'importanza della solidarietà nelle relazioni. Questo supporto collettivo non solo aiuta gli individui a navigare attraverso momenti difficili ma rafforza anche il senso di comunità e appartenenza.

Condivisione di Pratiche di Benessere

- **Promozione del Benessere Collettivo**: Condividere pratiche di benessere, come mindfulness, esercizio fisico o hobby creativi, incoraggia uno stile di vita salutare e arricchisce le relazioni con esperienze positive condivise. Questo impegno comune nel benessere promuove uno stile di vita equilibrato e sostenibile.

Utilizzo della Tecnologia per Mantenere Connessioni

- **Tecnologia come Strumento di Connessione**: Nel contesto moderno, l'utilizzo consapevole della tecnologia può svolgere un ruolo cruciale nel mantenere e rafforzare le relazioni, specialmente a distanza. Piattaforme digitali, social media e app possono facilitare la condivisione di momenti di vita, idee e supporto emotivo, superando le barriere fisiche.

Impegno nel Servizio Comunitario

- **Partecipazione Attiva al Servizio Comunitario**: L'investimento in iniziative di servizio comunitario e volontariato non solo beneficia la società ma rafforza anche i legami personali tra coloro che condividono valori e obiettivi comuni. Queste esperienze collettive di dare indietro alla comunità possono essere profondamente trasformative.

Riflessione e Gratitudine Collettive

- **Pratica della Gratitudine e della Riflessione**: Dedicate momenti per riconoscere e esprimere gratitudine per le relazioni e le esperienze condivise possono approfondire il legame e aumentare il benessere reciproco. Queste pratiche di gratitudine e riflessione collettiva rafforzano il senso di apprezzamento e valore delle connessioni umane.

Attraverso queste continue esplorazioni e l'attiva partecipazione nella costruzione di relazioni positive, emerge un quadro chiaro del potenziale trasformativo di legami interpersonali solidi e supportivi. Questi legami, radicati nel rispetto reciproco, nell'apprendimento condiviso, nella tolleranza e nella solidarietà, non solo arricchiscono l'esperienza individuale ma tessono insieme il tessuto di comunità resilienti, capaci di affrontare insieme le sfide e celebrare i successi. Le relazioni positive sono quindi un pilastro non solo per la guarigione personale e la crescita ma anche per il benessere collettivo e la coesione sociale.

Nell'approfondire ulteriormente la complessità e la ricchezza delle relazioni positive, emerge la necessità di nutrire una comunicazione interpersonale che vada oltre il semplice scambio di informazioni, trasformandosi in uno strumento di connessione emotiva profonda. Questo approccio arricchisce il tessuto delle nostre relazioni, rendendole più resilienti e capaci di supportare efficacemente il benessere individuale e collettivo.

Promozione della Connettività Emotiva

- **Approfondire la Connessione Emotiva**: Costruire spazi in cui gli individui si sentono liberi di esplorare e condividere le proprie vulnerabilità può intensificare la connessione emotiva. Pratiche come la condivisione di esperienze di vita, paure e sogni in un ambiente di sostegno e rispetto mutuo possono trasformare relazioni superficiali in legami profondi.

Sviluppo della Comprensione Empatica

- **Esercitare Empatia Attiva**: Andare oltre la semplice simpatia per praticare un'empatia che coinvolga un autentico tentativo di comprendere le esperienze altrui dal loro punto di vista. Questo livello di empatia attiva non solo fornisce un sostegno emotivo ma rafforza anche il legame attraverso una profonda sensazione di essere compresi.

Valorizzazione delle Piccole Azioni Quotidiane

- **Atti Quotidiani di Gentilezza**: I gesti di gentilezza e attenzione nelle interazioni quotidiane, anche i più piccoli, possono avere un impatto significativo sul rafforzamento delle relazioni. Questi atti, che spaziano dal riconoscere gli sforzi altrui a offrire un complimento sincero, contribuiscono a creare un ambiente positivo e nutriente.

Incoraggiamento della Crescita e dell'Esplorazione

- **Supporto alla Crescita Mutua**: Incoraggiare l'altro nella ricerca e nell'esplorazione di nuovi interessi, sfide e opportunità di crescita personale rafforza il supporto reciproco e l'investimento nella felicità e nel successo dell'altro. Questo sostegno per la crescita individuale arricchisce la relazione, offrendo nuove aree di interesse e conversazione.

Costruzione di Memorie Condivise

- **Creazione di Esperienze e Ricordi Condivisi**: Le esperienze condivise, dai viaggi alle avventure quotidiane, diventano i mattoni delle relazioni, creando ricordi e storie comuni. Queste memorie condivise fungono da punti di riferimento per la relazione, arricchendola e fornendo fonti di gioia e conforto nel tempo.

Adattamento e Flessibilità nelle Relazioni

- **Pratica dell'Adattamento e della Flessibilità**: Riconoscere e adattarsi ai cambiamenti nelle relazioni, che siano dovuti alla crescita personale, alle nuove circostanze o alle sfide della vita, è cruciale per mantenere legami sani e supportivi. L'abilità di navigare i cambiamenti insieme, trovando nuovi modi di connessione e sostegno, testimonia la forza e la maturità della relazione.

Riflessione Condivisa e Valutazione

- **Momenti di Riflessione Condivisa**: Dedicare tempo per riflettere insieme sul percorso condiviso, sui momenti significativi e sulle lezioni apprese rafforza il legame e promuove una comprensione più profonda del viaggio condiviso. Questi momenti di riflessione consentono anche di riconoscere e apprezzare il valore reciproco nella relazione.

Attraverso l'implementazione di queste pratiche, le relazioni diventano non solo reti di supporto ma anche fonti di arricchimento emotivo, intellettuale e spirituale. Questi legami, arricchiti da una comunicazione profonda, empatia attiva, e un impegno condiviso nella crescita e nell'esplorazione, costituiscono una delle risorse più preziose nella vita di un individuo, sostenendo un percorso di guarigione, benessere e realizzazione personale. La dedizione alla coltivazione di relazioni positive e arricchenti si rivela così un investimento nel tessuto stesso del benessere umano, sottolineando il potere trasformativo dell'autentica connessione interpersonale.

Nell'ulteriore esplorazione dell'importanza delle relazioni positive, diventa evidente che l'arte di mantenere connessioni umane arricchenti richiede una dedizione costante al nutrimento di queste dinamiche interpersonali. Ciò implica non solo la capacità di offrire sostegno e comprensione ma anche la volontà di impegnarsi in un processo di apprendimento e adattamento continuo che valorizza la crescita reciproca e il benessere condiviso.

Promozione della Felicità Condivisa

- **Celebrazione della Felicità dell'Altro**: Impegnarsi attivamente nella celebrazione delle gioie e dei successi altrui, senza invidia ma con genuina felicità condivisa, rafforza i legami e promuove un senso di unità e complicità. Questa pratica non solo dimostra amore e sostegno ma arricchisce anche la propria esperienza emotiva.

Confronto e Supporto nelle Sfide

- **Affrontare Insieme le Difficoltà**: Stare al fianco dell'altro durante le sfide, offrendo un orecchio attento, parole di incoraggiamento o sostegno pratico, testimonia la forza e la profondità della relazione. Il confronto condiviso delle difficoltà rafforza il senso di resilienza e fiducia reciproca.

Sviluppo di una Comunicazione Profonda

- **Cultivare la Comunicazione Autentica**: Approfondire le tecniche di comunicazione per esprimere pensieri, sentimenti e bisogni in modo chiaro e onesto favorisce un'intimità più profonda. L'abilità di comunicare con autenticità e vulnerabilità apre la strada a una comprensione reciproca e a relazioni più significative.

Impegno nell'Ascolto Empatico

- **Praticare un Ascolto Empatico**: Dedicarsi all'ascolto con tutto sé stessi, cercando di comprendere veramente le prospettive e le emozioni dell'altro senza giudizio, rafforza il legame emotivo e dimostra un impegno profondo nella relazione. Questo tipo di ascolto promuove una connessione autentica e un sostegno emotivo duraturo.

Valorizzazione delle Piccole Cose

- **Apprezzamento per le Piccole Cose**: Riconoscere e mostrare gratitudine per i piccoli gesti quotidiani di cura e affetto può avere un grande impatto sul rafforzamento delle relazioni. Questa pratica di gratitudine quotidiana nutre un ambiente positivo e ricco di apprezzamento reciproco.

Rinnovamento e Innovazione nelle Relazioni

- **Introduzione di Novità e Cambiamento**: L'aggiunta di elementi di novità e esperienze condivise può infondere energia e rinnovamento nelle relazioni, prevenendo la stagnazione. Che si tratti di esplorare nuovi interessi insieme o di cambiare le routine abituali, l'innovazione arricchisce la dinamica relazionale.

Riflessione e Crescita Comune

- **Dedizione alla Crescita e alla Riflessione Condivise**: Impegnarsi in un processo di riflessione congiunta sulle dinamiche relazionali, celebrando le aree di forza e affrontando apertamente le aree di miglioramento, favorisce una relazione in continua evoluzione e crescita. Questa pratica promuove un approccio proattivo al rafforzamento e all'approfondimento dei legami.

Attraverso questi continui sforzi di coltivazione e rinnovamento delle relazioni, si può sperimentare un arricchimento significativo non solo del proprio percorso di guarigione ma anche della qualità complessiva della vita. Le relazioni positive, costruite su fondamenta di comunicazione autentica, supporto reciproco, apprezzamento e crescita condivisa, offrono un sostegno inestimabile, facilitando un'esperienza umana più ricca, soddisfacente e interconnessa.

Approfondendo ulteriormente la tessitura delle relazioni positive, emerge l'importanza di un'incessante curiosità e apertura verso le infinite possibilità di connessione umana. Questa prospettiva invita all'esplorazione di nuovi territori nelle relazioni, incoraggiando una cultura di apprendimento reciproco, accettazione e crescita condivisa che va oltre le convenzioni, arricchendo il tessuto stesso delle nostre vite sociali e personali.

Esplorazione e Apertura alle Nuove Connessioni

- **Apertura alle Nuove Relazioni**: Coltivare l'apertura all'incontro e alla connessione con persone nuove, provenienti da contesti e percorsi di vita diversi, può arricchire enormemente la nostra comprensione del mondo e di noi stessi. Questa apertura favorisce l'emergere di nuove prospettive, idee e modalità di esistenza.

Integrazione della Curiosità nella Comunicazione

- **Cultivare la Curiosità nelle Interazioni**: Applicare una curiosità genuina nelle conversazioni, ponendo domande aperte che invitano alla condivisione profonda, può rivelare strati nascosti di connessione e comprensione. Questo approccio trasforma le conversazioni in opportunità di scoperta e apprendimento reciproco.

Rafforzamento dell'Integrità Personale

- **Vivere con Autenticità**: Impegnarsi a vivere e comunicare con un'onestà radicale rafforza l'integrità personale e attrae relazioni basate su valori condivisi di trasparenza e fiducia. Questa autenticità funge da fondamento per legami profondi e significativi.

Promozione di Momenti di Condivisione Intenzionale

- **Creare Opportunità di Condivisione**: Organizzare regolarmente momenti intenzionali di condivisione, come cene in comunità, ritiri o incontri di gruppo focalizzati su temi di crescita personale, stimola la creazione di spazi sicuri per l'espressione autentica e il supporto emotivo.

Adattamento ai Cambiamenti nelle Relazioni

- **Navigare i Cambiamenti con Grazia**: Riconoscere che tutte le relazioni sono soggette a evoluzione e cambiamento e accogliere questi cambiamenti con apertura e flessibilità permette di mantenere la connessione anche quando le dinamiche relazionali si trasformano.

Coltivazione di Empatia e Compassione Universali

- **Espansione dell'Empatia**: Estendere la pratica dell'empatia e della compassione oltre i confini personali, abbracciando una visione più universale dell'umanità, può approfondire la nostra capacità di connessione e sostegno reciproco, promuovendo una cultura di cura e comprensione globale.

Riflessione e Apprezzamento del Viaggio Condiviso

- **Valutare il Percorso Condiviso**: Prendersi il tempo per riflettere e apprezzare il viaggio condiviso nelle relazioni, riconoscendo gli insegnamenti, le gioie e anche le sfide superate insieme, rafforza il tessuto delle nostre connessioni, celebrando la ricchezza dell'esperienza condivisa.

Attraverso questi continui sforzi per coltivare relazioni arricchite da curiosità, apertura, autenticità, e un impegno condiviso nella crescita e nel sostegno reciproco, si può creare una rete di legami umani che non solo sostiene ogni individuo ma eleva anche il collettivo. Questo approccio olistico alle relazioni umane sottolinea il potenziale trasformativo della connessione interpersonale, invitando a una vita arricchita da relazioni profonde, significative e in continua evoluzione, che celebrano la diversità dell'esperienza umana e la bellezza dell'esistenza condivisa.

Proseguendo nell'approfondimento sulle dinamiche delle relazioni positive, diventa evidente l'importanza di coltivare un ambiente di reciproco rispetto e comprensione. Questo ambiente, basato sul riconoscimento e la valorizzazione delle qualità uniche di ogni individuo, permette di tessere legami più forti e significativi. La continua esplorazione e il rinnovamento delle modalità di interazione arricchiscono la nostra esperienza sociale e promuovono un senso di connessione più profondo.

Priorità alla Gentilezza e alla Generosità

- **Praticare Gentilezza Quotidiana**: Integrazione della gentilezza e della generosità come principi guida nelle interazioni quotidiane non solo rafforza i legami esistenti ma può anche aprire le porte a nuove relazioni. Questo approccio nutre un ambiente in cui l'altruismo e la cura reciproca fioriscono.

Sostegno alla Diversità di Pensiero

- **Valorizzazione delle Perspettive Diverse**: Incoraggiare e sostenere attivamente la diversità di pensiero all'interno delle relazioni arricchisce il dialogo e promuove un'atmosfera di apprendimento reciproco. La disponibilità ad accogliere opinioni diverse da quelle proprie può stimolare la crescita personale e interpersonale.

Promozione dell'Integrazione Sociale

- **Favorire l'Inclusione**: Essere proattivi nel creare spazi inclusivi dove tutti si sentono benvenuti e valorizzati rinforza il tessuto delle nostre comunità. Questo impegno nell'inclusione

rafforza la coesione sociale e promuove un senso
di appartenenza universale.

Riflessione sulla Responsabilità nelle Relazioni

- **Riconoscere la Propria Parte**: Essere
  consapevoli della propria responsabilità nel
  mantenere e nutrire le relazioni è cruciale.
  Questo include riconoscere quando le proprie
  azioni o parole hanno impatti negativi e
  impegnarsi in un percorso di miglioramento e
  scuse sincere quando necessario.

Condivisione di Traguardi e Momenti di Vita

- **Celebrazione Collettiva**: Trovare momenti
  per celebrare insieme traguardi, sia grandi che
  piccoli, rafforza il senso di comunità e
  condivisione. Questi momenti di celebrazione
  collettiva agiscono come collante sociale,
  rafforzando le relazioni attraverso la gioia
  condivisa.

Esplorazione di Nuovi Ambienti e Esperienze

- **Esplorazione Condivisa**: Avere l'apertura per
  esplorare nuovi ambienti e intraprendere nuove
  esperienze insieme può rinfrescare e rinvigorire
  le relazioni. Questo tipo di esplorazione condivisa
  non solo crea nuovi ricordi ma apre anche
  dialoghi su temi e interessi inesplorati.

Sviluppo di Una Cultura di Feedback Positivo

- **Incoraggiare il Feedback Costruttivo**: Stabilire una cultura in cui il feedback positivo e costruttivo è regolarmente scambiato promuove la crescita e l'apprendimento reciproco. Questa pratica aiuta a costruire la fiducia, migliora la comunicazione e rafforza la comprensione reciproca.

Attraverso quest'ulteriore esplorazione delle strategie per arricchire e approfondire le relazioni positive, si evidenzia l'infinita capacità di crescita e arricchimento che le connessioni umane possono offrire. Questi legami, radicati nella gentilezza, nella generosità, nel rispetto reciproco e nella volontà di esplorare e condividere, non solo supportano l'individuo nel suo percorso di benessere e guarigione ma contribuiscono anche a costruire una comunità più coesa e compassionevole. Impegnandosi attivamente nella coltivazione di queste relazioni, ci avviciniamo a una comprensione più profonda dell'importanza delle nostre connessioni umane come fonti di forza, sostegno e gioia condivisa.

Concludendo, l'arte di costruire e mantenere relazioni positive rappresenta un viaggio continuo di scoperta, comprensione e crescita reciproca. Attraverso la dedizione all'ascolto empatico, alla comunicazione autentica, alla gentilezza quotidiana e al sostegno attivo, possiamo forgiare legami che non solo arricchiscono il nostro percorso individuale ma elevano anche il benessere collettivo. Queste relazioni, radicate nella condivisione di esperienze, nella celebrazione delle diversità e nella navigazione congiunta delle sfide della vita, costituiscono una delle risorse più preziose per la nostra salute mentale e emotiva.

Le relazioni positive si basano sulla premessa che ogni individuo, con la propria unicità, contribuisce a creare un tessuto sociale intricato e multiforme, dove il sostegno reciproco e l'apprezzamento delle differenze fungono da pilastri per una comunità coesa e resiliente. L'impegno nella costruzione di queste connessioni, caratterizzato da un costante sforzo di miglioramento, riflessione e rinnovamento, non solo aiuta a navigare le complessità della vita con maggiore fiducia e speranza ma arricchisce anche il nostro mondo con profondità e significato.

L'importanza di relazioni così arricchenti si estende oltre la sfera personale, influenzando la qualità delle nostre interazioni comunitarie e la forza della nostra rete sociale. Questi legami, costruiti su fondamenta di empatia, rispetto e comprensione reciproca, promuovono un senso di appartenenza e contribuiscono a creare un ambiente in cui tutti si sentono valorizzati e sostenuti.

In definitiva, la coltivazione di relazioni positive è un investimento nel tessuto del benessere umano, un atto di fede nell'infinito potenziale di crescita e arricchimento che nasce dalla connessione autentica tra individui. Questo processo, arricchito dalla volontà di esplorare, di essere vulnerabili e di sostenersi a vicenda nelle gioie e nelle avversità, ci permette di tessere una rete di relazioni che non solo sostiene e ispira l'individuo ma eleva l'intera comunità. Impegnandoci in questo viaggio di costruzione relazionale, possiamo aspirare a un mondo più connesso, compassionevole e empatico, dove le relazioni positive illuminano il cammino verso una società più armoniosa e integrata.

9. Limitare l'uso di sostanze: Discutere l'impatto di alcol, droghe e caffeina sull'ansia e la depressione e offrire consigli per ridurne il consumo.

L'uso di sostanze come l'alcol, le droghe e la caffeina può avere un impatto significativo sull'ansia e sulla depressione, influenzando sia il benessere fisico che mentale. Mentre alcune persone possono ricorrere a queste sostanze cercando un sollievo temporaneo dai sintomi di ansia o depressione, l'uso regolare o eccessivo può aggravare queste condizioni nel lungo termine, creando un ciclo difficile da interrompere.

Impatto sull'Ansia e sulla Depressione

- **Alcol**: Anche se l'alcol può inizialmente sembrare che offra un effetto calmante, il suo uso regolare può aumentare i livelli di ansia e contribuire alla depressione. L'alcol altera i livelli di neurotrasmettitori nel cervello, influenzando l'umore e potenzialmente portando a dipendenza.

- **Droghe**: L'uso di droghe illegali o il consumo non prescritto di farmaci può avere effetti destabilizzanti sull'equilibrio chimico del cervello, aggravando i sintomi di ansia e depressione. Anche le droghe che possono sembrare stimolanti o euforizzanti possono lasciare l'individuo più vulnerabile a queste condizioni una volta svanito l'effetto.

- **Caffeina**: La caffeina, uno stimolante presente nel caffè, nel tè e in altre bevande, può contribuire a un aumento dell'ansia, specialmente in individui sensibili ai suoi effetti. L'eccessivo consumo di caffeina può portare a nervosismo, insonnia e palpiti, tutti fattori che possono aggravare l'ansia.

Consigli per Ridurne il Consumo

- **Valutazione del Proprio Consumo**: Prendere consapevolezza del proprio consumo di alcol, droghe e caffeina è il primo passo per ridurne l'uso. Tenere un diario o monitorare l'assunzione può aiutare a identificare modelli o abitudini che si desidera cambiare.

- **Ricerca di Alternative Salutari**: Trovare alternative salutari per gestire lo stress e l'ansia, come l'esercizio fisico, la meditazione, la respirazione profonda o hobby rilassanti, può ridurre la dipendenza da sostanze.

- **Impostazione di Obiettivi Realistici**: Stabilire obiettivi realistici per la riduzione dell'uso di sostanze. Iniziare con piccoli cambiamenti, come limitare il consumo di caffeina al mattino o ridurre gradualmente l'assunzione di alcol, può rendere il processo più gestibile.

- **Supporto Professionale**: Se si lotta con la dipendenza o l'uso eccessivo di sostanze, cercare supporto professionale può essere cruciale. Terapisti, consiglieri o programmi di supporto come gruppi di auto-aiuto possono offrire risorse e sostegno per affrontare queste sfide.

- **Creazione di una Rete di Supporto**: Parlare con amici, familiari o membri di una comunità di supporto sull'intenzione di ridurre l'uso di sostanze può fornire un ulteriore livello di incoraggiamento e accountability.

Riconoscere l'impatto negativo che l'uso eccessivo di alcol, droghe e caffeina può avere sull'ansia e sulla depressione è fondamentale per intraprendere passi verso la riduzione del loro consumo. Attraverso la consapevolezza, l'impostazione di obiettivi realistici, la ricerca di alternative salutari e il supporto professionale, è possibile sviluppare strategie efficaci per gestire meglio queste sostanze e, a loro volta, contribuire a migliorare la salute mentale e il benessere generale.

Approfondendo ulteriormente l'importanza di limitare l'uso di sostanze nell'ambito della gestione dell'ansia e della depressione, diventa evidente che la mindfulness e l'adozione di strategie preventive giocano un ruolo chiave nel sostegno al benessere complessivo. Questa prospettiva invita a esplorare non solo la riduzione dell'uso di alcol, droghe e caffeina ma anche a sviluppare una comprensione più ampia delle abitudini di vita che promuovono l'equilibrio mentale e fisico.

Migliorare la Consapevolezza Corporea

- **Ascolto del Corpo**: Imparare ad ascoltare il proprio corpo e riconoscere i segnali che indicano quando una sostanza sta influenzando negativamente il benessere può aiutare nella gestione del consumo. Tecniche di consapevolezza corporea e mindfulness possono rivelarsi strumenti preziosi per sviluppare questa sensibilità.

Implementazione di Routine di Autocura

- **Pratiche di Autocura**: Integrare nella routine quotidiana pratiche di autocura che nutrono sia il corpo che la mente può ridurre la ricerca di conforto in sostanze potenzialmente dannose. Queste pratiche possono includere alimentazione equilibrata, idratazione adeguata, sonno regolare e attività fisica, contribuendo a un senso generale di benessere.

Educazione su Sostanze e Effetti

- **Informazione ed Educazione**: Acquisire conoscenze sugli effetti specifici dell'alcol, delle droghe e della caffeina sull'organismo e sulla salute mentale può potenziare gli individui a fare scelte più informate riguardo al loro consumo. Seminari, workshop o consultazioni con professionisti della salute possono fornire insight preziosi in questo senso.

Sviluppo di Strategie di Gestione dello Stress

- **Tecniche di Riduzione dello Stress**: Dal momento che lo stress è un fattore chiave che può spingere verso l'uso di sostanze come meccanismo di coping, sviluppare tecniche efficaci di gestione dello stress è essenziale. Yoga, meditazione, tecniche di respirazione profonda, e terapie basate sull'arte sono solo alcuni esempi di metodi per affrontare lo stress in modo salutare.

Costruzione di una Rete di Supporto Sociale

- **Supporto Sociale**: Avere una rete di supporto sociale, composta da familiari, amici o gruppi di supporto, che comprendono e sostengono gli sforzi per ridurre l'uso di sostanze, può offrire un incentivo aggiuntivo e una risorsa preziosa nel percorso di riduzione del consumo.

Riflessione e Valutazione Periodica

- **Monitoraggio e Riflessione**: Dedicare tempo regolarmente per riflettere sull'uso di sostanze e valutarne l'impatto sulla propria vita consente di apportare aggiustamenti consapevoli alle proprie abitudini. L'uso di diari o app per tracciare consumo e stati emotivi correlati può fornire dati utili per questa riflessione.

Attraverso l'approfondimento di queste strategie, che enfatizzano la consapevolezza, la prevenzione e la cura personale, si evidenzia come un approccio olistico alla gestione dell'ansia e della depressione possa significativamente beneficiare dalla riduzione consapevole dell'uso di sostanze. Implementando queste pratiche, gli individui possono non solo limitare l'uso di alcol, droghe e caffeina ma anche promuovere un modello di vita più equilibrato e sano, contribuendo così a un percorso di guarigione e benessere più sostenibile e gratificante.

Proseguendo nella nostra esplorazione delle modalità per limitare l'uso di sostanze e il loro impatto sull'ansia e la depressione, diventa importante considerare anche il ruolo dell'educazione emotiva e del miglioramento delle capacità di coping come parte integrante di questo processo. Una comprensione approfondita di sé e lo sviluppo di strategie di coping più efficaci possono ridurre significativamente la dipendenza da sostanze utilizzate per gestire lo stress, l'ansia e i sintomi depressivi.

Educazione Emotiva

- **Approfondimento della Comprensione Emotiva**: Educare sé stessi sulle proprie emozioni e su come gestirle in modo sano è fondamentale. L'educazione emotiva include l'identificazione delle proprie emozioni, il riconoscimento dei trigger che le provocano e lo sviluppo di strategie per affrontarle in modo produttivo. Workshop, libri e sessioni di counseling possono offrire risorse preziose in questo viaggio.

Miglioramento delle Capacità di Coping

- **Sviluppo di Strumenti di Coping Efficaci**: Al di là delle sostanze, esistono molteplici strategie di coping che possono essere coltivate per affrontare l'ansia e la depressione. Queste possono includere attività come scrivere un diario, praticare l'arte o la musica, esercitare la mindfulness o impegnarsi in esercizi fisici. Questi strumenti non solo offrono vie di fuga salutari ma contribuiscono anche a una maggiore resilienza emotiva.

Promozione del Benessere Fisico

- **Integrazione del Benessere Fisico**: Mantenere una routine regolare di attività fisica e assicurare un'alimentazione equilibrata sono aspetti chiave per supportare il benessere mentale. L'esercizio fisico, in particolare, è stato dimostrato di ridurre i livelli di stress, ansia e sintomi depressivi grazie al rilascio di endorfine, contribuendo così a limitare l'impulso verso l'uso di sostanze.

Costruzione di Supporto Sociale

- **Rafforzamento della Rete di Supporto Sociale**: Circondarsi di una comunità supportiva che offre comprensione e sostegno può giocare un ruolo cruciale nella gestione dell'ansia e della depressione. Gruppi di supporto, sia in persona che online, possono offrire spazi sicuri per condividere esperienze e strategie di coping, riducendo il senso di isolamento.

Esplorazione di Terapie Alternative

- **Valutazione di Terapie Complementari**: Esplorare terapie complementari come l'agopuntura, la medicina olistica, o la terapia con animali può offrire ulteriori strumenti per gestire l'ansia e la depressione senza fare affidamento sulle sostanze. È importante consultare professionisti qualificati e ricercare approcci che siano supportati da prove scientifiche.

Pratica della Mindfulness e Meditazione

- **Approfondimento della Pratica Mindfulness**: La pratica regolare della mindfulness e della meditazione può aiutare a coltivare una presenza mentale e una calma interiore, riducendo la necessità di ricorrere a sostanze per gestire lo stress e l'ansia. Queste tecniche aiutano a focalizzare l'attenzione sul momento presente, riducendo i pensieri negativi e promuovendo un senso di pace.

Attraverso l'implementazione di queste strategie avanzate e personalizzabili, è possibile costruire un insieme di abilità e conoscenze che supportano una gestione efficace dell'ansia e della depressione, riducendo al contempo la dipendenza da sostanze. Questo approccio olistico, che enfatizza la consapevolezza emotiva, lo sviluppo di strategie di coping sane, il benessere fisico e il sostegno sociale, apre la strada a un percorso di guarigione e benessere più sostenibile e arricchente, promuovendo un equilibrio tra mente, corpo e spirito.

Approfondendo ulteriormente la strategia di limitare l'uso di sostanze come mezzo per gestire meglio ansia e depressione, è cruciale sottolineare l'importanza di stabilire una solida base di abitudini quotidiane che sostengano il benessere mentale e fisico. Questa fondamentale comprensione promuove un approccio proattivo e preventivo alla cura di sé, riducendo la necessità di ricorrere a sostanze per mitigare o sfuggire a stati emotivi difficili.

Incrementare l'Autoefficacia

- **Promuovere l'Autoefficacia**: Rafforzare la convinzione nella propria capacità di affrontare efficacemente le sfide quotidiane può diminuire la dipendenza da sostanze come meccanismi di coping. Sviluppare e celebrare piccoli successi in aree di vita controllabili, come completare compiti o raggiungere obiettivi personali, può aumentare l'autoefficacia e contribuire a una maggiore resilienza emotiva.

Stabilire Routine di Sonno Salutari

- **Ottimizzazione delle Pratiche di Sonno**: Poiché il sonno influisce profondamente sulla salute mentale, stabilire una routine di sonno regolare e salutare aiuta a migliorare la qualità del riposo notturno. Evitare stimolanti come la caffeina e ridurre l'esposizione alla luce blu prima di coricarsi sono passi importanti per promuovere un sonno ristoratore, diminuendo così la necessità di sostanze per combattere l'insonnia o altri disturbi del sonno.

Cultivare Interessi e Hobby

- **Sviluppare Passioni al di Fuori delle Sostanze**: Trovare e coltivare interessi, passioni e hobby che offrono soddisfazione e senso di realizzazione può ridurre il bisogno di cercare conforto in alcol, droghe o caffeina. Che si tratti di arte, musica, sport o volontariato, queste attività forniscono vie alternative di espressione e soddisfazione.

Mantenere un'Alimentazione Equilibrata

- **Focalizzarsi sull'Alimentazione**: Una dieta equilibrata, ricca di nutrienti essenziali, supporta il funzionamento ottimale del corpo e della mente. Alimenti che modulano l'umore, come quelli ricchi di omega-3, antiossidanti e fibre, possono avere effetti positivi sul benessere emotivo, riducendo la tentazione di ricorrere a sostanze per regolare l'umore.

Esplorazione di Metodi di Rilassamento

- **Praticare Tecniche di Rilassamento**: Tecniche come il training autogeno, il progressive muscle relaxation o il bagno caldo serale possono servire come potenti strumenti di riduzione dello stress, offrendo alternative sane all'uso di sostanze per il rilassamento.

Implementare il Movimento nella Routine Quotidiana

- **Integrare l'Attività Fisica**: L'esercizio regolare non solo migliora la salute fisica ma ha anche un impatto significativo sul benessere psicologico. L'attività fisica agisce come uno sfogo naturale per lo stress e l'ansia e può

migliorare significativamente i sintomi
depressivi.

Ricerca di Connessioni Sociali Positive

- **Valorizzare le Relazioni Supportive**:
  Investire tempo e energia in relazioni che offrono
  supporto, comprensione e incoraggiamento
  positivo può ridurre la sensazione di isolamento e
  la necessità di ricorrere a sostanze per trovare
  conforto. Le connessioni sociali positive sono
  fondamentali per il benessere emotivo e possono
  fornire una rete di sicurezza nei momenti di
  bisogno.

Attraverso l'adozione di queste pratiche salutari e la
ricerca attiva di metodi alternativi di coping, si può
costruire un ambiente di vita che naturalmente
sostiene il benessere, riducendo la dipendenza da
sostanze per gestire ansia e depressione. Questo
approccio olistico alla salute mentale non solo favorisce
una maggiore autocomprensione e autoefficacia ma
anche inaugura un percorso verso un benessere più
sostenibile e arricchente, radicato nelle pratiche
quotidiane di cura di sé e nelle relazioni positive.

Proseguendo nell'esplorazione delle strategie per
limitare l'uso di sostanze e mitigare il loro impatto
negativo su ansia e depressione, è importante
sottolineare l'importanza di costruire una resilienza
emotiva e di promuovere strategie di adattamento
positive che possano servire come fondamenta per un
percorso di guarigione e benessere a lungo termine.

Promozione della Resilienza Emotiva

- **Sviluppo della Resilienza**: Incoraggiare lo sviluppo di una resilienza emotiva attraverso l'accettazione delle sfide, la percezione di queste come opportunità di crescita e il riconoscimento delle proprie forze e risorse interne può ridurre significativamente la dipendenza da sostanze. Tecniche come il journaling, la riflessione guidata e la terapia cognitivo-comportamentale (CBT) possono aiutare a costruire e rafforzare questa resilienza.

Incremento delle Capacità di Problem-Solving

- **Miglioramento del Problem-Solving**: Allenarsi a identificare soluzioni creative ai problemi e ad affrontare attivamente le sfide può diminuire il ricorso a sostanze come mezzo per evitare o mascherare le difficoltà. Sviluppare un approccio proattivo alla risoluzione dei problemi enfatizza l'importanza di affrontare direttamente le questioni, piuttosto che cercare sollievo temporaneo in alcol, droghe o caffeina.

Valorizzazione del Supporto Comunitario

- **Cerca Supporto nella Comunità**: Partecipare a gruppi di supporto o comunità online che condividono gli stessi obiettivi di riduzione dell'uso di sostanze può offrire non solo conforto e comprensione ma anche pratiche consigli e strategie condivise. Queste reti di supporto

offrono un senso di appartenenza e possono
motivare gli individui a perseguire e mantenere
cambiamenti positivi nel loro stile di vita.

Esplorazione di Attività Ricreative Alternative

- **Esplorazione di Nuovi Interessi**: Impegnarsi
  in attività ricreative o hobby che stimolano sia il
  corpo che la mente può fornire vie alternative di
  soddisfazione e piacere che non dipendono
  dall'uso di sostanze. Che si tratti di arte, sport,
  escursionismo, fotografia o volontariato, queste
  attività possono offrire arricchimento personale e
  una fuga salutare dalle pressioni quotidiane.

Stabilire Obiettivi Personalizzati di Riduzione

- **Obiettivi Personalizzati**: Definire obiettivi
  personalizzati e realistici per la riduzione dell'uso
  di sostanze e celebrare i progressi raggiunti può
  rafforzare il senso di autoefficacia e autonomia.
  La definizione di piccoli obiettivi incrementali
  consente di avvertire un senso di realizzazione
  che può motivare ulteriori sforzi e miglioramenti.

Praticare la Gratitudine

- **Cultura della Gratitudine**: Coltivare
  quotidianamente un atteggiamento di
  gratitudine, concentrandosi sugli aspetti positivi
  della propria vita e sulle piccole gioie quotidiane,
  può migliorare l'umore e ridurre il bisogno di
  cercare sollievo in sostanze. La pratica della
  gratitudine può essere facilitata attraverso

esercizi quotidiani di journaling o meditazioni guidate sulla gratitudine.

Attraverso la continua esplorazione e l'implementazione di queste strategie multidimensionali, è possibile costruire un approccio complesso e stratificato alla riduzione dell'uso di sostanze, uno che valorizza la salute mentale e il benessere complessivo. Questo approccio non solo affronta le radici dell'ansia e della depressione ma promuove anche uno stile di vita più equilibrato e soddisfacente, radicato in pratiche di cura di sé sostenibili e relazioni positive.

Nell'ulteriore approfondimento delle strategie per limitare l'uso di sostanze e il loro impatto su ansia e depressione, diventa fondamentale riconoscere il valore dell'auto-riflessione e del continuo impegno personale nel perseguire un benessere olistico. Questo processo implica non solo la riduzione dell'uso di sostanze ma anche un profondo lavoro su di sé per affrontare le radici dell'ansia e della depressione, promuovendo una vita equilibrata e soddisfacente.

Incoraggiare l'Auto-riflessione Regolare

- **Approfondimento dell'Auto-riflessione**: Dedicare tempo regolarmente all'auto-riflessione aiuta a identificare i modelli di pensiero e comportamento che possono contribuire all'uso di sostanze. Attraverso tecniche come la meditazione, il journaling o la terapia, è possibile esplorare emozioni, esperienze passate e credenze che influenzano le proprie scelte, favorendo una maggiore consapevolezza di sé e scoprendo nuove vie per il cambiamento e la guarigione.

Sviluppare Capacità di Autoregolazione Emotiva

- **Miglioramento dell'Autoregolazione Emotiva**: Imparare a gestire in modo più efficace le emozioni intense o scomode può ridurre il ricorso a sostanze come meccanismo di coping. Pratiche come la regolazione emotiva basata sulla mindfulness, l'espressione artistica e le tecniche di rilassamento fisico possono offrire strumenti preziosi per navigare le fluttuazioni emotive in modi più salutari e costruttivi.

Stabilire Connessioni Autentiche

- **Ricerca di Connessioni Significative**: Impegnarsi attivamente nella costruzione e nel mantenimento di relazioni autentiche e supportanti fornisce un senso di appartenenza e supporto che può diminuire la sensazione di isolamento spesso associata all'ansia e alla depressione. Queste connessioni, basate su fiducia, comprensione e accettazione reciproca, possono servire come una fonte di forza e conforto nei momenti di difficoltà.

Valutazione e Integrazione di Strategie di Coping Salutari

- **Adozione di Strategie di Coping Positive**: Esplorare e integrare nella propria vita strategie di coping salutari che non dipendono dall'uso di sostanze, come l'esercizio fisico, l'arte, l'ascolto di musica o il trascorrere tempo nella natura, può migliorare la capacità di affrontare lo stress e le sfide emotive in modo produttivo.

Ricorso a Risorse Professionali quando Necessario

- **Accesso a Supporto Professionale**: Riconoscere quando è necessario cercare l'aiuto di professionisti, come psicologi, psichiatri o consiglieri specializzati in dipendenze, è un passo fondamentale nel processo di riduzione dell'uso di sostanze e nella gestione dell'ansia e della depressione. Questi esperti possono offrire strategie personalizzate, supporto e trattamenti che affrontano sia l'uso di sostanze che le questioni di salute mentale sottostanti.

Creazione di un Ambiente di Vita Supportivo

- **Ottimizzazione dell'Ambiente Personale**: Curare l'ambiente di vita per promuovere il relax, la sicurezza e il benessere può avere un impatto significativo sul desiderio di ricorrere a sostanze. Ciò può includere la creazione di uno spazio di vita ordinato e confortevole, la riduzione delle fonti di stress ambientale e l'incorporazione di elementi che promuovono il benessere, come piante, arte o spazi dedicati alla meditazione e al rilassamento.

Attraverso l'implementazione di queste pratiche avanzate, c'è l'opportunità di trasformare profondamente il proprio approccio alla vita, affrontando non solo l'uso di sostanze ma anche promuovendo un benessere olistico che comprende salute fisica, emotiva e relazionale. Questo impegno nel lavoro su di sé e nella costruzione di un ambiente supportivo può portare a una vita più equilibrata, soddisfacente e arricchita, libera dalla dipendenza da sostanze e piena di potenziale per la crescita e la realizzazione personale.

Continuando a esplorare il tema del limitare l'uso di sostanze per affrontare meglio l'ansia e la depressione, è importante enfatizzare l'approccio olistico alla salute mentale, che integra la mente, il corpo e lo spirito. Questo approccio riconosce che la riduzione dell'uso di sostanze è solo una parte di un quadro più ampio che include il benessere generale dell'individuo e la qualità della sua vita quotidiana.

Arricchimento Spirituale e Personale

- **Esplorazione Spirituale**: Per alcuni, trovare o approfondire una connessione spirituale o personale può offrire sostegno e prospettiva nei momenti di difficoltà. Pratiche come la meditazione, la preghiera, lo yoga o la partecipazione a comunità spirituali possono fornire un senso di pace, scopo e appartenenza che aiuta a navigare i periodi di ansia e depressione senza dipendere dalle sostanze.

Focalizzazione sul Presente

- **Pratica della Mindfulness Quotidiana**: Coltivare la capacità di rimanere ancorati al momento presente può aiutare a mitigare l'impulso verso l'uso di sostanze come fuga dai problemi o dalle preoccupazioni. Esercizi di mindfulness e attenzione consapevole possono ridurre lo stress, migliorare la regolazione emotiva e aumentare la consapevolezza di sé.

Implementazione di Tecniche di Gestione dello Stress

- **Tecniche Avanzate di Gestione dello Stress**: Sviluppare e applicare tecniche sofisticate per gestire lo stress, come la programmazione neuro-linguistica (PNL), il biofeedback o il training di coerenza cardiaca, può offrire metodi efficaci per affrontare le sfide emotive senza ricorrere a sostanze. Questi strumenti possono migliorare la capacità di autoregolazione e promuovere una maggiore stabilità emotiva.

Sostegno alla Crescita Creativa

- **Promozione dell'Espressione Creativa**: Impegnarsi in attività creative come la pittura, la scrittura, la musica o la danza può servire come un potente canale per l'espressione emotiva e la trasformazione personale. L'arte offre una via di esplorazione del sé e di elaborazione delle emozioni che può ridurre la necessità di ricorrere a sostanze per gestire sentimenti difficili o complessi.

Ampliamento della Rete di Supporto Sociale

- **Rafforzamento delle Connessioni Sociali**: Ampliare attivamente la propria rete di supporto per includere individui e gruppi che condividono aspirazioni simili per uno stile di vita sano e bilanciato può fornire un importante sostegno sociale. Partecipare a eventi comunitari, workshop e gruppi di interesse comune può offrire nuove opportunità di connessione e appartenenza.

Promozione del Benessere Fisico

- **Integrazione del Benessere Fisico**: Oltre all'attività fisica regolare, considerare aspetti come la qualità del sonno, l'idratazione, la nutrizione e la cura personale come componenti fondamentali di un approccio olistico alla riduzione dell'uso di sostanze. Prendersi cura del proprio corpo non solo migliora la salute fisica ma supporta anche la resilienza mentale ed emotiva.

Attraverso l'approfondimento di queste pratiche, emerge un percorso verso il benessere che abbraccia una visione olistica dell'individuo, riconoscendo che la riduzione dell'uso di sostanze è intrinsecamente connessa alla promozione di uno stile di vita arricchente e supportivo. Questo approccio, che valorizza la mente, il corpo e lo spirito, offre strategie sostenibili per affrontare l'ansia e la depressione, favorendo un'esistenza più equilibrata e soddisfacente, libera dalla dipendenza da sostanze nocive.

Concludendo, l'approccio alla limitazione dell'uso di sostanze nel contesto dell'ansia e della depressione richiede un'integrazione profonda di strategie olistiche che abbracciano la salute mentale, fisica e spirituale. Questo percorso verso il benessere invita a un esame attento delle proprie abitudini, motivazioni e bisogni, promuovendo un impegno attivo nel proprio sviluppo personale e nel sostegno emotivo.

L'impatto dell'alcol, delle droghe e della caffeina su ansia e depressione sottolinea l'importanza di considerare non solo le implicazioni immediate del loro uso ma anche le conseguenze a lungo termine sul benessere personale. Attraverso l'auto-riflessione, l'educazione emotiva, il miglioramento delle capacità di coping e la costruzione di una rete di supporto solida, è possibile creare un ambiente favorevole alla riduzione dell'uso di sostanze.

La promozione della resilienza emotiva, il miglioramento della gestione dello stress, l'esplorazione dell'espressione creativa e l'espansione delle connessioni sociali costituiscono pilastri fondamentali di questo approccio. Ogni strategia non solo serve come un metodo per affrontare direttamente l'ansia e la depressione ma anche come un mezzo per rafforzare l'autonomia personale e la soddisfazione nella vita.

Integrare pratiche di mindfulness, tecniche avanzate di gestione dello stress e attività che promuovono il benessere fisico sono passi cruciali per sviluppare un modo di vivere che naturalmente disincentiva l'uso eccessivo di sostanze. La realizzazione che il benessere è multidimensionale e richiede un impegno olistico può illuminare il percorso verso la guarigione e il benessere.

In questo viaggio, la ricerca di supporto professionale quando necessario sottolinea l'importanza di riconoscere i propri limiti e la necessità di risorse esterne. L'apertura a terapie, consulenze e gruppi di supporto può offrire ulteriore guida e assistenza nel processo di riduzione dell'uso di sostanze e nella gestione dell'ansia e della depressione.

In conclusione, affrontare l'uso di sostanze nel contesto dell'ansia e della depressione con un approccio olistico e integrato rappresenta una strategia complessa ma profondamente gratificante. Questo percorso non solo mira alla riduzione dell'uso di sostanze ma anche al raggiungimento di una vita più equilibrata, arricchita e consapevole. Attraverso l'impegno in questo processo di crescita personale, è possibile scoprire nuove fonti di forza, resilienza e gioia, aprendo la strada a un futuro di maggiore benessere e soddisfazione personale.

10. Trovare un hobby o una passione: Mostrare come dedicarsi a un'attività piacevole può ridurre lo stress e migliorare l'umore.

Trovare un hobby o dedicarsi a una passione può avere un impatto profondamente positivo sulla salute mentale, riducendo lo stress e migliorando l'umore. Questo beneficio deriva dalla capacità degli hobby di distogliere l'attenzione dai pensieri e preoccupazioni stressanti, offrendo invece una via di fuga salutare e un senso di realizzazione personale.

Riduzione dello Stress

Gli hobby offrono una pausa dalle routine quotidiane e dalle pressioni, fungendo da valvola di sfogo per lo stress. Questa "fuga" non è semplicemente un distacco dalla realtà ma un'immersione in un'attività che stimola la creatività, la concentrazione e il piacere. Che si tratti di pittura, giardinaggio, cucina, musica o qualsiasi altra passione, dedicarsi a un hobby può diminuire i livelli di cortisolo, l'ormone dello stress, migliorando fisicamente e mentalmente il benessere.

Miglioramento dell'Umore

L'impegno in attività piacevoli stimola la produzione di neurotrasmettitori, come la serotonina e la dopamina, che promuovono sentimenti di felicità e soddisfazione. Questo processo naturale di gratificazione aiuta a contrastare sentimenti di ansia e depressione, elevando l'umore e offrendo una sensazione di pace e contentezza.

Sviluppo della Creatività

Gli hobby spesso richiedono un certo livello di pensiero creativo e problem-solving. Questa stimolazione mentale può trascendere l'attività stessa, influenzando positivamente altri aspetti della vita, come il lavoro e le relazioni personali. La creatività promuove una mentalità di crescita, l'apertura a nuove esperienze e la capacità di affrontare le sfide da prospettive innovative.

Costruzione di Competenze e Autostima

Impegnarsi in un hobby porta spesso all'apprendimento e al perfezionamento di nuove abilità. Questo processo di apprendimento continuo non solo arricchisce la vita ma contribuisce anche a costruire l'autostima. Ogni piccolo successo in un'attività scelta rafforza il senso di competenza e fiducia in sé, elementi chiave per un'immagine positiva di sé e per la resilienza mentale.

Promozione di Connessioni Sociali

Molti hobby offrono opportunità per connettersi con altri che condividono interessi simili. Che si tratti di classi, club, comunità online o eventi legati a un interesse specifico, queste connessioni possono arricchire significativamente la vita sociale. La condivisione di passioni con gli altri non solo rafforza le relazioni esistenti ma può anche aprire la porta a nuove amicizie, offrendo sostegno e arricchimento reciproco.

Aumento della Presenza Mentale

Dedicarsi a un hobby richiede spesso concentrazione e attenzione, tratti che promuovono una maggiore presenza mentale. Questo stato di piena consapevolezza nel momento presente aiuta a ridurre la rumination e la preoccupazione per il passato o il futuro, facilitando una maggiore pace interiore e apprezzamento per il "qui e ora".

In sintesi, trovare e dedicarsi a un hobby o a una passione può servire come un potente strumento di autogestione per ridurre lo stress, migliorare l'umore, stimolare la creatività, costruire l'autostima, promuovere connessioni sociali e aumentare la presenza mentale. Questi benefici collettivi evidenziano come gli hobby non siano semplicemente passatempi, ma componenti vitali di un approccio olistico al benessere mentale e fisico.

Approfondendo ulteriormente il valore degli hobby e delle passioni nel migliorare il benessere psicologico, emerge l'importanza di riconoscere come queste attività contribuiscano non solo a un senso immediato di sollievo dallo stress e dall'ansia ma offrano anche benefici a lungo termine per lo sviluppo personale e il senso di identità.

Incremento del Senso di Scopo e Direzione

- **Definizione di Obiettivi Personalizzati**: Impegnarsi in un hobby può aiutare a definire obiettivi personali e traguardi, offrendo una direzione chiara e un senso di scopo nella vita. Questa focalizzazione non solo motiva l'individuo a perseguire e raggiungere nuovi obiettivi ma contribuisce anche a un senso generale di realizzazione e soddisfazione personale.

Sviluppo di una Mentalità di Crescita

- **Cultura dell'Apprendimento Continuo**: L'adozione di un hobby spesso comporta l'apprendimento continuo e l'acquisizione di nuove competenze, che stimolano il cervello e promuovono una mentalità di crescita. Questo processo di apprendimento costante può aumentare l'adattabilità, migliorare la capacità di affrontare le sfide e favorire un approccio alla vita basato sulla curiosità e sull'esplorazione.

Riduzione dell'Isolamento Sociale

- **Creazione di Comunità di Supporto**: Partecipare a gruppi o eventi legati a un hobby può significativamente ridurre i sentimenti di isolamento, offrendo opportunità per interazioni sociali significative. Queste connessioni basate su interessi comuni possono fornire una rete di supporto emotivo, riducendo il senso di solitudine e promuovendo il benessere sociale.

Miglioramento della Gestione del Tempo

- **Ottimizzazione dell'Uso del Tempo**: Dedicarsi a un hobby insegna preziose lezioni sulla gestione del tempo, incoraggiando gli individui a trovare un equilibrio tra lavoro, riposo e tempo libero. L'impegno in attività piacevoli può servire come incentivo a organizzare meglio il proprio tempo, garantendo che vi sia spazio per il relax e il rinnovamento personale.

Fornire una Via di Fuga Salutare

- **Offrire Distrazione Positiva**: In momenti di stress o difficoltà emotiva, immergersi in un hobby può offrire una distrazione salutare, permettendo alla mente di staccarsi temporaneamente dai problemi e rigenerarsi attraverso attività gratificanti. Questa "fuga" non è un evitamento ma una strategia di coping che consente di affrontare le sfide con rinnovata energia e prospettiva.

Valorizzazione dell'Espressione Personale

- **Canali di Espressione Creativa**: Molti hobby offrono vie uniche di espressione personale e creativa, permettendo agli individui di esplorare e condividere aspetti della loro identità in modi non verbali. Che si tratti di arte, scrittura, musica o danza, questi mezzi di espressione possono facilitare l'esplorazione del sé e promuovere l'autenticità.

Attraverso l'integrazione di questi approfondimenti, diventa chiaro che dedicarsi a un hobby o a una passione va ben oltre il semplice passatempo. Gli hobby agiscono come catalizzatori per il benessere personale, arricchendo la vita con scopo, apprendimento, connessione, equilibrio e espressione. Questi benefici sottolineano come gli hobby siano fondamentali non solo per la gestione dello stress e il miglioramento dell'umore ma anche per il sostegno a un'esistenza piena, equilibrata e soddisfacente.

Proseguendo nell'esplorazione della profonda connessione tra hobby, passioni e benessere mentale, emerge l'importanza di riconoscere come queste attività arricchiscano la vita non solo offrendo momenti di gioia e svago ma anche promuovendo un senso di appartenenza e contribuendo alla costruzione di una narrazione di vita positiva.

Stimolazione Intellettuale e Curiosità

- **Promozione della Stimolazione Intellettuale**: Gli hobby spesso sfidano la mente in modi nuovi e stimolanti, promuovendo la curiosità e l'apprendimento continuo. Questo tipo di stimolazione intellettuale può prevenire la monotonia, stimolare la creatività e incoraggiare la scoperta di nuovi interessi e passioni, mantenendo la mente attiva e impegnata.

Rafforzamento dell'Identità Personale

- **Affinamento dell'Identità e dei Valori**: Dedicarsi a un hobby può essere un potente mezzo di esplorazione e affermazione dell'identità personale. Attraverso la scelta di attività che rispecchiano i propri valori, interessi e passioni, gli individui possono rafforzare la loro comprensione di sé e esprimere aspetti unici della loro personalità, contribuendo a una maggiore autenticità e senso di sé.

Contributo alla Comunità

- **Potenziamento del Contributo Sociale**: Alcuni hobby possono offrire opportunità di contribuire positivamente alla comunità, sia attraverso il volontariato sia partecipando a progetti che beneficiano gli altri. Questo senso di dare indietro non solo arricchisce la vita dell'individuo ma rafforza anche il legame con la comunità, promuovendo un senso di appartenenza e scopo collettivo.

Miglioramento delle Relazioni Interpersonali

- **Arricchimento delle Relazioni**: Condividere hobby o interessi con amici, familiari o partner può approfondire i legami esistenti e facilitare la costruzione di nuove relazioni significative. Queste esperienze condivise non solo offrono piacere e divertimento ma possono anche migliorare la comunicazione e la comprensione reciproca.

Fornire Strumenti per la Gestione dei Conflitti

- **Utilizzo come Strumenti di Mediazione**: Gli hobby possono servire come terreno neutrale per la navigazione e la risoluzione dei conflitti, offrendo una via di fuga costruttiva dai problemi quotidiani e un mezzo per rilassarsi e riconnettersi in contesti meno carichi di tensione. Questo aspetto può essere particolarmente prezioso nelle dinamiche familiari o di coppia, dove gli hobby condivisi fungono da collante sociale.

Promozione dell'Equilibrio Vita-Lavoro

- **Supporto all'Equilibrio Vita-Lavoro**: Impegnarsi in hobby aiuta a delineare confini chiari tra il lavoro e il tempo libero, promuovendo un sano equilibrio vita-lavoro. Questa separazione è cruciale per il recupero mentale e fisico dallo stress lavorativo e per mantenere una prospettiva bilanciata sulla vita, garantendo che vi sia spazio per il riposo, il gioco e la crescita personale.

Attraverso queste considerazioni, si evidenzia come gli hobby e le passioni siano molto più di semplici attività ricreative. Essi fungono da pilastri per il sostegno alla salute mentale, l'enrichimento personale, e la connessione sociale, tessendo insieme le diverse sfere della vita in un mosaico coesivo che promuove la felicità, il benessere e una profonda soddisfazione. L'impegno in queste attività arricchisce il viaggio personale, offrendo continui momenti di scoperta, gioia e apprezzamento per la vasta gamma di esperienze che la vita ha da offrire.

Nell'ulteriore esplorazione dell'importanza degli hobby e delle passioni per il benessere mentale, diventa chiaro che queste attività giocano un ruolo cruciale nel fornire non solo una pausa dallo stress quotidiano, ma anche nell'alimentare un senso di progresso personale e nell'offrire nuove prospettive su vita e sfide.

Favorire la Mindfulness e la Consapevolezza

- **Cultivare la Mindfulness attraverso gli Hobby**: L'immersione in attività che amiamo promuove una forma di mindfulness, dove l'attenzione è completamente assorbita dal momento presente. Questo stato di flusso, in cui ci si perde nell'attività, aiuta a staccare dalla routine quotidiana e dalle preoccupazioni, riducendo lo stress e migliorando la salute mentale. La pratica regolare degli hobby può insegnare a rimanere ancorati al presente in altri contesti della vita, migliorando la qualità dell'esperienza vissuta.

Sviluppare la Persistenza e la Resilienza

- **Rinforzare la Persistenza**: L'impegno in un hobby, specialmente in quelli che presentano sfide progressive o richiedono la maestria di nuove abilità, insegna il valore della persistenza e della pazienza. Superare le difficoltà e continuare a progredire in un'attività favorisce una mentalità resiliente applicabile anche ad altri aspetti della vita, insegnando che la persistenza porta a risultati gratificanti.

Esplorare l'Identità e l'Autenticità

- **Espressione dell'Identità**: Gli hobby offrono un mezzo per esplorare e esprimere aspetti unici dell'identità personale. Questo può essere particolarmente liberatorio per individui che si sentono limitati nelle loro espressioni quotidiane, che sia per motivi professionali o personali. La possibilità di esprimersi liberamente attraverso un'attività scelta contribuisce a un senso di autenticità e soddisfazione personale.

Integrazione Sociale e Culturale

- **Promuovere l'Integrazione Sociale**: Gli hobby possono funzionare come ponti culturali e sociali, facilitando l'integrazione in nuove comunità o ambienti. Partecipare a attività di gruppo o condividere interessi comuni aiuta a superare barriere linguistiche o culturali, promuovendo la comprensione e l'accettazione reciproca.

Bilanciamento tra Sfida e Abilità

- **Trovare l'Equilibrio tra Sfida e Competenza**: Un aspetto fondamentale del coinvolgimento in hobby è trovare attività che bilancino adeguatamente le sfide con le abilità personali. Quando un'attività corrisponde o estende leggermente le competenze esistenti, offre l'opportunità per il flusso, uno stato di coinvolgimento profondo che è sia immensamente gratificante sia promuovendo la crescita personale.

Promozione dell'Autocura

- **Riconoscimento come Forma di Autocura**: Dedicarsi a un hobby è un atto di autocura, un riconoscimento che prendersi tempo per fare qualcosa che si ama è essenziale per il proprio benessere. Questa pratica può servire come un importante promemoria che il proprio valore non è legato unicamente alle prestazioni lavorative o alle responsabilità, ma anche alla capacità di coltivare gioia e significato attraverso le passioni personali.

Continuando a esplorare e a integrare gli hobby nella propria vita, si riconosce il loro valore non solo come distrazioni o passatempi, ma come componenti essenziali di una vita ben vissuta. Attraverso la scoperta e il coinvolgimento in attività che risuonano con i propri interessi e valori, è possibile non solo arricchire il proprio percorso di vita ma anche migliorare significativamente la resilienza mentale, la felicità e il senso di compimento personale. Gli hobby, quindi, diventano strumenti potenti per navigare la complessità della vita con grazia, curiosità e un senso rinnovato di scoperta.

Concludendo, l'impegno in hobby e passioni emerge come una componente fondamentale per il benessere psicologico e la salute mentale, offrendo non solo sollievo dallo stress e miglioramento dell'umore ma anche contribuendo in modo significativo alla crescita personale, all'autostima e alla resilienza. Attraverso la dedizione a tali attività, gli individui possono sperimentare un profondo senso di soddisfazione e realizzazione, migliorando la qualità della loro vita quotidiana e rafforzando le loro capacità di affrontare le sfide.

La pratica degli hobby permette di sviluppare un rapporto più profondo e significativo con sé stessi, promuovendo l'esplorazione e l'espressione dell'identità personale in modi creativi e autentici. Questa espressione di sé facilita una maggiore comprensione e accettazione delle proprie unicità, rafforzando l'autostima e il senso di valore personale.

Inoltre, la sfida e la soddisfazione derivanti dal superamento degli ostacoli e dal raggiungimento di nuovi traguardi negli hobby scelti possono aumentare la resilienza, fornendo preziose lezioni sulla perseveranza e sulla gestione delle difficoltà applicabili in tutti gli ambiti della vita.

Gli hobby agiscono anche come un potente veicolo per il miglioramento delle relazioni sociali, offrendo opportunità di connessione con individui che condividono interessi simili. Queste connessioni possono diminuire i sentimenti di isolamento, arricchire l'esperienza sociale e promuovere un senso di appartenenza a una comunità. L'interazione e la collaborazione con altri appassionati possono aprire nuove prospettive, incoraggiare lo scambio di idee e rafforzare i legami interpersonali.

Inoltre, l'impegno in attività piacevoli e gratificanti promuove la mindfulness e la presenza mentale, aiutando gli individui a concentrarsi sul momento presente e a distaccarsi dai pensieri ansiosi o depressivi. Questo stato di flusso, dove il tempo sembra sospeso e le preoccupazioni si allontanano, offre un profondo senso di pace e contentezza, contribuendo a un equilibrio emotivo più stabile.

Infine, la scelta di dedicarsi a hobby e passioni sottolinea l'importanza dell'autocura e del riconoscimento che investire tempo e risorse in se stessi non è un lusso ma una necessità per il mantenimento di una salute mentale robusta. Questa pratica di cura di sé consapevole invita a un'esplorazione continua, alla scoperta di nuove passioni e al rinnovamento dell'entusiasmo per la vita.

In sintesi, gli hobby e le passioni rappresentano molto più che semplici passatempi; sono strumenti vitali per il sostegno alla salute mentale, la crescita personale e il benessere complessivo. Attraverso l'impegno in queste attività, è possibile non solo arricchire la propria vita con esperienze significative e soddisfacenti ma anche costruire una fondazione solida per la resilienza, l'equilibrio e la felicità duratura.

11. Tecniche di gestione del pensiero negativo: Insegnare metodi per riconoscere e sfidare i pensieri negativi o distorti.

La gestione dei pensieri negativi o distorti è fondamentale per il benessere mentale e emotivo. Tecniche di terapia cognitivo-comportamentale (CBT) e di mindfulness sono particolarmente efficaci in questo ambito, offrendo strategie concrete per identificare, sfidare e ristrutturare il pensiero negativo. Questi metodi aiutano a creare una distanza emotiva dai pensieri negativi e a sviluppare una prospettiva più equilibrata e realistica.

Identificazione dei Pensieri Negativi

- **Tenere un Diario dei Pensieri**: Una tecnica utile è annotare i pensieri negativi quando si verificano. Questo aiuta a riconoscerli e a vedere i modelli di pensiero negativo che possono emergere. Vedere i propri pensieri scritti può anche aiutare a distanziarsi emotivamente da loro.

Sfidare i Pensieri Distorti

- **Domande di Sfida**: Una volta identificati i pensieri negativi, il prossimo passo è sfidarli con domande specifiche. Chiedere a se stessi quanto sia veramente accurato un pensiero, quali prove si hanno a supporto o contro di esso, o se ci sia un modo più positivo di guardare alla situazione può aiutare a de-costruire e sfidare il pensiero negativo.

Ristrutturazione Cognitiva

- **Riformulazione dei Pensieri**: Dopo aver sfidato i pensieri negativi, il passo successivo è riformularli in modo più positivo e realistico. Questo non significa semplicemente "pensare positivo", ma piuttosto cercare una visione più equilibrata e meno distorta della realtà.

Pratica della Mindfulness

- **Osservazione Neutra**: La mindfulness insegna a osservare i pensieri e le emozioni senza giudizio e ad accettarli come temporanei e non definitori del sé. Questo può aiutare a ridurre il potere dei pensieri negativi, poiché si impara a non identificarsi con essi.

Esercizi di Distrazione

- **Attività di Distrazione**: Impegnarsi in attività che richiedono concentrazione può aiutare a staccare l'attenzione dai pensieri negativi. Questo può includere hobby, esercizio fisico, o qualsiasi attività piacevole che assorba completamente la mente.

Confronto con la Realtà

- **Verifica della Realtà**: Chiedersi se il proprio pensiero negativo sarà importante tra un anno o cinque anni può aiutare a mettere le cose in prospettiva e a ridurre l'ansia o lo stress che ne deriva.

Ricerca del Supporto Sociale

- **Condividere i Pensieri**: Parlare con amici fidati, familiari o professionisti della salute mentale sui propri pensieri negativi può offrire nuove prospettive e ridurre il senso di isolamento.

Stabilire Obiettivi Realistici

- **Obiettivi Piccoli e Gestibili**: Stabilire obiettivi piccoli e realistici può aiutare a costruire la fiducia in se stessi e a ridurre i sentimenti di fallimento o frustrazione che alimentano i pensieri negativi.

Queste tecniche richiedono pratica e pazienza, poiché cambiare modelli di pensiero radicati può richiedere tempo. Tuttavia, con l'impegno costante, è possibile sviluppare una maggiore resilienza ai pensieri negativi, promuovendo un benessere mentale più profondo e una visione della vita più equilibrata e ottimistica. La chiave sta nel riconoscere che si ha il potere di controllare come si interpretano e si reagisce ai pensieri e alle situazioni, piuttosto che essere controllati da essi.

Nell'approfondire ulteriormente le strategie per la gestione dei pensieri negativi, emerge l'importanza di integrare queste tecniche in una pratica quotidiana, rendendo così la gestione del pensiero negativo una componente stabile del proprio benessere mentale. Questo processo continuo aiuta non solo a mitigare l'impatto dei pensieri negativi quando si presentano, ma anche a costruire una resilienza mentale che può proteggere contro lo sviluppo futuro di pattern di pensiero negativo.

Implementazione della Pratica Quotidiana

- **Rituali Quotidiani di Positività**: Creare rituali quotidiani che promuovono pensieri positivi, come la lettura di affermazioni al mattino, la pratica della gratitudine serale, o il momento di riflessione durante il giorno, può aiutare a stabilire un ambiente mentale più positivo. Queste abitudini possono agire come un contrappeso ai pensieri negativi, ricordando regolarmente le cose positive della propria vita.

Sviluppo di Competenze di Autocompassione

- **Cultivare l'Autocompassione**: Imparare a trattare se stessi con gentilezza e comprensione nei momenti di difficoltà è fondamentale nella gestione dei pensieri negativi. L'autocompassione incoraggia una risposta più amorevole e accettante verso se stessi, riducendo l'autocritica che spesso accompagna il pensiero negativo.

Utilizzo della Visualizzazione

- **Pratiche di Visualizzazione**: Utilizzare tecniche di visualizzazione per immaginare se stessi superare situazioni stressanti o affrontare pensieri negativi con successo può rafforzare la fiducia nelle proprie capacità di coping. Questa pratica può anche aiutare a immaginare esiti positivi, spostando così il focus dai pensieri negativi a quelli più ottimistici.

Ampliamento della Conoscenza attraverso la Lettura

- **Educazione Continua**: Leggere libri o articoli su strategie di gestione dei pensieri negativi e sulla salute mentale può offrire nuove tecniche e prospettive. Questo apprendimento continuo non solo arricchisce la propria scatola degli attrezzi di strategie di coping ma promuove anche un'impegno proattivo nel proprio percorso di salute mentale.

Adattamento delle Tecniche alla Situazione Personale

- **Personalizzazione delle Strategie**: Riconoscere che non tutte le tecniche funzionano allo stesso modo per tutti è cruciale. Sperimentare con diverse strategie e adattarle in base alle proprie esigenze e risposte individuali può aiutare a trovare il mix più efficace di tecniche di gestione dei pensieri negativi per la propria situazione unica.

Creazione di un Ambiente di Supporto

- **Ambiente Positivo**: Circondarsi di persone e ambienti che promuovono un atteggiamento positivo può rafforzare gli sforzi individuali nella gestione dei pensieri negativi. Un ambiente di supporto può fornire incoraggiamento e feedback positivi, rafforzando la motivazione a mantenere la pratica di gestione dei pensieri negativi.

Riconoscimento del Progresso e dei Successi

- **Celebrazione dei Successi**: Riconoscere e celebrare i progressi fatti nella gestione dei pensieri negativi può fornire un rinforzo positivo che incentiva la continuazione della pratica. Anche i piccoli successi sono importanti tappe nel viaggio verso una maggiore resilienza mentale.

Integrando queste strategie in una pratica coerente e personalizzata, è possibile trasformare il modo in cui si affrontano e si gestiscono i pensieri negativi. La chiave sta nel mantenere un impegno costante verso il proprio benessere mentale, riconoscendo che la capacità di gestire efficacemente i pensieri negativi è una competenza che può essere sviluppata e raffinata nel tempo. Questo impegno non solo migliora la qualità della vita quotidiana ma costruisce anche una base solida per affrontare le sfide future con maggiore fiducia e resilienza.

Proseguendo nella comprensione delle tecniche di gestione dei pensieri negativi, diventa evidente che l'approccio multi-facettato, che integra sia strategie cognitive sia comportamentali, offre la flessibilità necessaria per adattarsi ai diversi bisogni individuali. Mantenere un impegno costante e riflessivo in questo processo non solo facilita la navigazione attraverso momenti di ansia e depressione ma contribuisce anche a costruire un profondo senso di autoconsapevolezza e controllo emotivo.

Valorizzazione del Supporto Esterno

- **Consultazione Professionale**: Mentre le tecniche di auto-aiuto e gestione dei pensieri negativi sono potenti, riconoscere il valore del supporto professionale è fondamentale. Psicologi e terapeuti possono offrire guida, insight e tecniche terapeutiche avanzate che potrebbero essere più efficaci per casi specifici. La terapia può essere particolarmente utile per affrontare radici profonde dei pensieri negativi e per apprendere strategie personalizzate di coping.

Integrazione di Attività Fisica Regolare

- **Benefici dell'Esercizio Fisico**: L'attività fisica regolare è stata ampiamente documentata per i suoi effetti positivi sulla salute mentale, inclusa la riduzione dei pensieri negativi. L'esercizio agisce rilasciando endorfine, migliorando l'umore e offrendo una distrazione salutare dai circuiti mentali negativi. Trovare una forma di esercizio che si ama e integrarla nella routine quotidiana può rafforzare ulteriormente la gestione dei pensieri negativi.

Cultura dell'Alimentazione Consapevole

- **Nutrizione e Salute Mentale**: Anche l'alimentazione gioca un ruolo significativo nella gestione dei pensieri negativi. Una dieta bilanciata ricca di nutrienti essenziali può sostenere la funzione cerebrale e influenzare positivamente l'umore. Integrare alimenti che promuovono la salute del cervello, come quelli ricchi di omega-3, antiossidanti e fibre, può contribuire a un benessere mentale ottimale.

Pratica Regolare di Tecniche di Rilassamento

- **Tecniche di Rilassamento e Riduzione dello Stress**: Pratiche come il training autogeno, la meditazione guidata, il yoga e il tai chi possono offrire strumenti efficaci per il rilassamento e la riduzione dello stress. Queste pratiche non solo aiutano a distaccarsi dai pensieri negativi ma promuovono anche un profondo senso di pace e benessere interiore.

Promozione di Un Sonno Riposante

- **Importanza del Sonno**: La qualità del sonno ha un impatto diretto sui pensieri e sull'umore. Praticare una buona igiene del sonno, come stabilire orari regolari per andare a letto e alzarsi, limitare l'esposizione alla luce blu prima di dormire e creare un ambiente rilassante per dormire, può migliorare la qualità del sonno e, di conseguenza, la gestione dei pensieri negativi.

Costruzione di Una Rete di Supporto

- **Rafforzare le Relazioni Sociali**: Coltivare e mantenere relazioni di supporto può offrire un ulteriore strato di protezione contro i pensieri negativi. Sentirsi connessi, compresi e supportati da amici, familiari o gruppi di supporto può fornire una prospettiva esterna preziosa e ridurre il senso di isolamento che spesso accompagna i pensieri negativi.

Adozione di Un Approccio Olistico

- **Vita Equilibrata**: Infine, adottare un approccio olistico alla vita, che tenga conto di tutte le dimensioni del benessere - fisico, mentale, emotivo e spirituale - può migliorare significativamente la gestione dei pensieri negativi. Riconoscere che la cura di sé è multifacettata e che tutte le aree della vita sono interconnesse può aiutare a costruire una fondazione solida per il benessere complessivo.

Attraverso l'adozione di queste strategie e pratiche, integrando sapientemente approcci cognitivi, comportamentali e olistici, è possibile affrontare in modo più efficace i pensieri negativi e costruire una vita caratterizzata da maggiore positività, resilienza e soddisfazione personale. Questo processo di gestione attiva dei pensieri negativi non solo arricchisce l'esperienza di vita ma promuove anche una profonda trasformazione personale verso una maggiore consapevolezza, equilibrio e felicità.

Nell'ulteriore esplorazione delle strategie per affrontare e trasformare i pensieri negativi, è cruciale riconoscere l'importanza di un impegno prolungato e consapevole verso pratiche che nutrono la mente, il corpo e lo spirito. L'adozione di un approccio globale non solo aiuta a gestire efficacemente i pensieri negativi nel momento ma pone anche le basi per una resilienza mentale a lungo termine e per un senso di benessere duraturo.

Approfondimento della Connessione con la Natura

- **Benefici del Contatto con la Natura**: Trascorrere tempo nella natura ha dimostrato di avere effetti terapeutici significativi, inclusa la riduzione dei pensieri negativi e l'aumento del benessere emotivo. L'esposizione regolare a spazi verdi, come parchi, foreste o giardini, può abbassare i livelli di stress, migliorare l'umore e promuovere una prospettiva più positiva sulla vita. Incorporare passeggiate nella natura o giardinaggio come parti integranti della routine quotidiana può essere un passo potente verso il rafforzamento della salute mentale.

Pratica Consapevole dell'Altruismo

- **Effetti Positivi dell'Altruismo**: Impegnarsi in atti di gentilezza e altruismo non solo beneficia chi riceve ma arricchisce anche chi dà. Questi atti possono spostare l'attenzione dai pensieri interni negativi verso azioni esterne positive, generando sentimenti di gratitudine, connessione e autostima. L'adozione di un atteggiamento orientato al servizio può trasformare la percezione di sé e delle proprie circostanze, incoraggiando un ciclo virtuoso di pensieri e azioni positive.

Incorporazione della Creatività nella Vita Quotidiana

- **Potere della Creatività**: La creatività non è solo un mezzo di espressione personale ma anche una potente risorsa per affrontare i pensieri negativi. Attività creative come la scrittura, la pittura, la musica o il crafting offrono vie di fuga dal ciclo dei pensieri negativi, permettendo l'esplorazione di emozioni complesse e la trasformazione di queste in qualcosa di tangibile e spesso bello. Questa pratica non solo riduce lo stress ma arricchisce anche la vita con un senso di realizzazione e scopo.

Sviluppo di Routine di Autocura Personalizzate

- **Importanza delle Routine di Autocura**: Creare e mantenere routine di autocura personalizzate sottolinea il valore del prendersi cura di sé. Queste routine possono includere pratiche di benessere fisico, attività rilassanti, momenti dedicati alla riflessione e all'autoespressione, e qualsiasi altra attività che nutra la pace interiore e la felicità. L'identificazione di ciò che realmente contribuisce al proprio benessere personale è fondamentale per costruire una pratica di autocura efficace e gratificante.

Riconoscimento e Accettazione delle Emozioni

- **Navigare le Emozioni con Grazia**: Imparare a riconoscere, accettare e navigare le proprie emozioni senza giudizio è essenziale nella lotta contro i pensieri negativi. L'accettazione non implica rassegnazione ma piuttosto una comprensione profonda che le emozioni sono transitorie e non definiscono il nostro valore o la nostra realtà. Strumenti come la terapia emotiva-focalizzata o la meditazione sulle emozioni possono offrire vie per esplorare e trasformare l'esperienza emotiva in modo costruttivo.

L'integrazione di queste strategie avanzate nella vita quotidiana non solo fornisce un robusto insieme di strumenti per contrastare i pensieri negativi ma apre anche la porta a un viaggio di crescita personale e scoperta. Attraverso la pratica costante e l'impegno in queste tecniche, si possono rafforzare la resilienza mentale e la capacità di affrontare le sfide della vita con una prospettiva più positiva e costruttiva. Il percorso verso il benessere mentale e l'equilibrio emotivo è un viaggio continuo, arricchito dall'apprendimento, dall'esplorazione di sé e dallo sviluppo di una profonda connessione con il mondo intorno a noi.

Concludendo, la gestione dei pensieri negativi attraverso un insieme integrato di tecniche e pratiche rappresenta un pilastro fondamentale per il sostegno alla salute mentale e il benessere complessivo. Questo processo richiede un impegno consapevole e proattivo verso l'auto-riflessione, l'apprendimento continuo e l'adozione di abitudini di vita che promuovono la resilienza emotiva, la positività e la crescita personale.

Attraverso l'identificazione e la sfida dei pensieri negativi, l'individuo impara a rompere i cicli di pensiero distorto che alimentano ansia, depressione e disarmonia interiore. Utilizzando tecniche di ristrutturazione cognitiva, mindfulness e visualizzazione, è possibile trasformare attivamente la percezione delle proprie esperienze, favorendo una visione più equilibrata e ottimistica della vita. La pratica regolare di questi metodi consente di sviluppare una maggiore autocompassione e comprensione, riducendo l'impatto dei pensieri negativi sul benessere emotivo.

L'integrazione della fisicità, attraverso l'esercizio e la nutrizione, e la valorizzazione delle relazioni sociali e del supporto esterno amplificano ulteriormente l'efficacia di queste strategie. L'attività fisica funge da catalizzatore naturale per il miglioramento dell'umore e il rafforzamento della mente, mentre un'alimentazione consapevole sostiene la salute cerebrale e l'equilibrio emotivo. La condivisione delle proprie esperienze e sfide con amici, familiari o professionisti della salute mentale offre nuove prospettive e incoraggiamento, rafforzando il senso di connessione e appartenenza.

La dedizione a hobby e interessi personali non solo arricchisce la vita di gioia e soddisfazione ma serve anche come un importante strumento di distrazione dai pensieri negativi, promuovendo l'espressione di sé e l'identità personale. Queste passioni forniscono un senso di scopo e direzione, mentre la loro pratica regolare contribuisce a un senso di progresso e competenza.

Infine, la creazione di routine di autocura personalizzate, che includono pratiche di rilassamento, sonno riposante e gestione dello stress, costituisce un approccio olistico alla vita che favorisce l'equilibrio e la serenità interiore. Queste pratiche quotidiane di benessere aiutano a stabilire un solido fondamento su cui costruire una vita caratterizzata dalla resilienza, dalla gioia e dalla realizzazione personale.

In sintesi, la gestione dei pensieri negativi attraverso un approccio multidimensionale e integrato non solo affronta le sfide immediate della salute mentale ma pone anche le basi per un percorso di vita arricchente e soddisfacente. Questo impegno nel miglioramento continuo e nell'autocura consapevole apre la strada a una maggiore felicità, benessere e una profonda soddisfazione personale, trasformando la lotta contro i pensieri negativi in un'opportunità per la crescita e l'evoluzione personale.

12. Pratica della gratitudine: Introdurre l'abitudine di riflettere su ciò per cui si è grati e come può migliorare la prospettiva di vita.

La pratica della gratitudine, un'espressione consapevole di apprezzamento per ciò che si ha nella vita, si rivela una strategia potente per migliorare la prospettiva di vita e il benessere generale. Questo semplice ma profondo cambiamento di focus, dal concentrarsi su ciò che manca o su aspetti negativi della vita, verso l'apprezzamento per ciò che già si possiede, può avere effetti trasformativi sulla salute mentale, sulle relazioni interpersonali e sulla felicità personale.

Effetti Positivi della Gratitudine

La gratitudine non solo migliora l'umore e riduce i sentimenti di ansia e depressione, ma rafforza anche il sistema immunitario, migliora il sonno e può persino ridurre la pressione sanguigna. Inoltre, l'espressione regolare di gratitudine può migliorare le relazioni, poiché riconoscere e apprezzare esplicitamente il valore degli altri e delle nostre connessioni aumenta i sentimenti di vicinanza e soddisfazione reciproca.

Praticare la Gratitudine Quotidianamente

- **Diario della Gratitudine**: Uno degli strumenti più efficaci per coltivare la gratitudine è tenere un diario in cui annotare regolarmente ciò per cui si è grati. Questo può variare da grandi benedizioni a piccole gioie quotidiane. L'atto di scrivere aiuta a cristallizzare questi pensieri e rende più facile ricordare e riflettere su di essi.

- **Meditazioni sulla Gratitudine**: Dedicare del tempo alla meditazione focalizzata sulla gratitudine può aiutare a interiorizzare profondamente questo sentimento. Concentrarsi sugli aspetti della propria vita per cui si è grati durante la meditazione può creare uno spazio mentale più positivo e tranquillo.

- **Espressione Verbale di Gratitudine**: Condividere la propria gratitudine con gli altri, sia attraverso complimenti, note di ringraziamento o semplicemente comunicando apprezzamento, non solo migliora le relazioni ma rafforza anche i propri sentimenti di gratitudine.

- **Riflessione Notturna**: Dedicare qualche momento prima di coricarsi per riflettere sui momenti o le persone per cui si è stati grati durante il giorno può migliorare la qualità del sonno e terminare la giornata su una nota positiva.

- **Sfide di Gratitudine**: Partecipare o creare una sfida di gratitudine, dove ci si impegna a identificare qualcosa per cui essere grati ogni giorno per un determinato periodo, può aiutare a stabilire l'abitudine e a rendere la gratitudine una pratica quotidiana.

Impatto a Lungo Termine

Coltivare la gratitudine può trasformare la prospettiva di vita, aiutando a vedere il mondo e le proprie esperienze in una luce più positiva. Questa pratica aiuta a riconoscere il buono anche nei momenti difficili, fornendo una fonte di forza e speranza. Inoltre, la gratitudine può ridurre la tendenza a confrontarsi negativamente con gli altri, promuovendo invece un senso di abbondanza e soddisfazione personale.

In sintesi, la pratica della gratitudine è molto più di un semplice esercizio di pensiero positivo; è un approccio trasformativo alla vita che può arricchire ogni aspetto dell'esistenza. Integrare consapevolmente la gratitudine nella vita quotidiana apre la porta a un'esistenza caratterizzata da maggiore gioia, apprezzamento e un profondo senso di connessione con il mondo intorno a noi. La gratitudine, coltivata e espressa regolarmente, diventa una fonte inesauribile di benessere, illuminando il cammino verso una vita più soddisfacente e significativa.

Approfondendo ulteriormente la pratica della gratitudine e il suo impatto trasformativo sulla prospettiva di vita, è essenziale riconoscere come questa abitudine, coltivata nel tempo, possa effettivamente ristrutturare il pensiero e influenzare profondamente la nostra interazione con il mondo. La gratitudine non è soltanto un esercizio mentale, ma una postura esistenziale che apre a una maggiore ricettività verso la bellezza, la generosità e le opportunità della vita, promuovendo una resilienza emotiva e un senso di abbondanza interiore.

Integrazione della Gratitudine nelle Interazioni Quotidiane

- **Pratica Costante nelle Relazioni**: Incoraggiare attivamente l'espressione di gratitudine nelle relazioni quotidiane può rafforzare i legami e aumentare la sensazione di vicinanza e apprezzamento reciproco. Questo coinvolgimento attivo trasforma la gratitudine in una lingua comune di positività e riconoscimento all'interno delle comunità, famiglie e gruppi di amici.

Riconoscimento delle Piccole Gioie

- **Attenzione ai Dettagli**: L'addestramento dell'occhio e della mente a notare e apprezzare le piccole gioie e bellezze della vita quotidiana — come un tramonto, il sorriso di un amico o un gesto gentile — può significativamente migliorare la prospettiva di vita. Questo costante riconoscimento funge da antidoto alla negatività e all'apatia, invitando alla meraviglia e all'apprezzamento.

Sviluppo di Una Mentalità di Abbondanza

- **Cultivare l'Abbondanza**: La pratica della gratitudine aiuta a spostare il focus dalla percezione della scarsità a quella dell'abbondanza. Questo cambiamento di prospettiva incoraggia l'individuo a vedere la vita come piena di possibilità e risorse, piuttosto che limitata e ristretta. Una mentalità di abbondanza stimola generosità, condivisione e un senso di pace interiore con ciò che si ha.

Uso della Gratitudine come Strumento di Mindfulness

- **Ancoraggio al Presente**: Utilizzare la gratitudine come una forma di mindfulness aiuta a radicare l'individuo nel momento presente, riconoscendo il valore e la bellezza del qui e ora. Questa presenza aumentata riduce la preoccupazione per il futuro e il rimpianto per il passato, promuovendo una pace e un'apprezzamento più profondi per la vita attuale.

Amplificazione del Senso di Connessione

- **Approfondimento dei Collegamenti Universali**: La pratica della gratitudine può espandere il senso di connessione non solo con le persone ma anche con il mondo naturale e l'universo in generale. Riconoscere il proprio posto nel tessuto più ampio dell'esistenza può offrire conforto, meraviglia e un senso di appartenenza profondo.

Implementazione di Esercizi di Gratitudine Specifici

- **Esercizi Mirati**: Oltre al diario della gratitudine, esistono molteplici esercizi specifici che possono aiutare a coltivare la gratitudine, come le lettere di gratitudine a sé stessi per i progressi compiuti, l'identificazione di lezioni apprese da sfide passate, o la creazione di "vasi della gratitudine" dove annotare e conservare note di apprezzamento.

Riflessione sulla Gratitudine come Via di Crescita Personale

- **Gratitudine e Crescita Personale**: Riflettere su come la gratitudine abbia influenzato il proprio percorso di crescita personale può rivelare insight profondi su come questo atteggiamento abbia trasformato la percezione di sé, delle relazioni e delle avversità. Questa auto-esplorazione può rafforzare ulteriormente l'impegno nella pratica della gratitudine come strumento di trasformazione personale.

La gratitudine, pertanto, si rivela non solo come un sentimento passeggero ma come una profonda pratica di vita che arricchisce ogni esperienza e interazione. Attraverso il suo abbraccio, è possibile non solo navigare con maggiore serenità attraverso le sfide della vita ma anche aprire il cuore e la mente alla pienezza, alla ricchezza e alla bellezza inesauribili del nostro viaggio umano.

Proseguendo nell'approfondimento del ruolo trasformativo della gratitudine nella vita quotidiana, diventa evidente che questa pratica non solo migliora la percezione individuale della realtà ma agisce anche come un potente catalizzatore per il rafforzamento della resilienza emotiva, il miglioramento della salute fisica e il rafforzamento delle relazioni interpersonali. Adottare la gratitudine come abitudine di vita quotidiana può effettivamente trasformare gli ostacoli in opportunità, le sfide in lezioni e i momenti ordinari in occasioni di profonda apprezzamento.

Favorire la Resilienza Emotiva

- **Gratitudine e Resilienza**: La gratitudine aiuta a costruire una resilienza emotiva, fornendo le risorse interne per affrontare le avversità. Concentrandosi sugli aspetti positivi della vita, anche nei momenti difficili, si rafforza la capacità di recuperare da esperienze negative e di mantenere una prospettiva ottimistica sul futuro. La pratica della gratitudine insegna che, nonostante le inevitabili sfide della vita, ci sono sempre elementi di valore e di bellezza che meritano riconoscimento.

Miglioramento della Salute Fisica

- **Benefici per la Salute Fisica**: Ricerche indicano che la gratitudine può avere effetti benefici tangibili sulla salute fisica. Le persone che praticano regolarmente la gratitudine riportano meno disturbi, come dolori minori e miglioramenti nel sonno e nella pressione sanguigna. La gratitudine può stimolare comportamenti salutari, come una maggiore attività fisica e scelte alimentari più sane, contribuendo ulteriormente al benessere generale.

Rafforzamento delle Relazioni

- **Approfondimento delle Connessioni Interpersonali**: La gratitudine può trasformare le relazioni, rendendole più profonde e soddisfacenti. Esprimere apprezzamento e riconoscimento agli altri non solo rafforza i legami ma incoraggia anche reciprocità e supporto. Questa pratica può aiutare a superare incomprensioni e a costruire un ambiente di rispetto e cura reciproca, dove ogni persona si sente valorizzata.

Promozione dell'Equilibrio Emotivo

- **Equilibrio Emotivo attraverso la Gratitudine**: Integrare la gratitudine nella routine quotidiana può aiutare a stabilizzare l'umore e a promuovere un equilibrio emotivo. Concentrandosi su ciò che è positivo, si riducono i sentimenti di invidia, risentimento e insoddisfazione, favorendo invece stati emotivi più sereni e contenti. Questa pratica aiuta a

navigare la vita con una maggiore pace interiore
e soddisfazione.

Stimolazione del Senso di Meraviglia

- **Riscoperta della Meraviglia**: La gratitudine
  riaccende il senso di meraviglia nei confronti
  della vita e dell'universo. Riconoscere la bellezza
  nelle piccole cose e apprezzare i miracoli
  quotidiani rinnova la percezione del mondo come
  un luogo pieno di possibilità e incanto. Questo
  senso di meraviglia stimola la curiosità,
  l'apprendimento e l'esplorazione continua,
  arricchendo l'esperienza di vita.

Incoraggiamento alla Crescita Personale

- **Catalizzatore per la Crescita Personale**: La
  pratica della gratitudine non è solo una risposta
  alle circostanze positive; è anche un processo
  attivo di ricerca e riconoscimento del bene in
  ogni situazione. Questo approccio proattivo alla
  vita incoraggia l'auto-riflessione, l'umiltà e la
  crescita personale, spingendo gli individui a
  superare i propri limiti, ad apprezzare il viaggio
  di apprendimento e a evolversi continuamente.

Attraverso la continua pratica e integrazione della
gratitudine nella vita quotidiana, è possibile
sperimentare una trasformazione profonda che permea
tutti gli aspetti dell'esistenza. La gratitudine diventa
non solo un esercizio quotidiano ma un modo di vivere
che apre la porta a una maggiore gioia, apprezzamento

e una profonda connessione con il sé, con gli altri e con il mondo. Coltivare un cuore grato è un viaggio che arricchisce ogni momento, trasformando la prospettiva di vita in una di abbondanza, opportunità e meraviglia infinita.

Concludendo, l'incorporazione della pratica della gratitudine nella vita quotidiana si rivela non solo come un potente strumento di trasformazione personale ma anche come una chiave per sbloccare una prospettiva di vita profondamente arricchita e soddisfacente. Questa abitudine, coltivata con costanza e consapevolezza, nutre un ciclo virtuoso di positività che impatta significativamente il benessere emotivo, la salute fisica, le relazioni interpersonali e la percezione generale dell'esistenza.

La gratitudine agisce come un filtro attraverso il quale si possono reinterpretare le esperienze di vita, trovando valore e significato anche nelle circostanze più sfidanti. Questo orientamento positivo favorisce una resilienza emotiva che consente di affrontare le avversità con forza e ottimismo, vedendo le difficoltà come occasioni di crescita piuttosto che ostacoli insormontabili.

Dal punto di vista fisico, la pratica regolare della gratitudine contribuisce a migliorare la salute e il benessere generale, stimolando comportamenti salutari e potenziando il sistema immunitario. Il sonno, la pressione sanguigna, il livello di stress e persino la salute cardiaca possono beneficiare di un atteggiamento di vita incentrato sulla gratitudine, dimostrando come la salute del corpo e della mente siano profondamente interconnesse.

Nel contesto delle relazioni, esprimere gratitudine e apprezzamento rafforza i legami affettivi, crea connessioni più profonde e nutre un ambiente di supporto reciproco. Questa condivisione di positività e riconoscimento non solo arricchisce le dinamiche interpersonali ma costruisce anche una rete di sostegno solida e amorevole.

Infine, la gratitudine riaccende un senso di meraviglia nei confronti della vita, stimolando la curiosità e l'apprezzamento per il mondo che ci circonda. Questo approccio trasforma la routine quotidiana, invitando a celebrare la bellezza nelle piccole cose e a vivere ogni giorno con un senso rinnovato di scoperta e apprezzamento.

In sintesi, abbracciare la gratitudine come filosofia di vita apre la porta a un'esistenza caratterizzata da maggiore felicità, soddisfazione e pienezza. Questa pratica non solo migliora la qualità della vita individuale ma irradia positività, influenzando positivamente anche le persone intorno a noi. La gratitudine, quindi, diventa molto più di un semplice esercizio; è un modo di essere nel mondo, un percorso verso una vita ricca di apprezzamento, connessione e gioia profonda.

13. Imparare a dire di no: Incoraggiare l'impostazione di limiti sani per ridurre lo stress e prevenire il sovraccarico.

Imparare a dire di no è una competenza vitale per mantenere e proteggere il proprio benessere mentale e fisico. In un mondo che spesso valuta le persone in base alla loro produttività e disponibilità, stabilire limiti sani è essenziale per prevenire lo stress, il sovraccarico e il burnout. Questa abilità non solo tutela l'energia personale e il tempo ma promuove anche un maggiore rispetto per sé stessi e dagli altri, migliorando la qualità della vita e delle relazioni.

Riconoscere il Valore dei Propri Limiti

- **Consapevolezza dei Propri Limiti**: Il primo passo per imparare a dire di no è riconoscere e accettare i propri limiti. Questo richiede un'introspezione onesta sulle proprie capacità, priorità e bisogni. Comprendere che ogni impegno preso è tempo sottratto ad altre aree della vita aiuta a valutare meglio quali richieste accettare e quali declinare.

Comunicare i Limiti con Fermezza e Gentilezza

- **Tecniche di Comunicazione Efficace**: Dire di no non significa necessariamente essere scortesi o egoisti. È possibile comunicare i propri limiti in modo chiaro, diretto e gentile. Usare frasi come "Apprezzo che tu abbia pensato a me, ma non ho spazio nella mia agenda per assumere altri impegni in questo momento" può trasmettere la propria posizione rispettosamente.

Superare il Senso di Colpa

- **Gestione del Senso di Colpa**: Molte persone faticano a dire di no perché temono di deludere gli altri o si sentono in colpa per non essere disponibili. È importante riconoscere che prendersi cura di sé stessi non è un atto di egoismo; è un requisito per essere in grado di prendersi cura degli altri efficacemente. Ricordare che dire di no a una richiesta specifica non rende una persona meno utile o preziosa.

Valutazione delle Richieste in Base alle Priorità Personali

- **Allineamento con le Proprie Priorità**: Prima di rispondere a una richiesta, è utile valutare come essa si allinea con le proprie priorità e obiettivi. Se una richiesta non si allinea con gli obiettivi o i valori personali, è più facile giustificare il rifiuto, sia a sé stessi sia agli altri.

Pratica e Consistenza

- **Esercitarsi a Dire di No**: Come per qualsiasi abilità, diventare competenti nel dire di no richiede pratica. Iniziare con richieste minori o situazioni meno stressanti può aiutare a costruire la fiducia e la competenza necessarie per affrontare situazioni più impegnative.

Riconoscere il Beneficio dei Limiti per Tutti

- **Benefici dei Limiti**: Stabilire limiti chiari non solo è benefico per chi li imposta ma può anche essere utile per gli altri. Fornisce chiarezza e previene malintesi, contribuendo a costruire relazioni più oneste e rispettose. I limiti possono anche incoraggiare gli altri a essere più autosufficienti o a trovare soluzioni alternative.

Sostenere Sé Stessi e Gli Altri

- **Supporto Reciproco**: Creare una cultura del rispetto reciproco per i limiti personali in famiglia, tra amici e sul posto di lavoro può rafforzare i legami e migliorare il benessere collettivo. Incoraggiare gli altri a stabilire e comunicare i propri limiti può creare un ambiente in cui tutti si sentono valorizzati e ascoltati.

Imparare a dire di no è, quindi, una componente fondamentale della cura di sé e della gestione dello stress. Stabilire limiti sani consente di dedicare tempo, energia e risorse alle attività e alle relazioni che sono veramente significative, migliorando la qualità della vita e promuovendo un senso di equilibrio e soddisfazione personale. Questo processo, pur essendo sfidante, è profondamente gratificante e cruciale per una vita felice e bilanciata.

Proseguendo nell'esplorazione dell'importanza di imparare a dire di no e dell'impostazione di limiti sani, diventa chiaro che questa competenza è essenziale non solo per la gestione dello stress personale ma anche per il mantenimento di relazioni sane e per la promozione di un ambiente di lavoro produttivo e rispettoso. Rafforzare la capacità di dire di no, con integrità e autenticità, migliora significativamente la propria qualità di vita, consentendo di concentrarsi maggiormente sulle proprie passioni, priorità e benessere.

Creazione di Uno Spazio per la Riflessione

- **Ritagliare Tempo per Decisioni Consapevoli**: Prima di rispondere automaticamente con un sì a ogni richiesta, è utile concedersi uno spazio per riflettere. Questo può significare chiedere tempo per valutare la richiesta prima di fornire una risposta definitiva. Questa pausa consente di considerare attentamente le proprie priorità e la fattibilità dell'impegno, riducendo il rischio di accettare responsabilità che possono poi risultare sovraccariche o stressanti.

Rinforzo del Proprio Valore Personale

- **Affermazione del Proprio Valore**: Imparare a dire di no richiede anche un riconoscimento del proprio valore al di là della produttività o della capacità di soddisfare le esigenze altrui. Questo rinforzo interiore consente di stabilire limiti sani da una posizione di autostima e di rispetto per sé stessi, piuttosto che da sentimenti di colpa o di obbligo.

Utilizzo di Risposte Precostituite

- **Sviluppare Risposte Standard**: Avere a disposizione un repertorio di risposte precostituite può facilitare il processo di rifiuto di richieste non desiderate o non gestibili. Frasi come "Attualmente sto concentrando le mie energie su altri progetti" o "Mi onora la tua richiesta, ma non posso impegnarmi al momento" possono essere modi efficaci per declinare gentilmente.

Flessibilità e Negoziazione

- **Negoziazione di Compromessi**: Dire di no non significa sempre rifiutare categoricamente. In alcuni casi, può essere possibile negoziare compromessi o alternative che soddisfino entrambe le parti. Questa flessibilità può mantenere relazioni positive pur rispettando i propri limiti.

Sostegno attraverso la Rete Sociale

- **Cercare Supporto**: Condividere esperienze e sfide legate all'impostazione di limiti con amici fidati o mentor può offrire nuove prospettive e rafforzare la determinazione a mantenere i propri confini. Il supporto sociale è vitale nel validare le proprie scelte e nel fornire incoraggiamento.

Analisi del Senso di Colpa

- **Esame del Senso di Colpa**: Spesso, il senso di colpa accompagna la decisione di dire di no. È importante analizzare queste emozioni, riconoscendo che il senso di colpa è spesso radicato in aspettative irrealistiche verso se stessi o in preoccupazioni su come si possa essere percepiti dagli altri. Affrontare e lavorare su questi sentimenti può liberare da vincoli emotivi non necessari.

Celebrazione dell'Autonomia

- **Valorizzazione della Propria Autonomia**: Ogni volta che si dice di no a un impegno che non risuona con le proprie priorità o che si riconosce come eccessivo, si celebra la propria autonomia e il diritto di scegliere come impiegare il proprio tempo e le proprie risorse. Questo rafforza un senso di controllo sulla propria vita e promuove un'autodeterminazione sana.

Attraverso la costante pratica e l'integrazione di questi principi nella vita quotidiana, imparare a dire di no diventa un esercizio di autenticità, rispetto di sé e cura personale. Questo non solo protegge dallo stress e dal sovraccarico ma arricchisce anche la vita con esperienze più significative e allinea le azioni quotidiane con i veri valori e obiettivi personali.

Imparare a dire di no, quindi, non è solo un atto di negazione ma un'affermazione profonda del proprio benessere, della propria libertà e della propria felicità.

Proseguendo nell'esplorazione delle sfaccettature dell'imparare a dire di no e dell'impostazione di limiti sani, è fondamentale approfondire come queste pratiche influenzano non solo l'individuo ma anche il tessuto delle relazioni sociali e professionali circostanti. L'abilità di stabilire confini chiari e di comunicarli in modo efficace è intrinsecamente legata alla costruzione di un ambiente reciproco di rispetto e comprensione, contribuendo a un'atmosfera di fiducia e collaborazione sia in contesti personali che lavorativi.

Promozione della Chiarezza e dell'Integrità

- **Chiarezza nella Comunicazione**: Essere trasparenti e diretti nei propri rifiuti contribuisce a una comunicazione senza ambiguità, riducendo il rischio di malintesi o aspettative non realistiche. Questa chiarezza promuove l'integrità personale e rafforza la fiducia negli altri, poiché dimostra un impegno verso la sincerità e l'onestà nelle interazioni.

Sviluppo della Leadership e del Rispetto

- **Leadership Basata sul Rispetto**: Nei contesti lavorativi, la capacità di dire di no quando necessario può essere vista come un segno di leadership forte e consapevole. Mostra una chiara comprensione delle proprie responsabilità e dei limiti, stabilendo un esempio positivo per gli altri sul valore del rispetto del proprio tempo e delle proprie energie. Questo approccio incoraggia un ambiente di lavoro equilibrato, dove il benessere dei dipendenti è valorizzato.

Equilibrio tra Dare e Ricevere

- **Navigare l'Equilibrio**: Imparare a dire di no aiuta a gestire meglio l'equilibrio tra dare e ricevere nelle relazioni. Questo non solo protegge l'individuo dal sentirsi sfruttato o sovraccarico ma incoraggia anche un dinamismo relazionale più equo, dove entrambe le parti si sentono valorizzate e sostenute.

Creazione di un Modello Positivo

- **Modello per gli Altri**: Praticare l'arte di dire di no serve anche come modello positivo per gli altri, mostrando che è possibile stabilire limiti sani in modo rispettoso e costruttivo. Questo può ispirare amici, familiari e colleghi a considerare e forse rivedere le proprie pratiche di impostazione dei limiti, contribuendo a una cultura più ampia di autocura e rispetto reciproco.

Miglioramento dell'Autopercezione

- **Rafforzamento dell'Autopercezione**: Ogni volta che si sceglie di dire di no per proteggere il proprio tempo, energia e benessere, si rinforza anche l'autopercezione come individuo degno di rispetto e cura. Questa pratica aiuta a costruire

l'autostima e la fiducia in se stessi, aspetti
fondamentali per navigare la vita con sicurezza e
determinazione.

Gestione Proattiva del Tempo e delle Risorse

- **Ottimizzazione delle Risorse**: Imparando a
  dire di no a ciò che non serve o non allinea con le
  priorità personali, si ottimizza l'uso del proprio
  tempo e delle proprie risorse. Questa gestione
  proattiva consente di dedicarsi con maggiore
  focus e passione alle attività e alle relazioni che
  sono veramente significative, migliorando la
  qualità e la soddisfazione della vita.

Riconoscimento della Crescita Personale

- **Celebrazione della Crescita**: C'è una
  profonda crescita personale nell'imparare a dire
  di no. Ogni decisione di stabilire un limite
  diventa un passo verso una maggiore
  consapevolezza di sé, una più profonda
  comprensione delle proprie necessità e desideri,
  e un impegno verso la costruzione di una vita che
  rifletta autenticamente chi si è.

Attraverso la continua pratica e riflessione
sull'impostazione di limiti sani e sull'arte di dire di no,
si può raggiungere un profondo senso di equilibrio e
armonia nella vita. Questa abilità, pur sfidante da
coltivare, offre ricompense inestimabili, tra cui una
maggiore autonomia, rispetto di sé e benessere,
tracciando il percorso per relazioni più sane, una

produttività consapevole e una vita vissuta con piena intenzionalità e gioia.

Nell'approfondire ulteriormente l'importanza di imparare a dire di no e di stabilire limiti sani, diventa evidente che questa competenza è essenziale per il mantenimento di un equilibrio vitale tra le proprie esigenze e le richieste esterne. Questa pratica non solo salvaguarda il benessere personale ma incoraggia anche lo sviluppo di relazioni più autentiche e rispettose. La capacità di dire di no, con rispetto e chiarezza, riflette un profondo rispetto per sé stessi e per gli altri, riconoscendo che il tempo e l'energia sono risorse preziose.

Approfondimento della Consapevolezza Emotiva

- **Connessione Emotiva e Dire di No**: Riconoscere e comprendere le proprie emozioni gioca un ruolo cruciale nell'impostazione di limiti sani. Ascoltare i propri sentimenti e reazioni emotive può fornire preziosi indizi su quando e perché potrebbe essere necessario dire di no. Questa consapevolezza emotiva consente di prendere decisioni più allineate con il proprio benessere interiore.

Sviluppo di Strategie di Assertività

- **Esercizi di Assertività**: Praticare l'assertività attraverso role-playing o esercizi specifici può aumentare la fiducia nell'esprimere i propri bisogni e nel dire di no. Queste attività possono aiutare a trovare il giusto equilibrio tra l'espressione delle proprie esigenze e il mantenimento di relazioni positive, insegnando come comunicare i propri limiti in modo efficace e rispettoso.

Rafforzamento del Sistema di Supporto

- **Creazione di un Ambiente di Supporto**: Circondarsi di persone che rispettano e sostengono la tua capacità di dire di no può rafforzare la tua determinazione a mantenere limiti sani. Avere amici, familiari o colleghi che comprendono l'importanza dell'autocura e del rispetto reciproco può fornire un importante sistema di supporto, incoraggiando e validando le tue scelte.

Riflessione sull'Impatto a Lungo Termine

- **Valutazione delle Conseguenze**: Considerare l'impatto a lungo termine dell'accettare o rifiutare richieste può aiutare a prendere decisioni più informate. Riflettere su come ogni impegno influenzerà il proprio tempo, energia e obiettivi futuri consente di valutare meglio se dire di no è la scelta più saggia per preservare la propria integrità e perseguire i propri desideri.

Riconoscimento dell'Autonomia Personale

- **Celebrazione dell'Indipendenza**: Ogni atto di dire di no è anche un'affermazione della propria autonomia e della capacità di fare scelte consapevoli sulla propria vita. Questa indipendenza è fondamentale per vivere in modo autentico e per seguire un percorso personale e professionale che rifletta veramente chi si è e ciò che si valuta.

Integrazione della Flessibilità

- **Adattabilità nelle Decisioni**: Mentre imparare a dire di no è cruciale, è altrettanto importante riconoscere i momenti in cui la flessibilità può essere vantaggiosa. Essere aperti a negoziare o a riconsiderare le decisioni in base a nuove informazioni o circostanze dimostra una maturità che equilibra efficacemente i limiti personali con l'apertura al cambiamento e alla crescita.

Attraverso la costante riflessione e pratica nell'impostazione di limiti sani e nell'arte di dire di no, si sviluppa una maggiore forza interiore e una profonda comprensione delle proprie esigenze e desideri. Questo percorso verso l'autonomia e il rispetto di sé arricchisce ogni aspetto della vita, migliorando non solo il proprio benessere personale ma anche la qualità delle interazioni con gli altri. L'abilità di dire di no, quindi, diventa un segno distintivo di maturità emotiva, autostima e saggezza di vita, aprendo la strada a una vita di maggiore soddisfazione, equilibrio e felicità autentica.

Proseguendo con la comprensione dell'importanza di imparare a dire di no e di stabilire limiti sani, emerge una prospettiva ancora più profonda che va oltre la semplice gestione delle richieste esterne. Questa capacità diventa un pilastro fondamentale per costruire un senso di autenticità e per navigare con saggezza attraverso le complessità delle relazioni e delle responsabilità quotidiane. L'arte di dire di no si radica nel profondo rispetto per il proprio tempo, i propri valori e il proprio percorso di vita, riconoscendo che ogni scelta fatta ha il potenziale di modellare il nostro futuro.

Coltivazione di una Visione a Lungo Termine

- **Visione Basata sui Valori**: Sviluppare una visione a lungo termine per la propria vita, basata sui valori personali, consente di valutare le richieste e le opportunità in funzione di quanto si allineano con questa visione. Questo processo decisionale guidato dai valori facilita il riconoscimento di quando dire di no è necessario per rimanere fedeli alla propria direzione e agli obiettivi di vita.

Miglioramento della Qualità delle Interazioni

- **Interazioni Più Significative**: Imparando a dire di no a ciò che è meno importante o meno allineato con i propri valori, si libera spazio per

impegnarsi in attività e relazioni che troviamo
veramente gratificanti e significative. Questo non
solo aumenta la qualità delle nostre interazioni
ma arricchisce anche la nostra vita con
esperienze più profonde e soddisfacenti.

Rafforzamento della Capacità di Ascolto Interno

- **Ascolto della Propria Intuizione**: Coltivare
  la capacità di ascoltare e fidarsi della propria
  intuizione riguardo alle decisioni di accettare o
  rifiutare impegni è essenziale. Questo ascolto
  interno agisce come una bussola, guidando verso
  scelte che sono in armonia con i bisogni e i
  desideri autentici dell'individuo.

Incremento dell'Autoefficacia

- **Sensazione di Controllo**: Dire di no quando
  necessario può aumentare la sensazione di
  controllo sulla propria vita, rafforzando il senso
  di autoefficacia. Questa fiducia nella capacità di
  gestire efficacemente le proprie responsabilità e
  impegni influisce positivamente sull'autostima e
  sulla percezione di poter navigare con successo le
  sfide della vita.

Pratica dell'Equilibrio Dinamico

- **Equilibrio tra Flessibilità e Fermezza**:
  Mentre imparare a dire di no è cruciale, è
  altrettanto importante mantenere una certa
  flessibilità. Essere in grado di adattarsi a nuove

informazioni, circostanze e opportunità, valutando quando può essere vantaggioso dire sì, testimonia un equilibrio dinamico tra fermezza nei propri limiti e apertura al cambiamento.

Supporto alla Crescita Comunitaria

- **Contributo alla Comunità**: Dire di no a impegni personali o professionali che non risuonano consente non solo di proteggere il proprio benessere ma anche di indirizzare le proprie energie verso iniziative che contribuiscono positivamente alla comunità. Questo approccio selettivo assicura che il contributo individuale sia sia sostenibile sia in linea con i propri valori, promuovendo il benessere collettivo.

Attraverso l'approfondimento continuo e la pratica nell'arte di dire di no e nell'impostazione di limiti sani, emerge una comprensione più ricca della propria identità, dei valori e del modo in cui si sceglie di interagire con il mondo. Questa maestria non solo salvaguarda il benessere personale ma apre anche la strada a una vita di maggior autenticità, realizzazione e impatto positivo. L'abilità di dire di no, quindi, trascende la semplice gestione delle richieste quotidiane, diventando una fondamentale espressione del rispetto di sé e della dedizione a vivere una vita pienamente allineata con i propri valori più profondi.

Proseguendo nell'approfondimento delle dinamiche dell'imparare a dire di no, diventa evidente che questa competenza rispecchia un approccio alla vita che valorizza profondamente il tempo personale, l'energia e il benessere psicologico. La capacità di stabilire limiti sani non solo contribuisce al proprio equilibrio e felicità ma arricchisce anche la comunità e le relazioni con un esempio di cura di sé e rispetto reciproco. Questa pratica, intrinsecamente legata all'autostima e alla consapevolezza di sé, apre la strada a una vita guidata da scelte consapevoli piuttosto che da obbligazioni percepite o pressioni esterne.

Sostenere l'Integrità Personale

- **Mantenimento dell'Integrità**: Affermare i propri limiti attraverso il rifiuto consapevole di richieste non allineate con i propri valori o priorità è un atto di integrità personale. Questa pratica non solo dimostra rispetto per se stessi ma invia anche un messaggio chiaro agli altri sulle proprie convinzioni e sul valore che si attribuisce al proprio tempo e benessere.

Favorire Relazioni Autentiche e Rispettose

- **Costruzione di Legami Significativi**: Quando si impara a comunicare i propri limiti in modo chiaro e rispettoso, si pongono le basi per relazioni più autentiche e reciprocamente rispettose. Le persone tendono a rispettare coloro che sanno dire di no quando necessario, poiché questo comunica auto-rispetto e consapevolezza delle proprie esigenze e capacità.

Promozione del Benessere Collettivo

- **Contributo al Benessere della Comunità**: Dire di no alle richieste che superano le proprie capacità o risorse non solo previene il sovraccarico personale ma garantisce anche che ci si impegni solo in attività dove si può dare il meglio di sé. Questo approccio responsabile promuove un ambiente più sano e sostenibile, dove il benessere collettivo è valorizzato tanto quanto quello individuale.

Incoraggiamento alla Crescita e all'Auto-Sviluppo

- **Stimolo all'Auto-Sviluppo**: La pratica di dire di no apre spazi nella propria vita per la crescita personale, l'apprendimento e l'esplorazione di nuove passioni. Senza l'onere di impegni non desiderati, si dispone di più energia e tempo per investire in attività che arricchiscono e espandono la propria esperienza di vita.

Miglioramento della Produttività e della Creatività

- **Ottimizzazione delle Prestazioni**: Scegliere con cura a cosa dire sì permette di concentrare l'attenzione e le risorse su compiti e progetti che sono veramente importanti e gratificanti. Questo focus non solo migliora la produttività ma stimola anche la creatività, poiché si lavora con maggiore passione e impegno.

Esplorazione del Potere del Silenzio

- **Valore del Silenzio e della Riflessione**: A volte, dire di no significa semplicemente concedersi il tempo per il silenzio e la riflessione, lontano dalle richieste incessanti e dal rumore del mondo esterno. Questi momenti di quiete sono essenziali per riconnettersi con se stessi, ascoltare la propria intuizione e ricaricare le energie spirituali e emotive.

Creazione di una Cultura di Rispetto del Tempo

- **Rispetto del Tempo Altrui**: Imparare a dire di no non solo dimostra rispetto per il proprio tempo ma insegna anche agli altri a valorizzare e rispettare il tempo altrui. Questo contribuisce a creare una cultura in cui il tempo personale è visto come una risorsa preziosa, promuovendo un uso più consapevole e rispettoso di questa risorsa limitata.

Attraverso l'approfondimento continuo e la pratica nell'arte di dire di no e nell'impostazione di limiti sani, emerge una profonda comprensione dell'importanza di vivere in armonia con i propri valori fondamentali, rispettando le proprie esigenze e promuovendo relazioni basate sull'integrità e il rispetto reciproco. L'abilità di dire di no, quindi, trascende la mera gestione del tempo o delle aspettative altrui, evolvendosi in una pratica di vita che sostiene l'autenticità, il benessere personale e il rispetto per la propria e altrui dignità.

Valorizzazione della Presenza e del Coinvolgimento Qualitativo

- **Presenza Conscia**: Dire di no a ciò che è superfluo permette di essere pienamente presenti e profondamente coinvolti nelle attività e nelle relazioni che si scelgono di perseguire. Questa presenza consapevole arricchisce ogni momento, rendendo la vita più vibrante e significativa.

Sviluppo di Una Cultura del Consenso Informato

- **Promuovere la Scelta Informato**: Quando le persone imparano a dire di no, promuovono un ambiente in cui le scelte vengono fatte in base a un consenso informato e autentico, piuttosto che su aspettative non dette o pressioni sociali. Questo rafforza una cultura di comunicazione aperta e decisioni rispettose, dove le esigenze e i desideri di tutti sono considerati e valorizzati.

Rinforzo della Determinazione e del Coraggio Personale

- **Coraggio nelle Proprie Convizioni**: Affermare i propri limiti richiede coraggio e determinazione. Ogni volta che si dice di no, si rafforza la propria capacità di stare fermi di fronte alla pressione, di difendere le proprie convinzioni e di prendere decisioni allineate con la propria integrità morale ed etica.

Incremento dell'Empatia e della Comprensione

- **Approfondimento dell'Empatia**: Praticare l'arte di dire di no con gentilezza e considerazione può aumentare la capacità di empatia e comprensione. Questo permette di riconoscere che, così come abbiamo i nostri limiti e bisogni, anche gli altri hanno le loro battaglie e sfide, favorendo un approccio più empatico e compassionevole nelle interazioni.

Stimolazione del Rispetto per la Diversità di Bisogni

- **Rispetto per la Diversità**: Imparare a dire di no sottolinea che non esiste un approccio universale alle relazioni o alle responsabilità; quello che funziona per una persona può non essere adatto per un'altra. Questa consapevolezza promuove il rispetto per la diversità di bisogni, preferenze e limiti, arricchendo il tessuto sociale con una maggiore accettazione e inclusività.

Creazione di Spazi per l'Autocura e la Riflessione

- **Priorità all'Autocura**: Stabilire limiti chiari e dire di no quando necessario apre spazi dedicati all'autocura, alla riflessione personale e allo sviluppo spirituale. Questi momenti di pausa sono fondamentali per ricaricare, riflettere sui propri percorsi di vita e coltivare una relazione più profonda con se stessi.

Attraverso la pratica costante e riflessiva di dire di no e di stabilire limiti sani, emerge non solo una maggiore forza e autenticità personale, ma si contribuisce anche a forgiare un mondo in cui il rispetto reciproco, la comprensione e la cura reciproca sono valori condivisi e vissuti. Questo percorso di autoaffermazione e rispetto dei confini personali non solo arricchisce la propria vita ma serve da esempio e ispirazione per gli altri, promuovendo una società più consapevole, compassionevole e rispettosa.

Concludendo, l'arte di imparare a dire di no e di stabilire limiti sani è fondamentale non solo per il mantenimento del benessere personale ma anche per il sostegno di relazioni interpersonali equilibrate e rispettose. Questa competenza essenziale riflette un profondo rispetto per sé stessi e per gli altri, riconoscendo che ogni individuo ha il diritto di gestire il proprio tempo, energia e risorse secondo le proprie priorità, bisogni e valori.

Dire di no non è semplicemente un atto di rifiuto, ma un'affermazione positiva del proprio valore e della propria autonomia. Implica una scelta consapevole di dedicare la propria vita a ciò che è veramente importante e significativo, garantendo che ogni impegno assunto sia in armonia con i propri obiettivi di vita e contribuisca al proprio benessere e a quello delle persone che ci circondano.

L'abilità di stabilire limiti chiari e comunicarli in modo efficace promuove relazioni più autentiche e soddisfacenti. Questo approccio trasparente e rispettoso riduce i malintesi e costruisce un fondamento di fiducia e rispetto reciproco. Inoltre, l'assertività e la chiarezza nel dire di no incoraggiano gli altri a rispettare le nostre scelte e a riconoscere la nostra agenzia personale.

Sviluppare e praticare l'abilità di dire di no arricchisce la vita con una maggiore sensazione di controllo e autodeterminazione, consentendo di navigare le sfide quotidiane con maggiore sicurezza e resilienza. Questa pratica di autocura attiva e di rispetto dei confini personali conduce a un equilibrio vitale, riducendo lo stress, prevenendo il sovraccarico e contribuendo a una salute mentale e fisica ottimale.

Attraverso l'impegno continuo in queste pratiche, si apre la via a una vita più intenzionale e soddisfacente, in cui le decisioni sono guidate da una profonda consapevolezza di sé e da un impegno verso la realizzazione personale. La capacità di dire di no, quindi, diventa un potente strumento di trasformazione personale, promuovendo una cultura di rispetto, cura e crescita reciproca.

In sintesi, imparare a dire di no e stabilire limiti sani è un viaggio verso una maggiore autenticità e libertà personale. Questo processo non solo tutela il nostro benessere ma arricchisce anche le nostre relazioni e la nostra comunità con esempi di integrità, rispetto e cura consapevole. L'arte di dire di no, quindi, è molto più di una strategia di gestione del tempo o dello stress; è un'espressione profonda del rispetto di sé e un invito a vivere una vita pienamente allineata con i propri valori più cari.

14. Terapia e supporto professionale: Discutere l'importanza di cercare aiuto professionale quando necessario e le diverse opzioni disponibili.

La ricerca di terapia e supporto professionale rappresenta un passo fondamentale nel percorso di cura e sviluppo personale di molti individui. Affrontare problemi di salute mentale, sfide emotive o periodi di crisi può essere estremamente difficile da gestire da soli. Il supporto professionale offre non solo strumenti e strategie efficaci per affrontare queste difficoltà ma fornisce anche un ambiente di ascolto empatico e non giudicante, essenziale per la guarigione e la crescita personale.

L'Importanza del Supporto Professionale

- **Accesso a Strumenti Efficaci**: I professionisti della salute mentale sono addestrati a fornire strategie basate sull'evidenza per gestire una vasta gamma di problemi psicologici, da disturbi d'ansia e depressione a questioni relazionali e di autostima.

- **Comprensione Profonda**: Un terapeuta può offrire insight profondi sui modelli di pensiero e comportamento dell'individuo, aiutando a identificare le radici dei problemi e lavorando su soluzioni personalizzate.

- **Ambiente Sicuro e Supportivo**: La terapia offre uno spazio sicuro per esplorare sentimenti, pensieri e esperienze che potrebbero essere difficili da condividere con amici o familiari.

Opzioni di Terapia e Supporto

- **Terapia Individuale**: La terapia individuale si concentra sull'assistenza personalizzata, offrendo un supporto uno-a-uno per affrontare problemi personali specifici.

- **Terapia di Gruppo**: Offre l'opportunità di condividere esperienze e imparare dagli altri in un ambiente di gruppo guidato, promuovendo il sostegno reciproco e la comprensione.

- **Counseling Familiare e di Coppia**: Questi approcci si concentrano sul miglioramento della comunicazione e della risoluzione dei conflitti all'interno delle relazioni familiari o di coppia.

- **Supporto Online e Teleterapia**: L'accesso a terapia e consulenza tramite piattaforme online o telefoniche offre flessibilità e accessibilità, specialmente per coloro che vivono in aree remote o hanno limitazioni di tempo.

- **Programmi di Supporto alla Comunità**: Gruppi di sostegno e programmi comunitari possono offrire risorse aggiuntive, inclusi incontri di gruppo e attività che promuovono il benessere mentale.

Superare le Barriere alla Ricerca di Aiuto

- **Affrontare lo Stigma**: Il superamento dello stigma associato alla ricerca di aiuto per problemi di salute mentale è cruciale. Riconoscere che cercare supporto è un segno di forza e un passo importante verso la guarigione è fondamentale.

- **Accessibilità**: Esplorare diverse opzioni di terapia per trovare quella più accessibile e adatta alle proprie esigenze, tenendo conto di fattori come costo, posizione e specializzazione del terapeuta.

L'Importanza dell'Autocura

- **Integrare l'Autocura**: Mentre il supporto professionale è vitale, è altrettanto importante impegnarsi in pratiche di autocura. Attività come l'esercizio fisico, la meditazione, la scrittura di un diario e tecniche di rilassamento possono complementare efficacemente il lavoro svolto in terapia.

La decisione di cercare aiuto professionale per affrontare le sfide della vita rappresenta un passo coraggioso e un investimento nel proprio benessere a lungo termine. La varietà di opzioni disponibili assicura che ci siano percorsi di supporto adatti a ogni individuo, permettendo così a chiunque di trovare l'assistenza e le risorse necessarie per navigare le difficoltà e promuovere una salute mentale sostenibile e un percorso di crescita personale.

Proseguendo nell'esame dell'importanza di cercare aiuto professionale e delle diverse opzioni di supporto disponibili, diventa evidente che la ricerca di assistenza in momenti di difficoltà non solo facilita la gestione delle sfide immediate ma incoraggia anche un viaggio di auto-scoperta e miglioramento personale a lungo termine. L'approccio al supporto professionale, pertanto, dovrebbe essere visto come un elemento di un ampio spettro di strategie dedicate al benessere complessivo.

Personalizzazione del Percorso di Supporto

- **Scegliere l'Approccio Giusto**: Con la vasta gamma di metodi terapeutici disponibili, dalle terapie cognitivo-comportamentali alle terapie basate sulla consapevolezza e approcci psicodinamici, è fondamentale trovare l'approccio che risuona di più con le esigenze e le preferenze personali dell'individuo. La sperimentazione di diversi stili o la consultazione con un professionista può aiutare a identificare la modalità terapeutica più efficace.

Riconoscimento del Ruolo dell'Ambiente di Supporto

- **Valutare l'Ambiente Terapeutico**: Oltre al tipo di terapia, l'ambiente in cui questa viene fornita gioca un ruolo cruciale nel processo di guarigione. Questo include non solo la modalità (di persona, online, ecc.) ma anche il senso di connessione e fiducia tra il terapeuta e il cliente. Un ambiente terapeutico supportivo e non giudicante è essenziale per facilitare l'apertura e il lavoro efficace sui problemi personali.

Integrazione di Supporto Multidisciplinare

- **Approcci Multidisciplinari**: Per alcuni, un approccio di supporto che integra diversi professionisti – come psicologi, psichiatri, consiglieri e specialisti olistici – può offrire una cura più completa. Questo approccio team-based assicura che tutte le dimensioni del benessere dell'individuo siano considerate e supportate.

Autoeducazione e Ricerca

- **Informarsi è Potere**: Comprendere le proprie condizioni, le opzioni di trattamento disponibili e le strategie di coping può potenziare gli individui nel loro percorso di guarigione. Risorse affidabili, workshop, seminari e gruppi di supporto possono fornire informazioni preziose e ridurre il senso di isolamento.

Sviluppo di una Mentalità Aperta

- **Apertura al Cambiamento**: Il percorso di terapia e supporto professionale può a volte portare a scoperte inaspettate su se stessi e sulle proprie relazioni. Mantenere una mentalità aperta e flessibile consente di abbracciare questi insight e di utilizzarli come trampolini di lancio per la crescita personale.

Impegno nel Processo

- **Vedere oltre la Soluzione Immediata**: Mentre molti cercano aiuto professionale per alleviare il disagio o risolvere una crisi specifica, è importante riconoscere che la terapia può anche offrire opportunità di apprendimento e sviluppo che vanno oltre la risoluzione dei problemi immediati. Impegnarsi nel processo terapeutico con una visione a lungo termine può aprire vie per un miglioramento sostanziale della qualità della vita e del benessere.

Costruzione di Reti di Supporto Sostenibile

- **Estendere il Supporto oltre la Terapia**: Integrare le lezioni apprese in terapia nella vita quotidiana e costruire reti di supporto tra familiari, amici e comunità può rafforzare e sostenere i progressi fatti. Creare uno spazio sicuro dove continuare a esplorare e praticare nuove strategie di coping e modelli di relazione positivi è essenziale per il mantenimento del benessere a lungo termine.

L'accesso a supporto professionale, quindi, si configura come un viaggio trasformativo che incoraggia non solo la guarigione ma anche la crescita personale, l'autocomprensione e il rafforzamento delle relazioni. Attraverso questo processo, gli individui sono meglio equipaggiati per navigare le complessità della vita con strumenti efficaci, una maggiore resilienza e una prospettiva arricchita sulla propria esistenza e sulle relazioni interpersonali.

Proseguendo nell'analisi dell'importanza del supporto professionale nel percorso di cura personale, diventa chiaro come la decisione di cercare aiuto esterno rappresenti non solo un atto di coraggio ma anche un passo essenziale verso il riconoscimento e l'accettazione di sé. Il viaggio attraverso la terapia e il supporto professionale offre non solo sollievo e strategie per affrontare specifiche problematiche ma apre anche la porta a una comprensione più profonda di sé, un rinnovato senso di speranza e la possibilità di vivere una vita più piena e soddisfacente.

Ampliamento della Propria Prospettiva

- **Esplorazione di Nuovi Punti di Vista**: Il dialogo con un terapeuta o un consulente fornisce l'opportunità di vedere le proprie esperienze da prospettive diverse, spesso offrendo nuovi modi di comprendere le proprie reazioni, sentimenti e modelli di comportamento.

Questo arricchimento della prospettiva può essere fondamentale per superare vecchi schemi e per iniziare a costruire nuove narrative personali più positive e capaci.

Sviluppo di Competenze Emotive

- **Crescita delle Capacità Emotive**: Un aspetto cruciale del supporto professionale è lo sviluppo di competenze emotive, come l'identificazione, l'espressione e la gestione delle proprie emozioni. Imparare a navigare il proprio paesaggio emotivo con maggiore consapevolezza e abilità permette di affrontare la vita con una maggiore capacità di resilienza e adattabilità.

Promozione dell'Autenticità

- **Vivere con Maggiore Autenticità**: Il processo terapeutico incoraggia l'esplorazione e l'accettazione delle proprie verità interne, comprese quelle parti di noi che potremmo trovare difficili da accettare. Questa accettazione di sé promuove un'esistenza più autentica, dove si può vivere in allineamento con i propri valori, desideri e bisogni reali.

Miglioramento delle Relazioni Interpersonali

- **Rafforzamento delle Dinamiche Relazionali**: Attraverso il lavoro su sé stessi in terapia, si possono migliorare significativamente le relazioni con gli altri. La comprensione di sé e delle proprie dinamiche relazionali porta a interazioni più sane, comunicazioni più efficaci e legami più forti e significativi.

Riconoscimento dell'Importanza della Vulnerabilità

- **Abbracciare la Vulnerabilità**: La terapia offre uno spazio sicuro per esplorare la vulnerabilità, un aspetto essenziale per la connessione umana e la crescita personale. Imparare a sentirsi a proprio agio con la propria vulnerabilità può trasformare il modo in cui ci si relaziona con sé stessi e con gli altri, promuovendo relazioni più autentiche e profonde.

Incoraggiamento alla Responsabilità Personale

- **Prendere in Mano la Propria Vita**: Un altro aspetto fondamentale del supporto professionale è l'incoraggiamento a prendere la responsabilità della propria vita e delle proprie scelte. Questo potere di agenzia è vitale per superare la sensazione di impotenza e per iniziare a costruire attivamente la vita che si desidera.

Sostegno nel Processo di Guarigione e Crescita

- **Navigazione nel Viaggio di Guarigione**: Infine, il supporto professionale offre una guida e un sostegno costanti nel viaggio di guarigione personale, affrontando non solo le sfide immediate ma anche esplorando le opportunità di crescita e sviluppo a lungo termine. Questo processo, sebbene possa presentare momenti di difficoltà, è intrinsecamente arricchente e trasformativo, conducendo a una maggiore pace interiore, soddisfazione personale e una vita vissuta con intenzionalità e scopo.

La decisione di cercare supporto professionale si rivela così un impegno profondo verso il proprio benessere e sviluppo, segnando spesso l'inizio di un percorso di trasformazione che tocca ogni aspetto dell'esistenza. Questo cammino, intrapreso con il sostegno di professionisti dedicati e compassionevoli, può portare alla realizzazione di una vita caratterizzata da maggiore comprensione, accettazione e gioia.

Proseguendo nell'esame dell'importanza del supporto professionale, è cruciale riconoscere che il percorso terapeutico può servire come un catalizzatore per una trasformazione profonda e duratura. La decisione di intraprendere questo viaggio richiede coraggio e un impegno verso l'auto-miglioramento che va al di là della semplice risoluzione di problemi o sfide momentanee. Il supporto professionale diventa così un ponte verso una maggiore consapevolezza di sé, una rinnovata capacità di gestire le sfide della vita e l'apertura a una vita più ricca e soddisfacente.

Potenziamento dell'Autoconsapevolezza

- **Espansione della Conoscenza di Sé**: La terapia promuove un'indagine profonda sulle proprie credenze, valori, pensieri e comportamenti. Questo livello di autoesame porta a una maggiore autoconsapevolezza, che è fondamentale per vivere in modo autentico e fare scelte che riflettano veramente chi si è.

Facilitazione della Guarigione Emotiva

- **Processo di Guarigione Emotiva**: Con l'aiuto di un professionista, gli individui possono affrontare e lavorare attraverso traumi passati, ferite emotive e problemi irrisolti. Questo processo di guarigione può liberare da schemi passati limitanti e aprire a nuove possibilità di esperienza emotiva e relazionale.

Sviluppo di Strategie di Coping Adattive

- **Apprendimento di Nuove Strategie di Coping**: La terapia fornisce strumenti e tecniche per affrontare efficacemente lo stress, l'ansia, la depressione e altre sfide emotive. L'adozione di strategie di coping più sane e adattive migliora la capacità di gestire le difficoltà future, promuovendo una maggiore resilienza.

Miglioramento della Comunicazione e delle Relazioni

- **Abilità Comunicative e Relazionali**: Il lavoro terapeutico può migliorare significativamente le competenze comunicative e interpersonali. Imparare a esprimere i propri bisogni, ascoltare attivamente e navigare i conflitti in modo costruttivo può trasformare le relazioni esistenti e facilitare la costruzione di nuove connessioni positive.

Riorientamento verso il Futuro

- **Focus sul Futuro e sui Sogni**: Oltre a lavorare sui problemi presenti o sulle ferite del passato, la terapia può aiutare a chiarire gli obiettivi futuri e a delineare un percorso per realizzarli. Questo riorientamento incoraggia gli individui a prendere azioni proattive verso la costruzione di una vita che rifletta i propri sogni e aspirazioni.

Promozione del Benessere Olistico

- **Approccio Olistico al Benessere**: I professionisti della salute mentale spesso adottano un approccio olistico che considera l'interazione tra mente, corpo e spirito. Integrare pratiche di benessere come la mindfulness, l'esercizio fisico e una nutrizione equilibrata può rafforzare gli effetti della terapia, promuovendo un benessere complessivo.

Costruzione di una Vita Piena di Significato

- **Ricerca di Significato e Scopo**: Infine, il supporto professionale può guidare gli individui nella ricerca di significato e scopo nella loro vita. Esplorare e connettersi con ciò che è veramente importante offre una bussola interna che guida le scelte quotidiane e nutre un senso di soddisfazione e pienezza.

La decisione di cercare aiuto professionale e di impegnarsi in un percorso di terapia è un potente atto di autoaffermazione. Questo processo non solo affronta le difficoltà immediate ma apre anche la strada alla realizzazione personale, al miglioramento delle relazioni e a una vita vissuta con maggior consapevolezza, gioia e soddisfazione. Il supporto professionale, quindi, si rivela un investimento inestimabile nel proprio benessere e sviluppo, offrendo la possibilità di navigare le sfide della vita con maggiore equilibrio, resilienza e apertura al cambiamento e alla crescita.

Concludendo, cercare terapia e supporto professionale costituisce un passo essenziale e profondamente valoroso nel cammino verso il benessere personale e la realizzazione di sé. Questa decisione rappresenta non solo la ricerca di sollievo da specifiche problematiche psicologiche o emotive ma anche un impegno attivo verso la crescita personale, la comprensione di sé e la costruzione di un futuro più luminoso e soddisfacente.

Il supporto professionale, con la sua vasta gamma di approcci e metodologie, offre strumenti unici e personalizzati per affrontare le sfide della vita, promuovendo al contempo una maggiore autoconsapevolezza, resilienza e capacità di adattamento. Attraverso la terapia, gli individui imparano a navigare nel proprio paesaggio interiore, riconoscendo e trasformando schemi di pensiero e comportamento limitanti, lavorando su traumi e ferite passate, e sviluppando nuove strategie per una vita più equilibrata e appagante.

La terapia fornisce un ambiente sicuro e non giudicante in cui esplorare le proprie vulnerabilità, affrontare paure e incertezze, e riconnettersi con i propri valori e aspirazioni più profondi. Questo processo di esplorazione e guarigione è arricchito dall'esperienza e dalla guida di professionisti dedicati, che sostengono e facilitano il viaggio di ogni individuo verso una maggiore salute mentale e benessere emotivo.

Le opzioni di supporto professionale sono ampie e variegate, permettendo a ciascuno di trovare il percorso terapeutico più adatto alle proprie esigenze, stile di vita e preferenze personali. Dalla terapia individuale alla consulenza di gruppo, dal supporto online ai programmi comunitari, esistono risorse preziose per ogni fase del percorso di guarigione e crescita.

Oltre a fornire sollievo da specifiche problematiche psicologiche, la terapia invita a una riflessione più ampia sul significato e sullo scopo della propria vita, stimolando gli individui a perseguire attivamente la realizzazione personale e a costruire relazioni più autentiche e soddisfacenti. Questo impegno verso la salute mentale e il benessere emotivo non solo migliora la qualità della vita individuale ma contribuisce anche a creare comunità più resilienti, empatiche e supportate.

In ultima analisi, il viaggio attraverso la terapia e il supporto professionale è un'espressione di speranza e di fiducia nelle possibilità di cambiamento e di crescita personale. Rappresenta la scelta coraggiosa di affrontare le proprie sfide, di impegnarsi in un processo di auto-scoperta e trasformazione, e di aprire la strada a un futuro caratterizzato da maggiore felicità, soddisfazione e realizzazione personale. Cercare aiuto professionale è, quindi, un atto di profondo rispetto per sé stessi e un investimento nel proprio benessere a lungo termine, che porta con sé la promessa di una vita più ricca e appagante.

15. Tecniche di mindfulness: Esplorare come la mindfulness può aiutare a vivere nel presente e ridurre l'ansia.

La mindfulness, o consapevolezza piena, è una pratica che invita a focalizzare l'attenzione sul momento presente in modo non giudicante e aperto. Originaria delle tradizioni buddiste, oggi la mindfulness è ampiamente riconosciuta nel contesto della psicologia occidentale come uno strumento efficace per ridurre lo stress, l'ansia e migliorare il benessere generale. Attraverso tecniche di mindfulness, è possibile coltivare una maggiore consapevolezza di sé, dei propri pensieri, emozioni e sensazioni corporee, apprendendo a vivere con maggiore equilibrio e serenità.

Benefici della Mindfulness

- **Riduzione dello Stress e dell'Ansia**: La pratica regolare della mindfulness ha dimostrato di ridurre i livelli di stress e ansia, contribuendo a una maggiore calma interiore e capacità di gestire le sfide quotidiane con equilibrio.

- **Miglioramento dell'Attenzione e della Concentrazione**: Concentrandosi intenzionalmente sul presente, la mindfulness aiuta a migliorare l'attenzione e la concentrazione, riducendo la tendenza alla distrazione e al sovraccarico informativo.

- **Incremento della Resilienza Emotiva**: Attraverso la consapevolezza e l'accettazione dei propri stati emotivi, la mindfulness incoraggia lo sviluppo di una maggiore resilienza emotiva, permettendo di affrontare le emozioni difficili con compassione e comprensione.

- **Promozione del Benessere Fisico**: La pratica della mindfulness è associata a benefici per la salute fisica, inclusi il miglioramento della qualità del sonno, la riduzione della pressione sanguigna e l'incremento del sistema immunitario.

Tecniche di Mindfulness

- **Meditazione di Consapevolezza del Respiro**: Una delle pratiche più comuni di mindfulness è la meditazione focalizzata sul respiro, dove l'attenzione viene gentilmente guidata al ritmo naturale del proprio respiro, aiutando a centrare la mente e calmare il corpo.

- **Body Scan**: Questa tecnica coinvolge un'attenzione consapevole diretta verso diverse parti del corpo, avvertendole una alla volta per rilassare tensioni muscolari e accrescere la consapevolezza corporea.

- **Mindful Walking**: Camminare con piena consapevolezza, prestando attenzione a ogni passo, alle sensazioni nel corpo e all'ambiente circostante, trasforma una semplice camminata in un'attività meditativa che radica nel presente.

- **Mindful Eating**: Mangiare con mindfulness significa prestare piena attenzione all'esperienza di mangiare, notando i sapori, i colori, le texture e le sensazioni di sazietà, migliorando così la relazione con il cibo e con il proprio corpo.

- **Pratiche di Auto-compassione**: Incorporare la mindfulness nell'auto-compassione significa avvicinarsi a se stessi con gentilezza e senza giudizio, specialmente nei momenti di difficoltà, promuovendo un atteggiamento amorevole verso sé stessi.

Integrazione della Mindfulness nella Vita Quotidiana

- **Esercizi di Respirazione**: Piccole pause durante il giorno dedicate alla respirazione consapevole possono aiutare a riconnettersi con il momento presente e a ridurre i livelli di stress.

- **Consapevolezza nelle Attività Quotidiane**: Praticare la mindfulness nelle attività quotidiane, come ascoltare, parlare, lavare i piatti o guidare, può trasformare momenti ordinari in opportunità di presenza e consapevolezza.

La mindfulness, quindi, non è solo una pratica formale di meditazione ma un approccio alla vita che enfatizza la consapevolezza, l'accettazione e la presenza in ogni momento. Integrando la mindfulness nella propria vita, si possono sperimentare trasformazioni profonde, vivendo con maggior serenità, consapevolezza e apertura alle ricchezze del presente. Questa pratica offre un percorso verso una maggiore pace interiore, una vita vissuta con intenzionalità e una profonda connessione con se stessi e il mondo circostante.

Continuando ad esplorare la pratica della mindfulness e il suo impatto trasformativo, è fondamentale comprendere come l'approfondimento di questa abilità possa arricchire ogni aspetto dell'esistenza, portando a una maggiore pace, soddisfazione e comprensione di sé. La mindfulness, con il suo invito a vivere pienamente il momento presente, apre la porta a un'esplorazione continua della propria vita interiore e del mondo esterno con occhi nuovi, promuovendo una vita di profonda connessione e scoperta.

Mindfulness e la Gestione delle Emozioni

- **Navigazione Emotiva Consapevole**: Praticare la mindfulness aiuta a sviluppare una relazione più equilibrata e osservativa con le proprie emozioni. Invece di essere travolti o identificarsi completamente con stati emotivi transitori, si impara a riconoscerli come esperienze momentanee, approcciandoli con curiosità e senza giudizio. Questo distacco consapevole consente una gestione emotiva più sana e reattiva.

Mindfulness e Relazioni

- **Presenza e Ascolto Attivo**: Integrare la mindfulness nelle relazioni significa essere pienamente presenti con gli altri, praticando l'ascolto attivo e la piena attenzione. Questa qualità di presenza non solo arricchisce le interazioni ma rafforza i legami, permettendo una connessione autentica basata sulla comprensione reciproca e sul rispetto.

Mindfulness nel Lavoro e nello Studio

- **Concentrazione e Efficienza**: Applicare la mindfulness in contesti lavorativi o di studio migliora la concentrazione e l'efficienza. La pratica di ritornare gentilmente al compito attuale ogni volta che la mente si distrae riduce il procrastinare e aumenta la produttività, trasformando anche le sfide in opportunità di apprendimento e crescita.

Mindfulness e Benessere Fisico

- **Connettività Mente-Corpo**: La mindfulness enfatizza l'ascolto del corpo, promuovendo un'integrazione mente-corpo che può portare a scelte più sane riguardo all'attività fisica, al riposo e all'alimentazione. Questa connessione consapevole incoraggia un atteggiamento di cura verso il proprio corpo, riconoscendone i segnali e le necessità.

Mindfulness e Creatività

- **Apertura alla Creatività**: Praticare la mindfulness può sbloccare fonti di creatività precedentemente inesplorate. La presenza nel momento apre spazi mentali per nuove idee, soluzioni creative ai problemi e un'espressione artistica più libera e intuitiva.

Mindfulness e l'Accettazione del Cambiamento

- **Fluire con il Cambiamento**: La mindfulness insegna ad accettare il cambiamento come parte integrante dell'esistenza. Riconoscendo che nulla è permanente, si impara a navigare le transizioni della vita con maggiore facilità e flessibilità, vedendo il cambiamento non come una minaccia ma come un'opportunità di crescita.

Praticare la Mindfulness in Natura

- **Connessione con il Mondo Naturale**: Immergersi nella natura con una presenza consapevole può profondamente intensificare l'esperienza della mindfulness. L'osservazione attenta della natura, dall'ascolto dei suoni a osservare i dettagli minuti del mondo naturale, nutre un senso di meraviglia e di connessione con qualcosa di più grande di sé.

La mindfulness, quindi, offre un percorso arricchente verso un'esistenza più consapevole, equilibrata e connessa. Attraverso la pratica regolare e l'integrazione della consapevolezza piena in tutti gli aspetti della vita, si apre a una profonda trasformazione personale. Vivere in modo consapevole non solo migliora la propria qualità di vita ma arricchisce anche le relazioni con gli altri e con il mondo circostante, invitando a una continua scoperta e apprezzamento della ricchezza dell'esistenza.

Continuando l'esplorazione della pratica della mindfulness e del suo impatto profondo e trasformativo su vari aspetti della vita, emerge l'importanza di questa disciplina come una chiave per sbloccare una vita vissuta con maggiore consapevolezza, soddisfazione e pace interiore. L'adozione di questa pratica non solo aiuta ad affrontare lo stress e l'ansia ma apre anche la porta a una maggiore connessione con se stessi, con gli altri e con l'ambiente, arricchendo ogni esperienza con una qualità di presenza e apertura che trasforma la percezione del vivere quotidiano.

Mindfulness e Autocompassione

- **Cultivare l'Autocompassione**: La mindfulness incoraggia un approccio compassionevole verso se stessi, specialmente nel confronto con errori, fallimenti o imperfezioni. Apprendere a trattare se stessi con gentilezza e comprensione, come si farebbe con un caro amico, promuove l'autoaccettazione e una relazione più amorevole e paziente con se stessi. Questa pratica di autocompassione può significativamente attenuare l'autocritica e i sentimenti di inadeguatezza.

Mindfulness e Decisioni Consapevoli

- **Prendere Decisioni Consapevoli**: L'approfondimento della consapevolezza del momento presente migliora la capacità di prendere decisioni più riflettute e in linea con i propri valori fondamentali. La pratica della mindfulness affina l'intuito e la capacità di ascolto interiore, guidando verso scelte che riflettono autenticamente chi si è e ciò che si desidera dalla vita.

Mindfulness e Gestione del Dolore

- **Affrontare il Dolore con Consapevolezza**: La mindfulness si è rivelata efficace anche nella gestione del dolore cronico. Attraverso la pratica di osservare il dolore con un atteggiamento di curiosità e apertura, senza cercare di modificarlo o giudicarlo, molti trovano una diminuzione dell'intensità del dolore percepito e un miglioramento della qualità della vita.

Mindfulness e la Sfida del Perdono

- **Il Percorso verso il Perdono**: La consapevolezza piena facilita anche il processo di perdono, sia verso se stessi sia verso gli altri. La pratica della mindfulness può aiutare a rilasciare rancori e amarezze passate, aprendo il cuore all'accettazione e alla compassione, e promuovendo la guarigione delle relazioni.

Mindfulness nell'Educazione

- **Applicazioni nell'Ambito Educativo**: L'integrazione della mindfulness nell'educazione offre agli studenti strumenti per gestire lo stress, migliorare l'attenzione e sostenere il benessere emotivo. Le scuole che incorporano programmi di mindfulness riportano miglioramenti nel comportamento degli studenti, nelle prestazioni accademiche e nella capacità di gestire le emozioni.

Mindfulness e Sostenibilità Ambientale

- **Promuovere la Consapevolezza Ambientale**: Praticare la mindfulness può anche aumentare la consapevolezza e la responsabilità ambientale. Essere pienamente presenti e connessi con l'ambiente naturale rafforza la comprensione dell'impatto delle proprie azioni sul pianeta e promuove comportamenti più sostenibili e rispettosi dell'ambiente.

Mindfulness come Pratica Quotidiana

- **Integrare la Mindfulness nella Vita di Tutti i Giorni**: Infine, la vera essenza della mindfulness risiede nella sua applicazione come pratica quotidiana. Che si tratti di dedicare alcuni minuti alla meditazione consapevole, di prestare attenzione alle sensazioni mentre si beve una tazza di tè, o di ascoltare attivamente un amico senza giudizio, la mindfulness può trasformare le routine quotidiane in momenti di profonda presenza e connessione.

La pratica della mindfulness si rivela quindi un viaggio continuo di esplorazione e scoperta, offrendo una via per vivere una vita più piena, consapevole e arricchente. Attraverso l'impegno costante in questa pratica, si apre la possibilità di navigare le sfide della vita con maggiore equanimità, di coltivare relazioni più profonde e significative, e di vivere ogni momento con una rinnovata sensazione di meraviglia e gratitudine.

Mentre approfondiamo ulteriormente la pratica della mindfulness e la sua capacità di trasformare l'esperienza umana, diventa evidente che questa non è semplicemente una tecnica di rilassamento, ma un profondo cambiamento di prospettiva che permette di vivere con una consapevolezza e un'apprezzamento rinnovati per ogni momento della vita. La mindfulness, con le sue radici profonde nella tradizione e nella moderna psicologia, offre una via per riconnettersi non solo con se stessi ma anche con il tessuto stesso dell'esistenza, promuovendo una vita vissuta con intenzionalità e scopo.

Mindfulness e il Senso di Connessione Universale

- **Esplorazione del Collegamento con il Tutto**: La pratica della mindfulness può aprire gli individui alla percezione di essere parte di un insieme più ampio, collegati agli altri esseri umani, alla natura e all'universo. Questo senso di connessione universale nutre un profondo senso di appartenenza e contribuisce a un approccio alla vita più empatico e compassionevole verso gli altri e il mondo.

Mindfulness e la Trasformazione del Sé

- **Autotrasformazione Consapevole**: La mindfulness incoraggia un viaggio di autotrasformazione che va oltre la semplice autogestione dello stress o dell'ansia. Si tratta di un invito a rivedere e trasformare attivamente i propri modelli di pensiero, le reazioni emotive e le abitudini comportamentali, promuovendo una crescita personale che influisce su ogni aspetto dell'essere.

Mindfulness e la Gestione dei Conflitti

- **Navigazione Consapevole dei Conflitti**: L'applicazione della mindfulness nella gestione dei conflitti, sia interni sia nelle relazioni, offre strumenti per affrontare le tensioni con calma e chiarezza. L'approccio non reattivo e centrato, tipico della mindfulness, permette di esplorare soluzioni creative ai conflitti, riducendo la tendenza a reagire impulsivamente o con aggressività.

Mindfulness e il Riconoscimento della Bellezza Quotidiana

- **Apprezzamento del Quotidiano**: La pratica quotidiana della mindfulness può trasformare l'ordinario in straordinario, invitando a notare e apprezzare la bellezza nelle piccole cose della vita quotidiana. Questo rinnovato senso di meraviglia per il mondo che ci circonda può aumentare significativamente la gioia di vivere e il senso di gratitudine.

Mindfulness e Sviluppo Spirituale

- **Percorsi di Crescita Spirituale**: Per molti, la mindfulness è anche un percorso di sviluppo spirituale, offrendo un terreno per esplorare domande profonde sul senso della vita, sulla felicità e sulla realizzazione personale. La pratica può fungere da ponte verso una comprensione più profonda del proprio posto nel mondo e del contributo unico che ciascuno può offrire.

Mindfulness e la Scienza

- **Validazione Scientifica**: La ricerca scientifica ha validato molti dei benefici della mindfulness, dalla riduzione dello stress alla migliorata funzione cognitiva, fornendo una solida base per la sua pratica. Questa convergenza tra antica saggezza e moderna scienza apre nuove vie per integrare la mindfulness nelle pratiche di cura della salute mentale e fisica.

Mindfulness come Cammino di Vita

- **Adozione della Mindfulness come Filosofia di Vita**: Infine, per molti, la mindfulness trascende la pratica formale per diventare una vera e propria filosofia di vita. Vivere con piena attenzione ogni giorno significa abbracciare ogni momento con curiosità, apertura e accettazione, trasformando profondamente il modo di interagire con se stessi, con gli altri e con il mondo.

Attraverso l'impegno costante nella mindfulness, si svela un percorso di continua scoperta e crescita, che non solo arricchisce la propria esperienza personale ma contribuisce anche a costruire un mondo più consapevole, compassionevole e connesso. La mindfulness si rivela così non solo come un mezzo per affrontare le sf

Concludendo, la pratica della mindfulness emerge come un percorso profondamente trasformativo, capace di arricchire ogni aspetto dell'esistenza umana. Questo viaggio di consapevolezza piena si estende ben oltre la riduzione dello stress o del disagio emotivo, radicandosi come una filosofia di vita che invita a una presenza attenta e intenzionale in ogni momento. Attraverso la mindfulness, si impara a navigare la complessità dell'esperienza umana con maggiore equanimità, accettazione e compassione, sia per sé stessi sia per gli altri.

La pratica della mindfulness consente un'apertura alla vita che trasforma la percezione delle sfide quotidiane, dei rapporti interpersonali e della propria crescita personale. Essa insegna a riconoscere e accettare i propri pensieri, emozioni e sensazioni corporee senza giudizio, promuovendo un'esplorazione profonda del proprio essere e del mondo circostante con una rinnovata sensazione di curiosità e apertura.

L'adozione della mindfulness come modo di vivere implica un impegno attivo verso il momento presente, rivelando la bellezza e la ricchezza dell'ordinario e nutrendo un profondo senso di connessione e appartenenza. Questa pratica non solo migliora il benessere personale e la qualità delle relazioni ma contribuisce anche a un maggiore equilibrio emotivo, una maggiore chiarezza mentale e una visione della vita più comprensiva e compassionevole.

La mindfulness, con il suo fondamento sia nella tradizione che nella moderna ricerca scientifica, si conferma come uno strumento essenziale e accessibile per il benessere psicologico e fisico. La sua pratica regolare offre un percorso sostenibile verso la riduzione dell'ansia, una migliore gestione dello stress e un profondo sviluppo personale e spirituale.

Infine, la mindfulness rappresenta una risposta olistica alla ricerca di un'esistenza più consapevole e soddisfacente. Come pratica quotidiana, insegna a vivere con pienezza ogni momento, a coltivare relazioni autentiche e a navigare le sfide della vita con grazia e resilienza. La mindfulness invita ciascuno a esplorare il potenziale trasformativo del vivere nel presente, aprendo la strada a una vita di profonda realizzazione, pace interiore e connessione armoniosa con l'universo.

In sintesi, la mindfulness non è solo una tecnica di meditazione ma un cammino di vita che arricchisce l'esistenza con una maggiore presenza, accettazione e connessione. Impegnarsi in questa pratica significa aprire la porta a un viaggio di trasformazione continua, che porta alla scoperta di una vita vissuta con maggiore consapevolezza, gioia e soddisfazione.

16. Gestione del tempo e delle priorità: Offrire strategie per una gestione efficace del tempo che possa alleviare lo stress.

La gestione efficace del tempo e delle priorità è essenziale per ridurre lo stress e aumentare la produttività e la soddisfazione personale. In un mondo in cui le richieste e le distrazioni sono costanti, imparare a gestire il proprio tempo con intelligenza può trasformare il modo in cui si lavora e si vive, promuovendo un equilibrio più armonioso tra impegni professionali, personali e tempo libero. Di seguito, sono elencate alcune strategie fondamentali per una gestione efficace del tempo che possa contribuire significativamente a ridurre lo stress.

Stabilire Obiettivi Chiari

- **Definire Obiettivi SMART**: Gli obiettivi dovrebbero essere Specifici, Misurabili, Attuabili, Rilevanti e Temporalmente definiti. Avere obiettivi chiari e realistici guida l'azione e aiuta a concentrarsi sulle attività che hanno il maggior impatto.

Prioritizzazione delle Attività

- **Applicare la Matrice di Eisenhower**: Questo strumento divide le attività in quattro categorie basate sull'urgenza e sull'importanza. Concentrarsi per prima cosa sulle attività importanti ma non urgenti può prevenire che diventino urgenti, riducendo lo stress.

Pianificazione e Organizzazione

- **Uso di Agende e Strumenti di Pianificazione**: Sfruttare calendari, app di pianificazione e liste di compiti per organizzare e programmare le attività. Dedicare tempo alla pianificazione settimanale e giornaliera aiuta a mantenere la focalizzazione e a gestire efficacemente il tempo.

Tecniche di Gestione del Tempo

- **Tecnica Pomodoro**: Questa tecnica prevede di lavorare per 25 minuti seguiti da una pausa di 5 minuti. Le pause regolari aumentano la concentrazione e l'efficienza, prevenendo l'esaurimento mentale.

- **Blocchi di Tempo**: Dedicare blocchi di tempo specifici per compiti o categorie di compiti simili può migliorare la concentrazione e l'efficacia, riducendo il tempo perso nel passaggio da un'attività all'altra.

Delega e Rifiuto

- **Imparare a Delegare**: Identificare le attività che possono essere delegate ad altri può liberare tempo prezioso per concentrarsi su compiti che richiedono la propria attenzione specifica.

- **Dire di No**: Riconoscere i propri limiti e imparare a rifiutare richieste che non si allineano con gli obiettivi o che sovraccaricano il proprio programma.

Gestione delle Distrazioni

- **Limitare le Interruzioni**: Identificare le principali fonti di distrazione e limitarne l'impatto, ad esempio silenziando le notifiche del telefono o dedicando momenti specifici della giornata alla verifica delle email.

Autocura e Pause

- **Incorporare Pausa e Tempo per Sé**: Assicurarsi di pianificare pause e tempo libero per attività di ricarica, come esercizio fisico, meditazione o hobby. L'autocura è cruciale per mantenere l'energia e la motivazione.

Riflessione e Regolazione

- **Valutazione Periodica**: Dedicare tempo regolarmente per riflettere sull'efficacia della propria gestione del tempo e apportare le necessarie regolazioni. Questo processo di riflessione consente di apprendere da ciò che funziona e di modificare strategie meno efficaci.

Implementando queste strategie, è possibile sviluppare un approccio alla gestione del tempo che non solo riduce lo stress ma migliora anche la qualità della vita lavorativa e personale. La chiave è la costanza e la volontà di adattare le tecniche alle proprie esigenze specifiche, ricordando che la gestione efficace del tempo è tanto una questione di lavorare in modo più intelligente quanto di vivere in modo più pieno e soddisfacente.

Approfondendo ulteriormente le strategie per una gestione efficace del tempo e delle priorità, emergono pratiche complementari che possono rafforzare la capacità di navigare con successo in un mondo frenetico, riducendo notevolmente lo stress e migliorando il benessere generale. Queste tecniche avanzate e consigli mirati offrono modi per affinare ulteriormente l'arte della gestione del tempo, enfatizzando l'importanza di un approccio olistico che consideri non solo gli obiettivi lavorativi ma anche il benessere personale e la realizzazione di sé.

Connettività tra Obiettivi e Valori

- **Allineamento con Valori Personali**: Assicurarsi che le attività e gli obiettivi siano profondamente allineati con i propri valori personali. Questo allineamento fornisce una motivazione intrinseca più forte e rende il tempo speso sulle attività non solo produttivo ma anche personalmente significativo.

Utilizzo della Regola del 80/20

- **Principio di Pareto**: Applicare il principio di Pareto, o la regola del 80/20, alla gestione del tempo, identificando le attività che generano la maggior parte dei risultati con il minimo sforzo. Concentrarsi su queste attività può drasticamente aumentare l'efficienza e l'efficacia.

Tecniche di Visualizzazione

- **Visualizzazione e Pianificazione Mentale**: Praticare la visualizzazione delle proprie giornate e delle attività chiave può aiutare a chiarire le priorità e a rafforzare l'impegno verso il completamento dei compiti. La visualizzazione aiuta anche a identificare potenziali ostacoli e a preparare strategie per superarli.

Flessibilità e Adattabilità

- **Mantenere una Pianificazione Flessibile**: Mentre è importante avere una pianificazione e degli obiettivi, è altrettanto cruciale mantenere una certa flessibilità. Essere in grado di adattarsi alle circostanze inaspettate e di ricalibrare i piani permette di gestire meglio lo stress e di rimanere produttivi anche di fronte ai cambiamenti.

Tecniche di Rilassamento e Gestione dello Stress

- **Incorporazione di Tecniche di Mindfulness**: Integrare pratiche di mindfulness e meditazione nella routine giornaliera per aiutare a mantenere la calma, la concentrazione e la presenza mentale, riducendo lo stress e migliorando la capacità di gestire il tempo in modo efficace.

Analisi e Ottimizzazione del Ritmo Circadiano

- **Lavorare con il Proprio Ritmo Naturale**: Riconoscere i propri picchi di energia durante la giornata e programmare le attività che richiedono maggior concentrazione o creatività in questi periodi. Sfruttare il proprio ritmo circadiano può incrementare notevolmente la produttività.

Creazione di Sistemi Personalizzati

- **Sviluppo di Sistemi Personalizzati**: Costruire sistemi personalizzati di gestione del tempo che rispecchino le proprie esigenze, stile di lavoro e preferenze personali. Questo può includere l'uso combinato di strumenti digitali e metodi analogici per la pianificazione e il tracciamento delle attività.

Continuo Apprendimento e Adattamento

- **Apprendimento Continuo**: Rimanere aperti all'apprendimento di nuove strategie e all'adozione di nuovi strumenti per la gestione del tempo. L'efficacia delle tecniche può variare nel tempo, e l'essere disposti a sperimentare e adattarsi è chiave per trovare ciò che funziona meglio a lungo termine.

Incorporando queste strategie avanzate nella propria routine quotidiana, è possibile non solo migliorare la gestione del tempo ma anche elevare la qualità della propria vita, trovando un equilibrio tra doveri e desideri, tra lavoro e riposo, e tra realizzazione personale e benessere. La gestione efficace del tempo si rivela quindi non solo una competenza essenziale per il successo professionale ma anche una pratica fondamentale per vivere una vita piena, soddisfacente e intenzionale. Impegnarsi in un approccio olistico alla gestione del tempo implica riconoscere e rispettare la propria complessità e unicità come individuo, adattando tecniche e strumenti per soddisfare non solo le esigenze professionali ma anche personali e spirituali.

Implementazione di Momenti di Riflessione

- **Riflessione Regolare**: Stabilire momenti regolari per la riflessione può aiutare a valutare l'efficacia della propria gestione del tempo. Questi momenti consentono di riconsiderare le priorità, di celebrare i successi e di identificare le aree di miglioramento. La riflessione consapevole supporta un ciclo di apprendimento continuo e di adattamento delle strategie di gestione del tempo.

Sviluppo di un Mindset di Crescita

- **Cultura del Mindset di Crescita**: Adottare un mindset di crescita, secondo cui le abilità di gestione del tempo possono essere sviluppate e migliorate con l'esercizio e la dedizione, è fondamentale. Questo approccio incoraggia la sperimentazione, l'apprendimento dall'errore e la resilienza, elementi chiave per ottimizzare l'uso del tempo e delle risorse personali.

Bilanciamento tra Perfezionismo e Produttività

- **Equilibrio tra Perfezionismo e Produttività**: Riconoscere quando il perfezionismo sta ostacolando la produttività è cruciale. Imparare a identificare il punto di "buono abbastanza" può liberare tempo ed energia per altre attività e ridurre significativamente lo stress legato alla ricerca dell'eccellenza in ogni aspetto del lavoro e della vita personale.

Prioritizzazione del Sonno e del Riposo

- **Importanza del Riposo**: Prioritizzare il sonno e il riposo come componenti essenziali della gestione del tempo è fondamentale. Il riposo adeguato supporta una funzione cognitiva ottimale, migliora la decisione e la creatività, e mantiene l'energia necessaria per perseguire efficacemente le attività quotidiane.

Integrazione della Gratitudine

- **Pratica Quotidiana della Gratitudine**: Integrare la pratica della gratitudine nella routine quotidiana può trasformare la percezione del tempo, promuovendo un senso di abbondanza piuttosto che di scarsità. Questo approccio aiuta a valorizzare il presente e a

riconoscere il valore di ogni momento e ogni
esperienza.

Condivisione delle Conoscenze e delle Esperienze

- **Apprendimento Collaborativo**: Condividere conoscenze ed esperienze relative alla gestione del tempo con colleghi, amici o attraverso comunità online può offrire nuove prospettive e strumenti, oltre a fornire supporto e incoraggiamento. La condivisione crea una rete di risorse che può essere preziosa per superare sfide comuni nella gestione del tempo.

Adattamento alla Digital Detox

- **Periodi di Digital Detox**: Programmare periodi regolari di disconnessione dalle tecnologie digitali può migliorare la qualità del tempo dedicato ad altre attività e rafforzare le relazioni interpersonali. Questi periodi di detox consentono anche di riconnettersi con se stessi e con il mondo naturale, riducendo lo stress e migliorando il benessere generale.

Adottando queste strategie avanzate e mantenendo un approccio flessibile e personalizzato alla gestione del tempo, è possibile non solo raggiungere gli obiettivi prefissati ma anche vivere una vita più ricca e appagante. La gestione efficace del tempo, quindi, diventa un percorso continuo di scoperta di sé, di adattamento e di crescita, che permette di vivere pienamente ogni momento e di realizzare il proprio potenziale in ogni aspetto della vita.

Approfondendo ulteriormente la tematica della gestione del tempo e delle priorità, emergono nuove dimensioni che arricchiscono questa pratica essenziale, trasformandola in un vero e proprio stile di vita. Questo approccio non solo migliora l'efficienza e riduce lo stress ma anche favorisce un'esistenza più consapevole e intenzionale, dove ogni scelta e ogni azione diventano espressioni di valori personali profondi e aspirazioni autentiche.

Valorizzazione delle Piccole Pause

- **Importanza delle Micro-Pause**: Integrare brevi pause durante la giornata lavorativa può avere un impatto significativo sulla produttività e sul benessere mentale. Queste micro-pause, dedicate a esercizi di respirazione, stretching o semplicemente al silenzio, possono aiutare a rinnovare la concentrazione e a prevenire la fatica mentale.

Sperimentazione di Nuove Routine

- **Esplorazione di Routine Creative**: Variare la propria routine quotidiana può stimolare la mente e incoraggiare la scoperta di metodi più efficaci di gestione del tempo. Sperimentare con differenti orari di lavoro, ambienti o tecniche di organizzazione può rivelare abitudini più produttive che si adattano meglio al proprio ritmo naturale e stile di vita.

Cultivare la Pazienza e la Persistenza

- **Sviluppo della Pazienza**: La gestione efficace del tempo richiede anche la capacità di essere pazienti con se stessi, specialmente quando si imparano nuove strategie o si affrontano sfide impreviste. La persistenza e la gentilezza nel processo di apprendimento sono fondamentali per incorporare abitudini di gestione del tempo sostenibili e a lungo termine.

Mindfulness e Gestione del Tempo

- **Pratiche Mindful per la Gestione del Tempo**: Incorporare la mindfulness nella gestione del tempo può trasformare radicalmente l'approccio alle attività quotidiane. Essere pienamente presenti e consapevoli durante l'esecuzione dei compiti può migliorare la qualità del lavoro svolto e aumentare la soddisfazione personale.

Priorità alla Salute e al Benessere

- **Benessere come Priorità**: La salute fisica e mentale dovrebbe essere sempre considerata una priorità assoluta nella gestione del tempo. Programmare attività fisiche regolari, momenti di relax e sonno adeguato è essenziale per mantenere un alto livello di energia e una mente chiara.

Riconoscimento e Celebrazione dei Successi

- **Celebrazione dei Propri Successi**: Prendersi il tempo per riconoscere e celebrare i propri successi, anche i più piccoli, può fornire motivazione aggiuntiva e rafforzare l'impegno nei confronti degli obiettivi futuri. Questi momenti di celebrazione servono come promemoria del progresso fatto e della capacità di superare le sfide.

Condivisione e Supporto Mutuo

- **Creazione di Comunità di Supporto**: Condividere esperienze, sfide e successi nella gestione del tempo con una comunità di supporto può offrire nuove prospettive e incoraggiamento. Che si tratti di colleghi, amici o membri di gruppi online, la condivisione di strategie e l'apprendimento dagli altri arricchisce il proprio percorso verso una gestione del tempo efficace.

Riflessione Continua e Adattamento

- **Processo Dinamico di Adattamento**: La gestione efficace del tempo è un processo dinamico che richiede una costante riflessione e adattamento. Ascoltare le proprie necessità in evoluzione e essere disposti a modificare le strategie di gestione del tempo garantisce che queste rimangano rilevanti e supportino al meglio il proprio benessere e i propri obiettivi.

Attraverso l'applicazione di queste strategie avanzate e la costante esplorazione di nuovi approcci, la gestione del tempo si trasforma in un percorso arricchente di autoscoperta e crescita personale. Questo viaggio non solo consente di realizzare gli obiettivi professionali e personali con maggiore efficacia ma promuove anche una vita vissuta con pienezza, equilibrio e profonda soddisfazione.

Proseguendo nella riflessione sulla gestione efficace del tempo e delle priorità, si svelano ulteriori sfaccettature che evidenziano come un approccio olistico e personalizzato possa profondamente impattare non solo la produttività ma anche il benessere complessivo e la realizzazione personale. La gestione del tempo, così intesa, diventa un mezzo attraverso il quale individui possono armonizzare le diverse aree della propria vita, rispettando i propri ritmi naturali e promuovendo uno stile di vita equilibrato e intenzionale.

Valorizzazione del Tempo Personale

- **Protezione del Tempo Personale**:
  Riconoscere il valore del tempo personale e proteggerlo attivamente è fondamentale. Questo implica imparare a stabilire confini chiari tra lavoro e vita privata, assicurando che vi sia spazio per il riposo, gli hobby e le relazioni personali, essenziali per un'esistenza ricca e piena.

Sviluppo di Abitudini Sostenibili

- **Costruzione di Abitudini Positive**: Lo sviluppo di abitudini di gestione del tempo sostenibili richiede tempo e dedizione. Concentrarsi sul costruire abitudini piccole ma consistenti può creare nel tempo un impatto significativo sulla capacità di gestire efficacemente il tempo e le energie, riducendo il rischio di burnout.

Impiego della Tecnologia in Modo Consapevole

- **Tecnologia come Strumento, non come Distrazione**: Utilizzare la tecnologia in modo consapevole e intenzionale, scegliendo strumenti e app che supportano effettivamente la gestione del tempo senza diventare fonti di distrazione. Questo può includere l'uso di blocker per siti web, app di pianificazione che sincronizzano compiti tra diversi dispositivi, o tecniche di digital detox periodiche.

Pianificazione Basata sulla Flessibilità

- **Incorporare la Flessibilità nella Pianificazione**: Integrare elementi di flessibilità nella pianificazione quotidiana e settimanale permette di adattarsi meglio alle inevitabili variazioni e imprevisti, riducendo lo stress e mantenendo un approccio agile alla gestione del tempo.

Riflessione sul Proprio Stile di Vita

- **Analisi del Proprio Stile di Vita**: Periodicamente, è utile riflettere sul proprio stile di vita e sulle abitudini di gestione del tempo per assicurarsi che queste siano in linea con gli obiettivi personali e professionali a lungo termine. Questa riflessione può portare a riallineamenti e aggiustamenti che migliorano la qualità della vita.

Prioritizzazione del Benessere Emotivo

- **Attenzione al Benessere Emotivo**: La gestione del tempo dovrebbe sempre includere considerazioni sul benessere emotivo. Pianificare attività che nutrono lo spirito e la mente, come la lettura, la meditazione o il tempo trascorso nella natura, è essenziale per mantenere l'equilibrio interiore.

Mantenimento di un Approccio Olistico

- **Visione Olistica del Tempo**: Adottare un approccio olistico alla gestione del tempo implica vedere il tempo non solo come una risorsa da ottimizzare per la produttività ma come un mezzo per coltivare una vita ricca di significato, relazioni soddisfacenti e crescita personale.

Attraverso queste considerazioni e strategie, la gestione efficace del tempo si rivela non solo come una serie di tecniche per ottimizzare la giornata lavorativa ma come una filosofia complessiva che abbraccia ogni aspetto dell'esistenza. Un approccio consapevole e intenzionale alla gestione del tempo e delle priorità permette di vivere una vita più equilibrata, soddisfacente e allineata con i propri valori più profondi, promuovendo un benessere che va oltre la mera efficienza, per toccare le fondamenta stesse della realizzazione personale e della felicità.

Approfondendo ulteriormente le strategie avanzate per una gestione del tempo e delle priorità efficace, si svelano aspetti che enfatizzano la necessità di un continuo adattamento e crescita personale. La gestione del tempo non si limita a tecniche e strumenti, ma si espande in una filosofia di vita che abbraccia la consapevolezza, l'equilibrio e la realizzazione personale. Questo approccio dinamico consente non solo di navigare con successo le esigenze quotidiane ma anche di vivere una vita pienamente in linea con i propri valori e aspirazioni.

Equilibrio tra Rigore e Gentilezza

- **Praticare l'Equilibrio**: Mentre la disciplina nel seguire un programma può migliorare la produttività, è fondamentale bilanciarla con gentilezza verso se stessi. Riconoscere che l'efficienza deve essere equilibrata con momenti di riposo e non-azione permette di mantenere il benessere fisico ed emotivo, evitando il sovraccarico.

Ascolto del Corpo e dei Bisogni Personal

- **Ascolto Attivo del Proprio Corpo**: Integrare nella gestione del tempo l'ascolto delle esigenze del proprio corpo promuove una salute ottimale. Questo può includere fare pausa quando necessario, nutrirsi in modo sano, e garantire attività fisica regolare. Ascoltare i segnali del proprio corpo aiuta a prevenire lo stress e l'esaurimento, sostenendo un approccio sostenibile alla produttività.

Integrazione di Momenti di Isolamento Creativo

- **Valore dell'Isolamento Creativo**: Dedicare tempo all'isolamento creativo può stimolare l'innovazione e la riflessione profonda. Questi momenti, lontani dalle distrazioni quotidiane e dalle richieste esterne, possono essere incredibilmente fruttiferi per il pensiero strategico, la pianificazione a lungo termine e l'esplorazione di nuove idee.

Sviluppo della Resilienza attraverso la Flessibilità

- **Cultivare la Resilienza**: La gestione del tempo efficace comprende lo sviluppo della resilienza, apprendendo a rimanere flessibili e adattabili di fronte ai cambiamenti e alle sfide. Questa capacità di "fluire" con le circostanze, piuttosto che resistervi, riduce lo stress e aumenta la capacità di gestire situazioni impreviste con grazia.

Connettersi con la Natura

- **Riconnessione con la Natura**: Programmare regolarmente del tempo per stare all'aria aperta e connettersi con la natura può avere effetti profondamente rigeneranti sulla mente e sul corpo. Questa pratica non solo riduce lo stress ma rinnova anche la connessione con il mondo fisico, offrendo una prospettiva rinvigorente che può migliorare la gestione del tempo e della vita.

Pratica della Gratitudine

- **Integrazione della Gratitudine nella Routine Quotidiana**: La gratitudine può trasformare la percezione del tempo, spostando l'attenzione dalle mancanze ai doni della vita presente. Dedicare tempo alla riflessione quotidiana sulla gratitudine può elevare l'umore, migliorare la resilienza emotiva e aumentare la sensazione di avere più tempo a disposizione.

Continua Esplorazione e Crescita

- **Impegno nella Crescita Continua**: La gestione del tempo è un percorso di apprendimento continuo che richiede una costante esplorazione di nuove strategie, tecniche e approcci. Mantenere una mentalità aperta e curiosa promuove l'adattamento e l'innovazione, assicurando che le pratiche di gestione del tempo rimangano efficaci e allineate con il proprio sviluppo personale e professionale.

Incorporando queste dimensioni avanzate nella propria filosofia di gestione del tempo, si apre la strada a una vita caratterizzata non solo da maggiori realizzazioni e produttività ma anche da profondo benessere, soddisfazione e connessione. La gestione del tempo si rivela, dunque, non solo come un insieme di strategie per l'efficienza ma come un cammino verso un'esistenza ricca, equilibrata e intenzionale, dove ogni momento è vissuto con piena consapevolezza e gratitudine.

Immergendosi ulteriormente nell'arte della gestione del tempo e delle priorità, si svela l'importanza di armonizzare le dimensioni personali, professionali e sociali della vita attraverso pratiche intenzionali. Questa armonizzazione non solo potenzia la produttività ma arricchisce anche la qualità dell'esistenza, trasformando la gestione del tempo da una necessità stressante a una pratica gratificante che celebra ogni aspetto dell'essere.

Introspezione e Autoconsapevolezza

- **Approfondire l'Introspezione**: Dedicare tempo all'auto-riflessione consente di comprendere meglio le proprie priorità, desideri e motivazioni intrinseche. Questo processo di auto-scoperta facilita la definizione di obiettivi personali e professionali che risuonano autenticamente con il proprio essere interiore, garantendo che la gestione del tempo si allinei con ciò che è veramente importante.

Connessione Umana e Tempo di Qualità

- **Valorizzare le Relazioni**: Riconoscere il valore insostituibile delle relazioni umane e pianificare attivamente tempo di qualità con familiari, amici e colleghi rafforza legami significativi. La gestione del tempo diventa così un mezzo per coltivare e arricchire la propria rete sociale, riconoscendo che le relazioni profonde sono una fonte essenziale di gioia e soddisfazione.

Esercizi di Visualizzazione e Affinamento degli Obiettivi

- **Praticare la Visualizzazione**: Utilizzare tecniche di visualizzazione per immaginare il raggiungimento degli obiettivi può servire da potente motivazione e chiarificazione delle proprie aspirazioni. Questa pratica aiuta a mantenere focalizzata l'attenzione sugli obiettivi a lungo termine, facilitando la priorizzazione di compiti e impegni in linea con la visione desiderata del futuro.

Equilibrio Dinamico tra Lavoro e Vita Privata

- **Ricerca di un Equilibrio Dinamico**: L'equilibrio tra lavoro e vita privata non è un punto fisso ma un equilibrio dinamico che si adatta ai cambiamenti delle circostanze personali e professionali. Essere flessibili e aperti a ricalibrare questo equilibrio consente di rispondere meglio alle diverse fasi della vita, garantendo che nessun aspetto della propria esistenza sia trascurato.

Coltivazione della Gioia nelle Piccole Cose

- **Apprezzare il Momento**: Imparare a trovare gioia e gratitudine nelle piccole cose quotidiane può trasformare la percezione del tempo da una risorsa limitante a un regalo prezioso. Questo cambiamento di prospettiva incoraggia a vivere pienamente il presente, celebrando la bellezza e il valore di ogni momento.

Sviluppo della Capacità di Adattamento

- **Flessibilità e Apertura al Cambiamento**: Sviluppare una forte capacità di adattamento aiuta a navigare le incertezze e i cambiamenti inaspettati con maggiore agilità. La gestione del tempo efficace include la preparazione a riorientarsi rapidamente in risposta a nuove informazioni o opportunità, mantenendo l'equilibrio e la focalizzazione sugli obiettivi di fondo.

Impegno nel Servizio e nella Comunità

- **Dedicare Tempo al Servizio degli Altri**: Allocare tempo per il volontariato o per sostenere cause che si ritengono importanti arricchisce il senso di scopo e connessione con la comunità. La gestione del tempo che include il servizio agli altri non solo contribuisce al bene comune ma arricchisce anche la propria vita con senso e appartenenza.

Attraverso l'incorporazione di queste dimensioni avanzate nella gestione del tempo e delle priorità, emerge un approccio comprensivo che trascende la semplice ottimizzazione della produttività. Questo approccio arricchisce profondamente la tessitura della vita, permettendo di vivere ogni giorno con maggiore consapevolezza, gratitudine e impegno verso la realizzazione personale e il benessere collettivo. La gestione del tempo si trasforma così in un'arte che celebra l'interconnessione di tutte le sfere dell'esistenza, invitando a un'esplorazione continua delle infinite possibilità che la vita offre.

Immergendosi ancora più a fondo nella complessità della gestione del tempo e delle priorità, si svelano strati aggiuntivi di comprensione che enfatizzano l'importanza di vivere una vita allineata con i propri valori fondamentali e aspirazioni più elevate. Questa continua esplorazione non solo migliora la capacità di navigare le sfide quotidiane con efficacia ma invita anche a una riflessione più ampia sul significato e sullo scopo delle nostre scelte temporali.

Ascolto Profondo e Intuizione

- **Fidarsi dell'Intuizione**: Sviluppare l'abitudine di ascoltare e fidarsi della propria intuizione può guidare decisioni di gestione del tempo più allineate con il proprio sé autentico. L'intuizione spesso cattura ciò che logicamente non è immediatamente evidente, offrendo una bussola interiore per le scelte di vita.

Sostenibilità Personale

- **Promuovere la Sostenibilità Personale**: La gestione del tempo dovrebbe riflettere un impegno verso la sostenibilità personale, garantendo che l'energia, la passione e la creatività siano rinnovabili e non deplete. Questo include bilanciare le esigenze di output con il nutrimento e la ricarica, creando un ciclo virtuoso di produttività e benessere.

Priorità alla Crescita Personale

- **Spazio per la Crescita Personale**: Dedicare consapevolmente tempo alla propria crescita personale, educativa e spirituale è cruciale. La gestione del tempo che include lo sviluppo personale non solo arricchisce la propria vita ma espande anche la capacità di contribuire positivamente al mondo circostante.

Relazioni Come Pilastro

- **Cultivare Relazioni Significative**: Riconoscere e prioritizzare il tempo trascorso a coltivare relazioni significative enfatizza il ruolo centrale che le connessioni umane hanno nella nostra vita. Questo aspetto della gestione del tempo sottolinea l'importanza del tessuto sociale e della comunità per il nostro benessere complessivo.

Riflessione e Meditazione

- **Integrare Riflessione e Meditazione**: Incorporare pratiche di riflessione e meditazione nella routine quotidiana può fornire preziosi momenti di introspezione e calma. Queste pratiche migliorano la chiarezza mentale e la concentrazione, supportando decisioni di gestione del tempo più consapevoli e centrate.

Arte e Creatività

- **Allocare Tempo per l'Espressione Creativa**: Riservare tempo per l'arte e la creatività nutre l'anima e stimola l'innovazione. La gestione del tempo che abbraccia l'espressione creativa riconosce il ruolo vitale che la creatività gioca nel promuovere una vita soddisfacente e ricca di scopo.

Connessione con il Momento Presente

- **Vivere nel Qui e Ora**: La pratica di vivere pienamente nel momento presente arricchisce ogni aspetto della vita. Gestire il tempo con una consapevolezza acuta del presente può trasformare le attività quotidiane in esperienze significative, aumentando la gratitudine e la gioia.

Attraverso l'adozione di queste pratiche avanzate, la gestione del tempo diventa un'espressione di vita profondamente intenzionale, che non solo cerca di ottimizzare la produttività ma si impegna anche a vivere in modo autentico e significativo. Questo approccio olistico alla gestione del tempo e delle priorità riconosce che il vero successo e la soddisfazione derivano da una vita vissuta in armonia con i propri valori, aspirazioni e la comunità più ampia. La gestione del tempo, così concepita, invita a una continua esplorazione del potenziale umano, promuovendo una vita di equilibrio, crescita e contributo significativo.

Concludendo, l'approccio alla gestione del tempo e delle priorità rivela profondi strati di complessità che trascendono la semplice organizzazione delle attività quotidiane. Questo processo, arricchito da una profonda riflessione personale e dall'adozione di strategie olistiche, si trasforma in una pratica vitale che abbraccia ogni dimensione dell'esistenza umana. La gestione efficace del tempo diventa così non solo uno strumento per raggiungere l'efficienza e la produttività ma un'espressione di un impegno più ampio verso una vita pienamente realizzata e significativa.

La chiave per una gestione del tempo veramente efficace risiede nella capacità di allineare le proprie azioni quotidiane con i valori personali più profondi, gli obiettivi a lungo termine e il benessere complessivo. Questo richiede un continuo processo di autoesplorazione e adattamento, dove le priorità vengono costantemente rivalutate alla luce di una comprensione in evoluzione di ciò che è veramente importante.

Le strategie avanzate per la gestione del tempo, come la pratica della mindfulness, l'allocare spazio per la crescita personale e la creatività, l'investire in relazioni significative, e l'incorporare momenti di riflessione e gratitudine, contribuiscono non solo a migliorare l'efficienza ma arricchiscono anche la vita con uno scopo e una gioia più profondi. Questi approcci enfatizzano l'importanza di vivere ogni momento con intenzionalità, riconoscendo che ogni scelta temporale ha il potenziale per influenzare positivamente la propria vita e quella degli altri.

Inoltre, l'equilibrio dinamico tra lavoro e vita personale, la flessibilità nell'adattarsi ai cambiamenti e la resilienza di fronte alle sfide emergono come componenti fondamentali di una gestione del tempo sostenibile. Questi elementi supportano non solo il successo professionale ma promuovono anche una vita ricca di soddisfazioni personali, relazioni autentiche e momenti di vero significato.

La conclusione di questa esplorazione sulla gestione del tempo e delle priorità non segna la fine di un percorso ma l'inizio di una pratica continua di crescita e scoperta. La gestione del tempo, intesa come una filosofia di vita, invita a un'esistenza dove ogni giorno è vissuto pienamente, ogni momento è apprezzato e ogni azione riflette un impegno verso la realizzazione dei propri sogni e il contributo al mondo circostante.

In sintesi, la gestione efficace del tempo si rivela come un viaggio trasformativo che intreccia produttività, realizzazione personale e benessere in un unico percorso di vita. Questo percorso, arricchito da pratiche intenzionali e riflessioni profonde, offre la possibilità di vivere una vita non solo ben gestita ma profondamente appagante e ricca di significato.

17. Volontariato e aiuto agli altri: Mostrare come dare una mano agli altri può migliorare il proprio benessere emotivo.

Il volontariato e l'aiuto agli altri sono attività che vanno ben oltre il semplice atto di generosità; esse rappresentano una via potente per arricchire la propria vita, migliorando significativamente il benessere emotivo. Numerosi studi e ricerche hanno dimostrato come l'atto di dare, di condividere il proprio tempo, le proprie competenze o risorse con chi ne ha bisogno, possa avere effetti profondamente positivi non solo sui destinatari dell'aiuto ma anche su chi offre il proprio supporto. Esploriamo come e perché il volontariato e l'aiuto agli altri possono essere così benefici per il proprio stato emotivo e psicologico.

Miglioramento dell'Umore e Riduzione dello Stress

- **Effetto "Helper's High"**: Le persone che si dedicano al volontariato spesso sperimentano un fenomeno noto come "helper's high", una sensazione di elevato benessere, felicità e energia, risultato della produzione di endorfine. Aiutare gli altri può quindi agire come un potente antistress naturale, migliorando l'umore e contribuendo alla riduzione dell'ansia e della depressione.

Senso di Appartenenza e Connessione Comunitaria

- **Rafforzamento dei Legami Sociali**: Il volontariato offre l'opportunità di connettersi con altre persone, sia all'interno che all'esterno della propria comunità. Questa connessione con gli altri contribuisce a un senso di appartenenza e identità comunitaria, riducendo i sentimenti di solitudine e isolamento.

Sviluppo di Autostima e Competenze

- **Crescita Personale e Professionale**: Attraverso il volontariato, le persone hanno la possibilità di sviluppare nuove competenze, acquisire esperienza in diversi ambiti e costruire la fiducia in se stessi. Questo contribuisce al miglioramento dell'autostima e offre spesso

nuove prospettive su problemi personali e
professionali.

Riconoscimento del Proprio Impatto

- **Consapevolezza dell'Impatto Personale**:
  Partecipare attivamente a progetti di volontariato
  permette di vedere l'impatto diretto del proprio
  contributo sul benessere altrui e sulla comunità.
  Questa consapevolezza può aumentare il senso di
  efficacia personale e di soddisfazione per le
  proprie azioni.

Elevazione di Spirito e Gratitudine

- **Promozione della Gratitudine**: L'esperienza
  del volontariato può anche accrescere il senso di
  gratitudine per le proprie circostanze, aiutando a
  mettere in prospettiva le proprie sfide e ad
  apprezzare ciò che si ha. La gratitudine è
  fortemente collegata a un maggiore benessere
  emotivo e a una vita più felice.

Espansione della Prospettiva

- **Apertura Mentale e Tolleranza**: L'impegno
  in attività di volontariato, specialmente quelle
  che coinvolgono comunità o culture diverse dalla
  propria, può ampliare la propria visione del
  mondo. Questo può promuovere una maggiore
  empatia, comprensione e tolleranza verso gli
  altri, riducendo pregiudizi e stereotipi.

Effetto a Lungo Termine sul Benessere

- **Benefici Duraturi**: Gli effetti positivi del volontariato sul benessere emotivo possono avere benefici a lungo termine, inclusa una riduzione del rischio di malattie legate allo stress e all'età, come la pressione alta o le malattie cardiache. Le persone che dedicano regolarmente tempo al volontariato tendono a riportare una maggiore soddisfazione nella vita e un senso di benessere generale.

In sintesi, dedicarsi al volontariato e all'aiuto agli altri non solo contribuisce a migliorare le vite altrui ma arricchisce profondamente anche l'esistenza di chi offre il proprio supporto. Queste attività promuovono una vita più gioiosa, soddisfacente e connessa, evidenziando come la generosità e l'altruismo possano essere potenti strumenti di crescita personale e benessere emotivo.

Proseguendo nell'esplorazione dei benefici derivanti dal volontariato e dall'aiuto agli altri, si scoprono ulteriori dimensioni che arricchiscono questa pratica, rivelando un profondo intreccio tra il dare e il ricevere nel contesto del benessere personale. Questo viaggio altruistico non solo migliora la vita di chi riceve ma trasforma anche chi dona, offrendo lezioni di vita impagabili e promuovendo una profonda sensazione di appagamento e scopo.

Riflessione su Valori e Priorità

- **Esame dei Propri Valori**: Impegnarsi nel volontariato spesso porta a una riflessione sui propri valori fondamentali. Questo processo di autoesame può rivelare ciò che è veramente importante nella vita, guidando verso scelte più consapevoli e allineate con i propri principi.

Sviluppo dell'Empatia e della Compassione

- **Approfondimento dell'Empatia**: Il contatto diretto con le sfide e le difficoltà altrui attraverso il volontariato apre il cuore all'empatia e alla compassione. Queste esperienze rafforzano la capacità di comprendere e condividere i sentimenti degli altri, migliorando le relazioni interpersonali e promuovendo un senso di connessione umana globale.

Promozione del Benessere Mentale

- **Riduzione dei Sintomi di Depressione**: Il volontariato è stato collegato alla riduzione dei sintomi di depressione. L'azione di aiutare gli altri può fornire un senso di scopo e autostima, combattendo i sentimenti di inutilità e isolamento che spesso accompagnano la depressione.

Incremento dell'Attività Fisica

- **Aumento dell'Attività Fisica**: Molti progetti
  di volontariato richiedono un impegno fisico, che
  può variare dalla costruzione di case alla
  partecipazione a camminate di raccolta fondi.
  Questa attività fisica non solo beneficia il corpo
  ma migliora anche l'umore e il livello generale di
  energia.

Rafforzamento della Resilienza

- **Costruzione della Resilienza**: Affrontare e
  superare le sfide comuni nel volontariato, come
  lavorare in ambienti difficili o gestire situazioni
  emotivamente cariche, può rafforzare la
  resilienza personale. Queste esperienze
  insegnano a gestire meglio lo stress e ad adattarsi
  a circostanze in continua evoluzione.

Creazione di Rete e Opportunità di Carriera

- **Espansione delle Reti Sociali e
  Professionali**: Il volontariato offre
  l'opportunità di incontrare persone con interessi
  e valori simili, ampliando sia la rete sociale che
  quella professionale. Queste connessioni possono
  aprire porte a nuove opportunità di carriera o a
  collaborazioni significative.

Iscrizione in un Eredità di Generosità

- **Contributo a un'eredità di Generosità**:
  Dedicarsi all'aiuto degli altri contribuisce a

un'eredità di generosità, ispirando amici, familiari e la comunità a intraprendere a loro volta azioni altruistiche. Questo effetto a catena può trasformare intere comunità, promuovendo una cultura di cura e supporto reciproco.

Attraverso il volontariato e l'impegno nel dare una mano, si svela una profonda verità sul benessere umano: dare agli altri non solo arricchisce le loro vite ma porta anche a una comprensione più profonda di sé, una maggiore connessione con la comunità e un significativo senso di realizzazione personale. Questo percorso di altruismo non è solo un viaggio verso l'aiuto degli altri ma anche un'esplorazione del proprio potenziale per vivere una vita piena, ricca di significato e soddisfazione. Proseguendo nell'approfondimento dell'impatto del volontariato e dell'assistenza agli altri sul benessere personale, emerge come questa pratica non solo arricchisca la vita di chi riceve ma influenzi profondamente anche chi dona, offrendo una via per esplorare e realizzare il proprio potenziale umano. Questo percorso altruistico, quindi, si rivela come una chiave per sbloccare livelli più profondi di felicità, appagamento e scopo nella propria vita.

Elevazione dell'Intelligenza Emotiva

- **Potenziamento dell'Intelligenza Emotiva**: Il volontariato offre numerose occasioni per praticare e sviluppare l'intelligenza emotiva. Interagendo con persone di diversi contesti e situazioni di vita, si affinano la capacità di ascolto, l'empatia e la gestione delle emozioni, competenze fondamentali per il successo personale e professionale.

Riconoscimento del Valore Universale

- **Apprezzamento della Condivisione Umana**: L'impegno nel volontariato può portare a riconoscere il valore intrinseco di ogni individuo e la fondamentale interdipendenza tra tutti gli esseri umani. Questa consapevolezza può ridurre pregiudizi e barriere sociali, promuovendo un senso più profondo di unità e solidarietà.

Esperienza di Apprendimento Continuo

- **Apprendimento Continuo**: Ogni esperienza di volontariato rappresenta un'opportunità di apprendimento. Si possono acquisire nuove conoscenze su temi specifici, come questioni sociali, ambientali o culturali, e sviluppare competenze pratiche, come organizzazione di eventi o gestione di progetti. Questo apprendimento costante arricchisce personalmente e amplia la visione del mondo.

Sviluppo della Leadership e del Lavoro di Squadra

- **Crescita delle Capacità di Leadership**: Partecipare a progetti di volontariato può aiutare a sviluppare importanti abilità di leadership, come l'organizzazione di team, la motivazione degli altri e la risoluzione di conflitti. Queste esperienze preparano a ruoli di leadership in vari contesti, siano essi personali, professionali o comunitari.

Connessione con la Propria Passione e Scopo

- **Esplorazione di Passioni e Scopo**: Il volontariato permette di esplorare aree di interesse e passione che potrebbero non essere altrimenti scoperte. Impegnarsi in cause che risuonano profondamente può rivelare nuovi percorsi di vita e contribuire a definire un senso di scopo personale più chiaro.

Miglioramento della Salute Fisica

- **Benefici per la Salute Fisica**: Oltre ai benefici psicologici, il volontariato ha dimostrato di avere effetti positivi sulla salute fisica, inclusi una diminuzione della pressione sanguigna, un miglioramento del sistema immunitario e una maggiore longevità. L'attività fisica spesso implicata nel volontariato contribuisce al mantenimento di uno stile di vita attivo e salutare.

Espansione della Prospettiva Globale

- **Visione Globale Ampliata**: Impegnarsi in iniziative di volontariato, specialmente quelle che hanno un impatto oltre i confini locali, può espandere la comprensione delle sfide globali e delle interconnessioni culturali. Questa prospettiva globale arricchisce la consapevolezza personale e promuove azioni consapevoli a favore di un mondo più equo e sostenibile.

Attraverso il volontariato e l'aiuto agli altri, gli individui non solo contribuiscono al bene comune ma intraprendono anche un viaggio di crescita personale che incide profondamente sul loro benessere emotivo, sociale e fisico. Questo cammino altruistico si rivela come un potente mezzo per costruire comunità più forti e compassionevoli, promuovendo al contempo una vita personale arricchita di significato, gioia e soddisfazione. L'atto di dare diventa così un regalo per sé stessi, una fonte inestimabile di arricchimento personale e collettivo.

Concludendo, l'impegno nel volontariato e nell'aiuto agli altri si rivela essere una pratica ricca di benefici multidimensionali, che si estendono ben oltre il semplice atto di generosità. Questa attività altruistica, profondamente radicata nella natura umana, offre un percorso unico per il miglioramento del benessere emotivo, lo sviluppo personale, e la creazione di un impatto positivo nel mondo.

Attraverso il volontariato, gli individui sperimentano una profonda sensazione di appagamento e felicità, derivante dal "helper's high", che migliora l'umore e riduce lo stress e l'ansia. Questo stato di benessere viene amplificato dalla consapevolezza dell'impatto positivo che le proprie azioni hanno sulla vita altrui e sulla società nel suo insieme. La realizzazione di fare la differenza, anche in piccola scala, infonde un senso di scopo e soddisfazione che è difficile replicare in altri ambiti della vita.

Oltre agli evidenti benefici emotivi e psicologici, il volontariato favorisce lo sviluppo di competenze trasversali, come l'intelligenza emotiva, la leadership, e la capacità di lavorare efficacemente in team. Queste abilità, preziose tanto nella vita personale quanto in quella professionale, vengono affinate nell'azione di servire gli altri, preparando i volontari a essere leader compassionevoli e agenti di cambiamento nella loro comunità.

L'impegno in attività di volontariato rafforza anche i legami sociali, promuovendo un senso di appartenenza e creando reti di supporto reciprocamente arricchenti. Queste connessioni umane, basate su valori condivisi e impegno comune, sono fondamentali per contrastare la solitudine e l'isolamento, alimentando un senso di comunità che è vitale per il benessere psicosociale.

Sul piano fisico, il volontariato può contribuire a promuovere uno stile di vita attivo, migliorando la salute generale e potenzialmente aumentando la longevità. Questi benefici, insieme al rafforzamento della resilienza e alla capacità di gestire lo stress, sottolineano come l'aiuto agli altri possa essere un elemento chiave per una vita lunga e soddisfacente.

Infine, il volontariato amplia la prospettiva individuale, offrendo un'occasione per apprendere nuove conoscenze, esplorare diverse culture e comprendere meglio le sfide globali. Questa apertura mentale è indispensabile per sviluppare empatia, tolleranza e una visione olistica del mondo, qualità essenziali per navigare la complessità della società contemporanea.

In sintesi, l'aiuto agli altri attraverso il volontariato è una pratica profondamente gratificante che arricchisce l'esistenza su più livelli, promuovendo il benessere emotivo, il crescimento personale, e l'impegno civico. Questa esperienza di dare si rivela non solo come un contributo prezioso alla comunità ma anche come un percorso trasformativo per l'individuo, che scopre nel servizio agli altri una fonte inesauribile di gioia, scopo e connessione umana.

18. Mantenere un diario: Incoraggiare la scrittura di un diario come strumento per esprimere emozioni e riflettere sul proprio percorso.

La pratica di mantenere un diario rappresenta un potente strumento di autoesplorazione, crescita personale e guarigione emotiva. Questa semplice ma profonda attività permette di esprimere liberamente pensieri, emozioni e riflessioni, offrendo un'opportunità unica per dialogare con se stessi in un ambiente sicuro e non giudicante. Esploriamo in dettaglio come la scrittura di un diario possa beneficiare il benessere psicologico e sostenere il percorso individuale di crescita e scoperta.

Elaborazione Emotiva

- **Espressione delle Emozioni**: Scrivere un diario fornisce uno spazio dove esprimere apertamente emozioni complesse, dai sentimenti di gioia e gratitudine a quelli più difficili come tristezza, paura o frustrazione. Questo processo di espressione aiuta a elaborare le emozioni, riducendo il loro impatto negativo e promuovendo una maggiore comprensione di sé.

Miglioramento della Consapevolezza di Sé

- **Riflessione e Autoconsapevolezza**: Attraverso la scrittura regolare, si può sviluppare una maggiore consapevolezza delle proprie reazioni, schemi di pensiero e comportamenti. Identificare tendenze ricorrenti o scatenanti specifici può essere il primo passo per apportare cambiamenti positivi nella propria vita.

Sostegno alla Guarigione e alla Crescita Personale

- **Processo di Guarigione**: La scrittura può servire come strumento terapeutico, offrendo sollievo in momenti di stress, dolore o perdita. Riflettere sulla propria esperienza attraverso la scrittura facilita il processo di guarigione, consentendo di lavorare attraverso i propri problemi e trovare senso e scopo anche nelle difficoltà.

Stimolazione della Creatività e Risoluzione dei Problemi

- **Catalizzatore per la Creatività**: Mantenere un diario stimola la mente, incoraggiando il flusso libero dei pensieri e l'esplorazione di idee senza limiti. Questo può sbloccare nuove prospettive creative, facilitare la risoluzione dei problemi e promuovere la generazione di soluzioni innovative.

Miglioramento delle Capacità di Scrittura

- **Sviluppo delle Abilità di Scrittura**: La pratica regolare della scrittura migliora la capacità di esprimere chiaramente pensieri e idee. Questo beneficio si estende oltre il diario personale, arricchendo le competenze comunicative in tutti gli ambiti della vita.

Creazione di un Archivio Personale

- **Documentazione del Percorso di Vita**: Un diario serve anche come un archivio prezioso delle proprie esperienze, pensieri ed evoluzione nel tempo. Rileggere le vecchie pagine può offrire una prospettiva unica sul proprio percorso di crescita e sui cambiamenti avvenuti, ispirando gratitudine per il viaggio compiuto e motivazione per il futuro.

Promozione di Routine Salutari

- **Stabilire Routine Positive**: L'abitudine di scrivere un diario può diventare parte di una routine quotidiana che promuove il benessere mentale. Trovare un momento tranquillo per riflettere e scrivere ogni giorno aiuta a instaurare un senso di ordine e tranquillità nella vita frenetica moderna.

Rafforzamento dell'Intimità con Sé Stessi

- **Sviluppo dell'Intimità Interiore**: Infine, la scrittura di un diario favorisce un'intimità profonda con se stessi. Questo dialogo interno costante nutre l'auto-comprensione e l'auto-accettazione, pilastri fondamentali per una vita soddisfacente e ricca di significato.

In conclusione, mantenere un diario rappresenta una pratica trasformativa che offre numerosi benefici per la mente e lo spirito. Attraverso l'espressione libera e personale, si possono esplorare le profondità del proprio essere, affrontare e superare sfide, celebrare successi e crescere verso la versione più autentica di sé. La scrittura di un diario, quindi, non è solo un atto di riflessione ma un potente strumento di trasformazione personale.

Immergendoci ancora più profondamente nell'universo della scrittura di un diario, scopriamo ulteriori sfaccettature e benefici di questa pratica intima e riflessiva. La scrittura diventa non solo uno strumento per navigare il paesaggio interiore dell'individuo ma anche una chiave per sbloccare una maggiore consapevolezza, connessione e crescita personale. La profondità e l'ampiezza degli impatti positivi della tenuta di un diario su chi lo pratica rivelano quanto questa attività possa essere trasformativa.

Potenziamento della Memoria e Concentrazione

- **Affinamento della Memoria**: La pratica regolare di annotare pensieri, esperienze e riflessioni aiuta a migliorare la memoria, poiché il processo di scrittura richiede la ricapitolazione e l'organizzazione delle proprie esperienze. Questo esercizio mentale rafforza la capacità di ricordare e di concentrarsi, beneficiando così le funzioni cognitive generali.

Ampliamento della Prospettiva Personale

- **Estensione dell'Orizzonte Personale**: Scrivere un diario incoraggia a esplorare e a riflettere su esperienze, idee e sentimenti che potrebbero non emergere in altri contesti. Questa esplorazione amplia la prospettiva personale, offrendo nuovi insight su se stessi e sul mondo circostante, e promuovendo una maggiore apertura mentale.

Fornitura di un Senso di Controllo

- **Riacquisizione del Controllo**: In momenti di incertezza o difficoltà, scrivere nel proprio diario può fornire un senso di controllo e di ordine. Organizzare i propri pensieri e sentimenti su carta aiuta a districare complessità emotive o situazionali, offrendo una via d'uscita costruttiva e un senso di padronanza sulle proprie circostanze.

Sostegno nella Definizione degli Obiettivi

- **Chiarificazione degli Obiettivi**: Il diario può diventare un luogo dove definire, rifinire e monitorare i propri obiettivi a breve e lungo termine. Questo processo di chiarificazione e revisione costante può incrementare significativamente le probabilità di realizzare questi obiettivi, fungendo da costante promemoria e fonte di motivazione.

Facilitazione del Perdono e della Comprensione

- **Promozione del Perdono**: Scrivere sulle proprie ferite o sui conflitti può essere un potente esercizio di comprensione e perdono, sia verso se stessi sia verso gli altri. Questa pratica aiuta a elaborare sentimenti di rancore o colpa e a muoversi verso la liberazione emotiva e la guarigione.

Creazione di un Eredità Personale

- **Documentazione della Propria Storia**: Un diario personale diventa un prezioso archivio della propria storia di vita, catturando momenti, pensieri ed emozioni che altrimenti potrebbero sfuggire alla memoria. Questo lascito può essere una fonte di saggezza e di ispirazione per il futuro sé o per le generazioni a venire.

Esplorazione della Spiritualità e del Significato

- **Esplorazione Spirituale**: Per molti, la scrittura di un diario funge anche da mezzo per esplorare questioni spirituali o esistenziali, offrendo uno spazio per riflettere sul significato della vita, sulle proprie credenze e sui valori. Questa ricerca interna può arricchire il percorso spirituale personale e promuovere un senso di pace interiore.

La scrittura di un diario, quindi, si rivela come una pratica multifaccettata che tocca vari aspetti dell'esistenza umana, dall'elaborazione emotiva all'espansione cognitiva, dalla crescita personale alla connessione spirituale. Attraverso il semplice atto di mettere penna su carta, si possono esplorare gli abissi della propria anima, affrontare e superare sfide personali, e navigare il flusso costante della vita con maggiore grazia, consapevolezza e intenzionalità.

Immergendoci ulteriormente nella pratica trasformativa della scrittura di un diario, scopriamo nuove profondità e benefici che arricchiscono e sostengono il viaggio personale verso l'autocomprensione e il benessere emotivo. La scrittura diventa non solo un atto di espressione ma un vero e proprio rituale di connessione con il nucleo più intimo del proprio essere, un ponte verso l'autoesplorazione e la crescita personale.

Affinamento dell'Introspezione

- **Approfondimento dell'Introspezione**: La pratica costante di riflettere e scrivere nel proprio diario affina l'abilità di introspezione, migliorando la capacità di osservare i propri stati interni con curiosità e senza giudizio. Questo livello di autoindagine consente di identificare e comprendere meglio le proprie motivazioni, paure, speranze e sogni, guidando verso un percorso di vita più autentico e allineato con i propri valori.

Riduzione del Rumore Mentale

- **Chiarificazione dei Pensieri**: La scrittura aiuta a ordinare il flusso caotico dei pensieri che possono affollare la mente. Trasferendo i pensieri su carta, si riduce il "rumore mentale", si guadagna chiarezza e si liberano risorse cognitive per concentrarsi su questioni più significative. Questo processo di chiarificazione facilita la presa di decisioni e la risoluzione dei problemi.

Espressione Creativa Senza Filtri

- **Libertà Creativa**: Mantenere un diario offre uno spazio sicuro per l'espressione creativa senza filtri o limitazioni. Questa libertà incoraggia l'esplorazione di nuove idee, l'esperimentazione con diverse forme di scrittura e l'espressione artistica, stimolando la creatività e l'innovazione.

Incremento della Gratitudine

- **Pratica Della Gratitudine**: Dedicare sezioni del proprio diario all'apprezzamento delle cose, delle persone e delle esperienze positive nella propria vita può incrementare significativamente i livelli di gratitudine. Questo orientamento verso la gratitudine è associato a una maggiore felicità, soddisfazione nella vita e resilienza emotiva.

Sostegno alla Mindfulness

- **Promozione della Consapevolezza**: La scrittura riflessiva nel diario promuove la pratica della mindfulness, invitando a concentrarsi sul momento presente e a osservare i propri pensieri e sentimenti senza giudizio. Questa attenzione consapevole sostiene un maggiore equilibrio emotivo e una profonda pace interiore.

Rinforzo dell'Identità e dell'Autostima

- **Consolidamento dell'Identità**: Documentare regolarmente le proprie esperienze, riflessioni e realizzazioni nel diario contribuisce a consolidare il senso di identità e a rafforzare l'autostima. Riconoscere i propri progressi, superare le sfide e celebrare i successi personali attraverso la scrittura aiuta a costruire una narrativa di sé positiva e resiliente.

Catarsi ed Elaborazione del Trauma

- **Elaborazione Catartica**: La scrittura può servire come una forma di catarsi, offrendo un mezzo per elaborare e rilasciare emozioni represse o per lavorare attraverso esperienze traumatiche in un contesto sicuro e controllato. Questo processo catartico facilita la guarigione emotiva e la riconciliazione con il passato.

La scrittura di un diario si rivela, quindi, come un viaggio complesso e stratificato, che tocca sfera dopo sfera dell'esperienza umana, offrendo profondi insight e strumenti per la navigazione del paesaggio emotivo e psicologico personale. Attraverso questa pratica, si impara non solo a esprimere e gestire le proprie emozioni ma anche a connettersi con il proprio io più autentico, a riconoscere e perseguire i propri obiettivi e desideri, e infine, a vivere una vita più piena, consapevole e intenzionale.

Concludendo, la pratica di mantenere un diario emerge come uno strumento straordinariamente potente e multifacettato per il benessere personale, la crescita interiore e la comprensione profonda di sé. Attraverso la scrittura riflessiva, si apre una finestra unica sulla propria vita interiore, offrendo spazi di esplorazione, espressione e guarigione che possono essere difficili da raggiungere attraverso altri mezzi. La tenuta di un diario diventa così molto più di un semplice esercizio di registrazione degli eventi quotidiani; si trasforma in un atto di cura personale, un rituale di connessione con il proprio essere più autentico e un viaggio continuo di scoperta personale.

La capacità di articolare pensieri, emozioni e esperienze su carta non solo aiuta a elaborare e gestire il vortice emotivo della vita quotidiana ma serve anche come un potente veicolo per l'autoriflessione e l'autoconsapevolezza. Questo processo di introspezione facilita una comprensione più profonda dei propri schemi di pensiero, reazioni emotive e comportamenti, illuminando il percorso verso cambiamenti personali e crescita.

Oltre a fornire sollievo e chiarificazione in momenti di confusione o dolore, la scrittura di un diario celebra anche i momenti di gioia, gratitudine e realizzazione, arricchendo la percezione della propria vita e rafforzando un senso di gratitudine e apprezzamento per le piccole gioie quotidiane. Questa pratica incoraggia una visione positiva della vita, promuovendo una mentalità orientata alla soluzione e un atteggiamento di apertura e curiosità verso nuove esperienze e apprendimenti.

La regolarità della scrittura in un diario rinforza la disciplina e la concentrazione, sviluppando abitudini che possono trasferirsi positivamente in altre aree della vita. Allo stesso tempo, l'atto di scrivere diventa un momento di pausa e riflessione che contrasta l'accelerazione del tempo moderno, offrendo un'ancora di stabilità e serenità nel caos quotidiano.

Inoltre, la tenuta di un diario può agire come un archivio personale, un tesoro di ricordi, lezioni apprese e progressi compiuti lungo il cammino della vita. Questo archivio serve non solo come una fonte di ispirazione e motivazione ma anche come un punto di riferimento per la crescita personale e la trasformazione.

In sintesi, scrivere un diario è un'attività profondamente trasformativa che offre innumerevoli benefici psicologici ed emotivi. Essa invita alla riflessione, facilita l'elaborazione emotiva, promuove la creatività, migliora la capacità di problem-solving e contribuisce significativamente alla costruzione di un sé più consapevole e integrato. Impegnarsi nella scrittura di un diario significa intraprendere un viaggio verso l'autenticità, il benessere e la realizzazione personale, rendendolo uno degli strumenti più potenti e accessibili per il sostegno alla propria salute mentale e al proprio percorso di vita.

19. Evitare il confronto con gli altri: Discutere l'importanza di concentrarsi sul proprio percorso senza confrontarsi con gli altri.

Nella società contemporanea, caratterizzata da un flusso costante di informazioni e dalla visibilità delle vite altrui attraverso i social media, la tendenza a confrontarsi con gli altri è diventata una sfida pervasiva. Tuttavia, la capacità di concentrarsi sul proprio percorso, evitando confronti inutili, è fondamentale per il benessere psicologico, la crescita personale e la realizzazione dei propri obiettivi. Discutiamo l'importanza di questa pratica e i benefici derivanti dall'attenersi al proprio cammino unico.

Salvaguardia del Benessere Psicologico

- **Riduzione dell'Ansia e dell'Insoddisfazione**: Confrontarsi costantemente con gli altri può alimentare sentimenti di inadeguatezza, gelosia e insoddisfazione personale. Concentrandosi sul proprio percorso, si riduce il rischio di cadere in queste trappole emotive, preservando il proprio benessere psicologico e promuovendo un senso di contentezza interiore.

Promozione dell'Autenticità

- **Cultura dell'Autenticità**: Evitare il confronto con gli altri permette di rimanere fedeli ai propri valori, obiettivi e aspirazioni, piuttosto che inseguire una versione di successo definita dalla società o dai coetanei. Questo approccio promuove l'autenticità e incoraggia a vivere una vita che rifletta veramente chi si è.

Stimolazione della Crescita Personale

- **Focalizzazione sullo Sviluppo Personale**: Concentrarsi sul proprio percorso incentiva a dedicare energia e risorse allo sviluppo delle proprie abilità, conoscenze e benessere, piuttosto che disperderle invidiando il successo altrui. Questo orientamento supporta un progresso personale costante e significativo.

Incremento della Produttività e della Motivazione

- **Miglioramento della Produttività**: Lavorare sui propri obiettivi senza distrarsi con il confronto altrui aiuta a mantenere alta la concentrazione e la motivazione, migliorando la produttività. Si diventa più inclini a raggiungere i propri traguardi quando l'attenzione è focalizzata internamente piuttosto che dispersa esternamente.

Potenziamento dell'Apprezzamento e della Gratitudine

- **Cultura della Gratitudine**: Riconoscere e apprezzare i propri progressi, successi e anche le sfide affrontate rinforza il senso di gratitudine per il proprio viaggio unico. La gratitudine è collegata a un aumento della felicità e a una riduzione dei sentimenti negativi, come l'invidia e il risentimento.

Sviluppo della Resilienza

- **Costruzione della Resilienza**: Affrontare le proprie sfide senza paragonarsi agli altri aiuta a sviluppare la resilienza. Si impara a superare gli ostacoli e a riprendersi dai fallimenti basandosi sulle proprie forze e capacità, piuttosto che sentirsi sminuiti dai successi altrui.

Valorizzazione del Percorso Unico di Ognuno

- **Riconoscimento della Singolarità del Percorso di Vita**: Ogni individuo ha un percorso di vita unico, con sfide, opportunità e tempistiche diverse. Accettare che non esiste un singolo modello di successo o felicità permette di apprezzare la ricchezza e la diversità delle esperienze umane, inclusa la propria.

In conclusione, evitare il confronto con gli altri e concentrarsi sul proprio percorso personale offre numerosi benefici, dalla salvaguardia della salute mentale alla promozione dell'autenticità e della crescita individuale. Questa pratica non solo migliora la qualità della propria vita ma arricchisce anche il senso di soddisfazione e realizzazione personale. Ricordare che il valore di ogni individuo non si misura attraverso il paragone con gli altri, ma attraverso il viaggio personale verso l'autorealizzazione, può trasformare profondamente la percezione di sé e del mondo.

Proseguendo nell'esplorazione dell'importanza di concentrarsi sul proprio percorso senza cadere nella trappola dei confronti con gli altri, si scoprono ulteriori strati di comprensione che evidenziano come questa pratica possa essere arricchente e trasformativa. Vivere in sintonia con il proprio percorso individuale non solo fortifica l'autostima e il senso di scopo ma promuove anche una visione della vita più gioiosa e gratificante.

Elevazione della Consapevolezza Personale

- **Accrescimento della Consapevolezza**: Dedicarsi al proprio percorso con intenzionalità aumenta la consapevolezza delle proprie capacità, desideri e limiti. Questa consapevolezza guida a scelte di vita più informate e allineate con il vero sé, potenziando la capacità di vivere una vita piena e significativa.

Miglioramento delle Relazioni

- **Arricchimento delle Relazioni Interpersonali**: Evitando il confronto, si favorisce lo sviluppo di relazioni basate sull'autenticità, l'empatia e il sostegno reciproco piuttosto che sulla competizione. Questo approccio promuove legami più profondi e significativi con gli altri, migliorando la qualità delle interazioni sociali.

Riduzione del Perfezionismo

- **Contrasto al Perfezionismo**: Concentrandosi sul proprio cammino, si impara ad accettare i propri fallimenti e imperfezioni come parte integrante del processo di crescita, riducendo la pressione di dover soddisfare standard irrealistici o di doversi confrontare con le aspettative altrui.

Incremento della Pazienza e della Perseveranza

- **Sviluppo della Pazienza**: Riconoscere che ogni percorso ha il proprio ritmo unico aiuta a sviluppare la pazienza e la perseveranza. Comprendendo che il successo e la realizzazione personale non sono immediati, si coltiva la determinazione di perseguire i propri obiettivi nonostante gli ostacoli.

Potenziamento della Felicità Intrinseca

- **Ricerca della Felicità Interna**: Concentrarsi sul proprio percorso incoraggia a trovare la felicità nelle proprie azioni e realizzazioni piuttosto che nella validazione esterna. Questo sposta l'attenzione verso una fonte di gioia più stabile e duratura, radicata nel proprio essere interiore.

Promozione dell'Adattabilità

- **Flessibilità e Adattamento**: Impegnarsi nel proprio percorso con una mentalità aperta e flessibile facilita l'adattamento ai cambiamenti e alle sfide inaspettate. Questa capacità di adattarsi senza paragonarsi costantemente agli altri consente di navigare la vita con maggiore agilità e resilienza.

Rinforzo del Percorso Personale di Scoperta

- **Esplorazione e Scoperta**: Dedizione al proprio percorso stimola un continuo processo di esplorazione e scoperta personale. Questa apertura all'apprendimento e alla crescita contribuisce a un arricchimento costante del proprio essere, aprendo a nuove possibilità e prospettive di vita.

Concentrarsi sul proprio percorso senza confrontarsi con gli altri emerge, quindi, come un principio vitale per una vita autentica e appagante. Questa pratica non solo migliora la salute mentale ed emotiva ma arricchisce anche l'esistenza con un senso più profondo di scopo, autenticità e gratitudine. Abbracciare il proprio viaggio unico, con tutte le sue sfide e le sue gioie, permette di vivere pienamente ogni momento, valorizzando il presente e costruendo un futuro in armonia con il vero sé.

Concludendo, il principio di concentrarsi sul proprio percorso evitando confronti con gli altri si rivela come una pietra angolare per il benessere personale, la crescita interiore e l'autorealizzazione. Questa pratica non solo tutela contro le insidie dell'invidia e dell'insoddisfazione, ma apre anche la strada a un viaggio di vita più autentico e ricco di significato. L'adozione di tale approccio favorisce una serie di trasformazioni positive nella vita di un individuo.

Evitare il confronto con gli altri consente di ridurre notevolmente lo stress emotivo e la pressione derivante dalla competizione sociale, promuovendo invece una pace interiore e un'apprezzamento per il proprio unico viaggio di vita. Questo orientamento interiore favorisce la realizzazione di obiettivi personali definiti dalle proprie passioni, interessi e valori, piuttosto che da aspettative esterne o metriche di successo imposte dalla società. La focalizzazione sul proprio percorso stimola un'autenticità che arricchisce ogni aspetto dell'esistenza, dalle relazioni personali al lavoro, trasformando il modo in cui l'individuo si relaziona al mondo e agli altri.

Questa pratica intensifica la consapevolezza di sé e promuove una comprensione più profonda dei propri bisogni, desideri e aspirazioni. Attraverso l'introspezione e l'autoaccettazione, si coltiva un senso di autostima resiliente, che non dipende dalla validazione esterna ma trova radici nella valutazione personale delle proprie realizzazioni e progressi. Tale approccio stimola anche la gratitudine per i propri successi e per le lezioni apprese dai fallimenti, considerati come opportunità di crescita piuttosto che motivi di vergogna o frustrazione.

Inoltre, dedicarsi al proprio percorso con determinazione e apertura porta alla scoperta di nuovi interessi, passioni e potenzialità, arricchendo la vita con esperienze significative e autentiche. L'individuo diventa così più resiliente di fronte alle sfide, capace di adattarsi ai cambiamenti con flessibilità e creatività, trovando soluzioni personalizzate che rispecchiano il proprio essere unico.

Infine, vivere in armonia con il proprio percorso senza costanti confronti esterni consente di stabilire relazioni più profonde e significative, basate su genuinità, empatia e sostegno reciproco. La vita si arricchisce di un senso di connessione e appartenenza che trascende la competizione, nutrendo un tessuto sociale coeso e solidale.

In sintesi, evitare il confronto con gli altri e concentrarsi sul proprio percorso individuale offre una libertà senza precedenti: la libertà di esplorare e realizzare la propria versione di successo e felicità, libera dalle catene delle aspettative altrui. Questo approccio non solo migliora la qualità della vita a livello personale ma contribuisce anche a costruire una comunità più empatica e solidale. L'impegno a vivere secondo i propri termini, celebrando ogni passo del viaggio personale, si rivela una delle scelte più potenti e trasformative che un individuo possa fare, promettendo una vita di crescita continua, soddisfazione e autentico appagamento.

20. Celebrazione dei progressi: Riconoscere e celebrare ogni passo avanti, per quanto piccolo, nel percorso verso il benessere.

La celebrazione dei progressi, indipendentemente dalla loro dimensione, rappresenta una componente fondamentale nel percorso di crescita personale e nel raggiungimento del benessere. Questa pratica non solo rafforza la motivazione e la resilienza ma alimenta anche un ciclo virtuoso di riconoscimento e apprezzamento che può trasformare profondamente l'approccio individuale agli obiettivi e alle sfide della vita. Esaminiamo più da vicino l'importanza di celebrare ogni passo avanti e i benefici che ne derivano.

Rinforzo Positivo e Motivazione

- **Incremento della Motivazione**: Celebrare i propri successi funge da rinforzo positivo, aumentando la motivazione intrinseca a proseguire nel percorso intrapreso. Ogni celebrazione riconosce l'impegno e il duro lavoro, stimolando la volontà di perseguire ulteriori obiettivi con rinnovato entusiasmo.

Miglioramento dell'Autostima

- **Rafforzamento dell'Autostima**: Riconoscere
  i propri successi, anche quelli minori,
  contribuisce a costruire e mantenere
  un'immagine positiva di sé. Questo processo di
  riconoscimento costante nutre l'autostima,
  fondamentale per affrontare le sfide future con
  fiducia.

Sviluppo della Gratitudine

- **Cultura della Gratitudine**: La pratica di
  celebrare i progressi favorisce uno stato d'animo
  di gratitudine. Concentrarsi sugli aspetti positivi
  e sui progressi, piuttosto che sulle mancanze o
  sugli ostacoli, contribuisce a sviluppare un
  atteggiamento di apprezzamento per il viaggio
  compiuto, migliorando il benessere emotivo e
  psicologico.

Riconoscimento della Crescita Personale

- **Consapevolezza della Crescita**: Festeggiare i
  progressi permette di riflettere sul proprio
  percorso di crescita personale, evidenziando
  come ogni piccolo passo contribuisca alla propria
  evoluzione. Questo riconoscimento rafforza la
  consapevolezza delle capacità personali e del
  potenziale di crescita.

Riduzione della Paura del Fallimento

- **Diminuzione della Paura del Fallimento**: Celebrare i successi, indipendentemente dalla loro grandezza, aiuta a mitigare la paura del fallimento. Riconoscendo che ogni passo avanti è un successo in sé, si promuove un approccio più sperimentale e meno timoroso nei confronti degli obiettivi e delle sfide.

Promozione della Persistenza

- **Incoraggiamento della Perseveranza**: La celebrazione dei progressi, anche quelli che sembrano insignificanti, evidenzia l'importanza della persistenza. Questo riconoscimento rinforza l'idea che la costanza nel tempo è cruciale per il raggiungimento di risultati significativi, incoraggiando a non arrendersi di fronte agli ostacoli.

Sostegno al Benessere Psicologico

- **Supporto al Benessere Psicologico**: La gioia e il senso di realizzazione che derivano dalla celebrazione dei propri successi hanno un impatto diretto sul benessere psicologico. Questi momenti di felicità contribuiscono a ridurre lo stress, a combattere la depressione e a promuovere un generale senso di soddisfazione nella vita.

In conclusione, la celebrazione dei progressi nel percorso verso il benessere è una strategia potente che arricchisce il viaggio di crescita personale. Questa pratica non solo fornisce un costante rinforzo positivo ma alimenta anche la resilienza, l'ottimismo e la determinazione necessari per affrontare le sfide della vita. Attraverso il riconoscimento e la celebrazione di ogni passo avanti, indipendentemente dalla sua grandezza, si impara ad apprezzare il valore del processo e non solo dell'obiettivo finale, promuovendo un approccio al benessere che è allo stesso tempo sostenibile, gratificante e trasformativo.

Proseguendo nell'analisi dell'importanza di celebrare ogni progresso nel proprio percorso verso il benessere, emerge chiaramente come questa pratica possa servire da catalizzatore per un miglioramento continuo e per una più profonda comprensione di sé. Approfondire questa tematica svela ulteriori aspetti che arricchiscono l'esperienza personale e amplificano l'impatto positivo di tali celebrazioni sul percorso di vita di un individuo.

Favorire la Condivisione e il Supporto Sociale

- **Valorizzazione del Supporto Sociale**: Condividere i propri progressi con amici, familiari o colleghi può non solo rafforzare i legami personali ma anche creare un ambiente di sostegno e incoraggiamento reciproco. Questo scambio di esperienze positive favorisce una rete di supporto motivazionale, dove il successo di uno diventa fonte di ispirazione per gli altri.

Stabilire Punti di Riferimento nel Tempo

- **Creazione di Milestones**: Documentare e celebrare i progressi aiuta a stabilire dei punti di riferimento chiari nel proprio percorso di crescita. Questi milestones diventano indicatori tangibili del cammino percorso, facilitando la valutazione dei cambiamenti e delle evoluzioni nel tempo, nonché la pianificazione di future direzioni e obiettivi.

Incrementare la Consapevolezza e la Mindfulness

- **Promozione della Consapevolezza**: Il processo di riflessione necessario per riconoscere e celebrare i propri progressi aumenta la consapevolezza del momento presente e la mindfulness. Questa maggiore attenzione consente di vivere più pienamente ogni esperienza e di riconoscere il valore intrinseco di ogni piccolo passo verso il benessere.

Migliorare la Gestione del Tempo e delle Priorità

- **Ottimizzazione della Gestione del Tempo**: Celebrare i progressi può anche influenzare positivamente la gestione del tempo e delle priorità, poiché fornisce una chiara indicazione di ciò che funziona bene e di ciò che necessita di maggiore attenzione. Questo feedback aiuta a ottimizzare le strategie e a focalizzare gli sforzi sulle attività che portano ai risultati più significativi.

Sviluppare la Flessibilità e l'Adattabilità

- **Cultura della Flessibilità**: La celebrazione dei progressi incoraggia un approccio flessibile e adattabile agli obiettivi e alle aspirazioni. Riconoscere che ogni passo avanti, indipendentemente dalla sua direzione, contribuisce alla crescita personale, promuove una mentalità aperta, capace di accogliere i cambiamenti e di adattarsi di conseguenza.

Nutrire l'Ottimismo e la Speranza

- **Rafforzamento dell'Ottimismo**: Focalizzarsi sui successi, anche quelli minimi, alimenta un senso di ottimismo e speranza. Questa visione positiva incoraggia a guardare al futuro con fiducia, riconoscendo che il progresso è possibile e che ogni azione conta nella costruzione di una vita soddisfacente e realizzata.

Rafforzare l'Identità e il Senso di Appartenenza

- **Consolidamento dell'Identità**: Celebrare i propri traguardi contribuisce a definire e rafforzare la propria identità. Questi momenti di riconoscimento personale affermano chi si è, quali sono le proprie capacità e cosa si valuta, rafforzando il senso di appartenenza a se stessi e alla propria narrazione di vita.

In sintesi, la celebrazione dei progressi, per quanto piccoli possano essere, gioca un ruolo cruciale nel nutrire il benessere, l'autostima e il senso di direzione e scopo nella vita di un individuo. Questa pratica non solo amplifica la gioia e la soddisfazione personale ma pone anche le fondamenta per un continuo sviluppo e una resilienza rinnovata di fronte alle sfide. Attraverso la valorizzazione di ogni passo avanti, si impara a apprezzare il viaggio tanto quanto la destinazione, scoprendo la bellezza e il valore insiti nel processo di crescita personale.

Approfondendo ulteriormente l'importanza di celebrare ogni progresso nel proprio percorso verso il benessere, emerge come questa pratica non solo arricchisca l'esperienza individuale di crescita personale, ma funga anche da strumento essenziale per mantenere un elevato spirito di perseveranza e una connessione profonda con i propri obiettivi a lungo termine. Questo continuo riconoscimento del progresso, indipendentemente dalla sua scala, si rivela cruciale per forgiare un atteggiamento resiliente e ottimista di fronte alle inevitabili sfide della vita.

Cultivazione di un Atteggiamento di Apprendimento Continuo

- **Promozione dell'Apprendimento Permanente**: Celebrare i progressi stimola un approccio di apprendimento continuo alla vita. Questo orientamento non solo aumenta la conoscenza e le competenze, ma amplifica anche la curiosità e l'apertura verso nuove esperienze, arricchendo il percorso di vita con scoperte e opportunità inaspettate.

Generazione di Resilienza Emotiva

- **Rinforzo della Resilienza**: La capacità di riconoscere e festeggiare i progressi personali contribuisce allo sviluppo di una robusta resilienza emotiva. Questa resilienza è fondamentale per affrontare i periodi di incertezza o di difficoltà, mantenendo una visione positiva e costruttiva anche di fronte agli ostacoli.

Stimolazione dell'Autoefficacia

- **Potenziamento dell'Autoefficacia**: Ogni celebrazione di progressi, anche i più piccoli, rafforza la percezione di autoefficacia, ossia la convinzione nelle proprie capacità di raggiungere gli obiettivi. Questa fiducia è essenziale per intraprendere azioni coraggiose e per persistere nell'impegno a lungo termine verso il raggiungimento di risultati significativi.

Arricchimento della Visione Personale

- **Espansione della Visione**: Osservare e celebrare il proprio cammino di crescita permette di rifinire la visione personale e di allineare meglio le future azioni con i propri valori fondamentali e aspirazioni. Questo processo di riflessione e celebrazione aiuta a delineare un percorso di vita più chiaro e intenzionale.

Incremento della Connessione Sociale

- **Rafforzamento delle Connessioni**: La condivisione dei propri progressi con altri incoraggia non solo la creazione di legami basati sull'autenticità e il supporto reciproco, ma agisce anche come fonte di ispirazione per la comunità circostante. Vedere gli altri raggiungere i loro traguardi stimola un senso di possibilità condivise e rafforza la rete di sostegno sociale.

Sviluppo di Strategie di Adattamento Positive

- **Adozione di Strategie di Adattamento Costruttive**: La pratica di celebrare i progressi aiuta ad adottare strategie di adattamento più positive di fronte alle sfide, orientando l'individuo verso soluzioni creative e proattive piuttosto che verso risposte di evitamento o negazione.

Creazione di un Senso di Storia Personale

- **Costituzione di una Narrazione di Vita**: Documentare e festeggiare i propri successi contribuisce alla costruzione di una narrazione personale coerente e ricca di significato. Questa storia di vita, intessuta di piccoli e grandi successi, offre un solido fondamento di identità e di scopo, alimentando la motivazione e l'ispirazione a perseguire ulteriori traguardi.

Attraverso la celebrazione di ogni progresso, si costruisce un solido framework di resilienza, motivazione e benessere personale che sostiene l'individuo nel suo viaggio di vita. Questo approccio olistico non solo arricchisce l'esperienza personale di crescita e realizzazione ma promuove anche un profondo senso di connessione e appartenenza al tessuto sociale più ampio. La celebrazione dei progressi, quindi, trascende il riconoscimento di singoli successi, trasformandosi in una pratica vitale che nutre un ciclo perpetuo di apprendimento, gratificazione e avanzamento. Man mano che gli individui imparano a identificare e valorizzare ogni passo avanti, si apre uno spazio per una maggiore consapevolezza di sé, accettazione e rinnovato impegno verso i propri obiettivi e valori fondamentali.

Valorizzazione del Viaggio Personale

- **Apprezzamento del Percorso Individuale**: Celebrando regolarmente i progressi, si impara a valorizzare il percorso personale nella sua interezza, non solo le destinazioni raggiunte. Questo approccio trasforma la percezione del successo, evidenziando che il vero valore risiede nel viaggio stesso e nelle lezioni apprese lungo il cammino.

Promozione dell'Equilibrio Emotivo

- **Equilibrio tra Sfide e Successi**: La pratica di festeggiare i progressi aiuta a mantenere un equilibrio emotivo, ponendo in rilievo i successi personali anche nei periodi di difficoltà o di dubbio. Questo equilibrio contribuisce a una visione della vita più olistica e ottimista, dove le sfide sono controbilanciate da momenti di riconoscimento e gioia.

Integrazione di Momenti di Riflessione

- **Riflessione come Strumento di Crescita**: Dedicare tempo alla celebrazione dei progressi incoraggia anche momenti di riflessione profonda, dove si possono considerare le proprie azioni, decisioni e i cambiamenti interiori avvenuti. Questi momenti di riflessione sono essenziali per un continuo sviluppo personale, offrendo la possibilità di ricalibrare gli obiettivi e le strategie in base alle esperienze vissute.

Rafforzamento dell'Impegno

- **Rinnovato Impegno verso gli Obiettivi**: Ogni celebrazione agisce come un rinnovo dell'impegno verso i propri obiettivi e sogni. Questo rinnovamento motiva a continuare a perseguire con determinazione il proprio percorso, anche quando ci si confronta con ostacoli o rallentamenti.

Nutrimento dell'Inspirazione

- **Fonte di Ispirazione Perenne**: Vedere tangibilmente i propri progressi può servire da continua fonte di ispirazione. Questa ispirazione non deriva solo dal riconoscimento dei successi passati ma anche dall'anticipazione entusiasta dei traguardi futuri, alimentando una spirale ascendente di aspirazione e realizzazione.

Incremento della Compattezza Mentale

- **Sviluppo della Fortezza Mentale**: La capacità di celebrare i propri progressi, in particolare in contesti difficili, costruisce una robustezza mentale, preparando l'individuo ad affrontare le sfide future con maggiore fiducia e determinazione. Questa forza interiore è fondamentale per navigare la complessità della vita con resilienza e saggezza.

La pratica di riconoscere e celebrare ogni passo avanti si rivela, quindi, come un potente meccanismo di supporto nel viaggio di auto-miglioramento e benessere. Essa invita a un'esistenza ricca di auto-riflessione, apprezzamento e progresso continuo, dove ogni piccolo successo è visto come un mattoncino essenziale nella costruzione di una vita piena e soddisfacente. Celebrare i progressi non solo arricchisce l'esperienza personale di crescita ma eleva anche l'esperienza collettiva, ispirando gli altri a riconoscere e perseguire i propri successi, contribuendo così a una cultura di supporto reciproco, resilienza e ottimismo.

All'ulteriore esplorazione dell'importanza di celebrare ogni progresso, ci si imbatte in dimensioni ancora più profonde che sottolineano come questa pratica non solo arricchisca l'individuo su un piano personale, ma contribuisca anche a forgiare un ambiente collettivo dove prevalgono l'incoraggiamento, l'empatia e la collaborazione. L'atto di riconoscere e festeggiare ogni avanzamento, piccolo o grande che sia, instilla una cultura di positività e apprezzamento che ha il potere di trasformare la percezione delle proprie capacità e del potenziale di crescita.

Consolidamento della Pazienza e della Perseveranza

- **Cultura della Pazienza**: Celebrare i progressi inculca la pazienza, riconoscendo che il successo e il raggiungimento degli obiettivi richiedono tempo e dedizione costante. Questa comprensione aiuta a mitigare la ricerca di gratificazione immediata, spesso fonte di frustrazione e abbandono precoce degli obiettivi, promuovendo invece una visione a lungo termine della propria crescita personale e professionale.

Rafforzamento del Senso di Comunità

- **Promozione dell'Unità**: La celebrazione condivisa dei progressi personali e altrui rafforza il senso di comunità e appartenenza. Questo senso di unità, basato sul riconoscimento reciproco e sul sostegno, crea una rete di sicurezza emotiva dove gli individui si sentono valorizzati e ispirati a perseguire i propri sogni.

Ampliamento della Capacità di Empatia

- **Sviluppo dell'Empatia**: Imparare a gioire per i progressi altrui tanto quanto per i propri allena la capacità di empatia, permettendo di comprendere e condividere le gioie e le sfide degli altri. Questa capacità di connessione empatica è fondamentale per costruire relazioni solide e significative, sia nella vita personale che professionale.

Stimolazione della Creatività e dell'Innovazione

- **Esplorazione Creativa**: Il riconoscimento dei progressi, soprattutto quelli derivanti da sperimentazioni e tentativi, incoraggia un approccio creativo alla risoluzione dei problemi e all'innovazione. Questa apertura alla sperimentazione e al rischio calcolato può portare a scoperte e soluzioni originali, stimolando la creatività sia a livello individuale che collettivo.

Fornire un Modello Positivo

- **Esercizio del Ruolo di Modello**: Coloro che celebrano apertamente i propri progressi e quelli altrui diventano modelli positivi per la comunità. Questo comportamento dimostrativo incoraggia gli altri a riconoscere e festeggiare i propri successi, promuovendo un circolo virtuoso di crescita personale e supporto reciproco.

Incoraggiamento dell'Autenticità

- **Promozione dell'Autenticità**: Celebrare i propri progressi autentici, piuttosto che quelli percepiti come desiderabili agli occhi altrui, incoraggia la fedeltà ai propri valori e aspirazioni autentiche. Questo impegno verso l'autenticità aiuta gli individui a vivere vite più soddisfacenti, allineate con il proprio vero sé.

Generazione di un Impatto Positivo a Lungo Termine

- **Contributo al Benessere Collettivo**: L'atto di celebrare i progressi, grandi e piccoli, contribuisce a creare un ambiente positivo che può avere un impatto benefico duraturo sul benessere individuale e collettivo. Questo ambiente, caratterizzato da ottimismo, sostegno e riconoscimento, favorisce il benessere generale e la realizzazione personale.

In conclusione, l'importanza di celebrare ogni progresso nel proprio percorso va ben oltre la semplice auto-gratificazione. Questa pratica si rivela essere un meccanismo potente per il rafforzamento dell'autostima, la promozione della crescita continua e lo sviluppo di una comunità solidale. Attraverso la celebrazione dei progressi, si crea una cultura di positività, resilienza e incoraggiamento che può elevare l'esperienza umana, incoraggiando ogni individuo a riconoscere il proprio valore e potenziale, e a perseguire con fiducia i propri sogni e obiettivi.

Concludendo, la pratica di riconoscere e celebrare ogni progresso nel proprio cammino verso il benessere e l'autorealizzazione si rivela essere una strategia profondamente efficace per arricchire il tessuto della vita personale e collettiva. Questo approccio non solo rafforza la motivazione e l'autostima, ma nutre anche un profondo senso di appartenenza e comunità, generando un impatto positivo che va ben oltre l'individuo.

Attraverso la celebrazione dei progressi, si impara a valorizzare il viaggio personale in tutte le sue sfumature, accettando che ogni passo, per quanto piccolo possa sembrare, è un componente essenziale nella costruzione di una vita ricca di significato e soddisfazione. Questa consapevolezza trasforma la percezione degli obiettivi e delle sfide, incoraggiando una visione della vita che privilegia la crescita continua e il miglioramento personale anziché la pura realizzazione di traguardi esterni.

L'atto di celebrare diventa così un potente antidoto contro la cultura della comparazione e dell'insoddisfazione cronica, promuovendo invece un approccio alla vita basato sull'autenticità, la resilienza e l'ottimismo. Riconoscere i propri successi e quelli degli altri alimenta un ambiente di supporto reciproco, dove la gioia e il successo di uno diventano fonte di ispirazione per tutti, creando una spirale ascendente di motivazione e impegno collettivo verso il benessere comune.

Questa pratica amplifica la gratitudine per il percorso compiuto, incoraggiando una riflessione profonda sulle proprie esperienze, apprendimenti e trasformazioni. Celebrare i progressi significa anche tessere una narrativa personale di resilienza e perseveranza, una storia che serve da faro nei momenti di dubbio e da promemoria delle proprie capacità di superare ostacoli e raggiungere traguardi significativi.

Inoltre, stabilire momenti di celebrazione crea punti di riferimento emotivi e psicologici che possono servire da ancoraggi in tempi di cambiamento o incertezza, fornendo una base solida da cui attingere coraggio e ispirazione. Questi momenti diventano occasioni per riconnettersi con il proprio scopo e per riaffermare l'impegno verso obiettivi e valori autentici, rafforzando il senso di direzione e di appartenenza a una comunità di individui che condividono un cammino di crescita e di scoperta.

Celebrare ogni progresso, quindi, trascende l'atto individuale di riconoscimento, trasformandosi in un principio vitale che permea e arricchisce l'esistenza. Questa pratica coltiva una mentalità di apertura, flessibilità e apprezzamento per la bellezza intrinseca del processo di evoluzione personale. È un invito a vivere con maggiore consapevolezza, gioia e gratitudine, riconoscendo che ogni passo compiuto è un trionfo in sé, meritevole di essere celebrato.

In definitiva, la celebrazione dei progressi rappresenta una chiave fondamentale per sbloccare una vita di soddisfazione, resilienza e connessione profonda, sia con se stessi sia con il mondo circostante. È un riconoscimento che il vero valore risiede nel viaggio, non solo nella destinazione, e che ogni passo avanti, indipendentemente dalla sua grandezza, è un motivo di festa e di rinnovato impegno verso l'eccellenza personale e collettiva.

In conclusione di questo libro, abbiamo esplorato una serie di principi fondamentali e pratiche trasformative volti a superare l'ansia e la depressione, focalizzandoci sul potere intrinseco dell'individuo di promuovere il proprio benessere e realizzazione personale. Ogni capitolo ha offerto spunti preziosi e strategie concrete per affrontare le sfide della vita con resilienza, consapevolezza e un atteggiamento proattivo verso la crescita personale.

1. **Riconoscimento e accettazione** dei propri stati emotivi come passo fondamentale verso il cambiamento.

2. **Comprensione delle cause** che stanno alla base dell'ansia e della depressione per affrontarle con maggiore efficacia.

3. **Impostazione di obiettivi realistici** per avanzare nel percorso di miglioramento con passi concreti e misurabili.

4. **Tecniche di respirazione e rilassamento** per gestire lo stress e favorire un senso di calma interiore.

5. **Attività fisica regolare** come strumento per migliorare il benessere mentale e fisico.

6. **Alimentazione equilibrata** per sostenere il benessere fisico e psicologico.

7. **Migliorare il sonno** come fondamento per una buona salute mentale.

8. **Costruire relazioni positive** per sostenere e essere sostenuti nel percorso di guarigione.

9. **Limitare l'uso di sostanze** che possono aggravare ansia e depressione.

10. **Trovare un hobby o una passione** per arricchire la propria vita e trovare fonti di gioia.

11. **Tecniche di gestione del pensiero negativo** per coltivare un atteggiamento più positivo e resiliente.

12. **Pratica della gratitudine** per riconoscere e apprezzare gli aspetti positivi della propria vita.

13. **Imparare a dire di no** per stabilire limiti sani e preservare il proprio benessere.

14. **Terapia e supporto professionale** come risorsa preziosa nel percorso di guarigione.

15. **Tecniche di mindfulness** per vivere nel presente e ridurre l'ansia.

16. **Gestione del tempo e delle priorità** per ridurre lo stress e aumentare l'efficienza.

17. **Volontariato e aiuto agli altri** come mezzo per migliorare il proprio benessere emotivo e connettersi con gli altri.

18. **Mantenere un diario** per esplorare i propri pensieri ed emozioni in profondità.

19. **Evitare il confronto con gli altri** per concentrarsi sul proprio percorso unico e personale.

20. **Celebrazione dei progressi** per riconoscere e valorizzare ogni passo avanti nel percorso di crescita personale.

Per chi cerca ulteriori risorse, strumenti online e guide possono offrire supporto e approfondimenti aggiuntivi. Siti web come *Mind (mind.org.uk)*, *Anxiety and Depression Association of America (adaa.org)* e *National Alliance on Mental Illness (nami.org)* forniscono una vasta gamma di informazioni, strumenti di autoaiuto e consigli per gestire ansia e depressione. Inoltre, piattaforme come *Headspace* e *Calm* offrono esercizi di meditazione e mindfulness per promuovere il benessere mentale.

In conclusione, questo libro mira a fornire un faro di speranza e un manuale pratico per chiunque desideri intraprendere un percorso di guarigione e crescita personale. Ricordate: il viaggio verso il benessere è un percorso progressivo, arricchito da ogni piccolo passo compiuto con intenzionalità e coraggio. Sebbene la strada possa presentare sfide, l'impegno personale, il sostegno della comunità e le strategie condivise in queste pagine possono illuminare il cammino verso una vita più piena e soddisfacente.